中国软科学研究丛书

丛书主编：张来武

"十一五"国家重点图书出版规划项目

国家软科学研究计划资助出版项目

# 中外文化创意产业政策研究

张京成 沈晓平 张彦军 著



科学出版社
北京

## 内 容 简 介

随着我国文化创意产业的发展和政策实践的深入，学术界开始对文化创意产业发展及政策进行跟踪、观察和理性思考，但总体看，对文化创意产业政策的研究较少。基于我国文化创意产业政策研究落后的现状，本书从文化创意产业兴起背景入手，立足国内外具体政策措施，以英国、美国、澳大利亚、日本、韩国五个主要发达国家作为国外研究重点，以我国和重点城市为国内研究重点，开展中外文化创意产业政策的分析和比较研究；通过分析和比较，揭示我国文化创意产业政策的重要问题，分析政策需求；最后提出完善我国文化创意产业政策的思路。

本书可为我国各级政府掌握文化创意产业政策现状、制定针对性的政策措施提供参考，为文化创意企业熟悉政策、利用政策发展壮大企业提供借鉴，为从事文化创意产业政策研究的理论界同人和研究生提供研究参考，为文化创意产业服务机构开展工作提供借鉴，为广大从业者在创业途中指点迷津。

**图书在版编目(CIP)数据**

中外文化创意产业政策研究/张京成，沈晓平，张彦军著．—北京：科学出版社，2013.1

（中国软科学研究丛书）

ISBN 978-7-03-036514-9

Ⅰ．①中…　Ⅱ．①张…②沈…③张…　Ⅲ．①文化产业—产业政策—研究—世界　Ⅳ．①G114

中国版本图书馆 CIP 数据核字（2013）第 012697 号

丛书策划：林　鹏　胡升华　侯俊琳

责任编辑：侯俊琳　李　娈/ 责任校对：张凤琴

责任印制：赵　博/ 封面设计：黄华斌　陈　敬

科学出版社 出版

北京东黄城根北街 16 号

邮政编码：100717

http://www.sciencep.com

北京富资园科技发展有限公司印刷

科学出版社发行　各地新华书店经销

*

2013 年 2 月第　一　版　开本：720 × 1000　1/16

2025 年 2 月第十次印刷　印张：13

字数：258 000

**定价：118.00 元**

（如有印装质量问题，我社负责调换）

# “中国软科学研究丛书”编委会

# 总 序

PREFACE

软科学是综合运用现代各学科理论、方法，研究政治、经济、科技及社会发展中的各种复杂问题，为决策科学化、民主化服务的科学。软科学研究是以实现决策科学化和管理现代化为宗旨，以推动经济、科技、社会的持续协调发展为目标，针对决策和管理实践中提出的复杂性、系统性课题，综合运用自然科学、社会科学和工程技术的多门类多学科知识，运用定性和定量相结合的系统分析和论证手段，进行的一种跨学科、多层次的科研活动。

1986 年 7 月，全国软科学研究工作座谈会首次在北京召开，开启了我国软科学勃兴的动力阀门。从此，中国软科学积极参与到改革开放和现代化建设的大潮之中。为加强对软科学研究的指导，国家于 1988 年和 1994 年分别成立国家软科学指导委员会和中国软科学研究会。随后，国家软科学研究计划正式启动，对软科学事业的稳定发展发挥了重要的作用。

20 多年来，我国软科学事业发展紧紧围绕重大决策问题，开展了多学科、多领域、多层次的研究工作，取得了一大批优秀成果。京九铁路、三峡工程、南水北调、青藏铁路乃至国家中长期科学和技术发展规划战略研究，软科学都功不可没。从总体上看，我国软科学研究已经进入各级政府的决策中，成为决策和政策制定的重要依据，发挥了战略性、前瞻性的作用，为解决经济社会发展的重大决策问题作出了重要贡献，为科学把握宏观形势、明确发展战略方向发挥了重要作用。

20 多年来，我国软科学事业凝聚优秀人才，形成了一支具有一定实力、知识结构较为合理、学科体系比较完整的优秀研究队伍。据不完全统计，目前我国已有软科学研究机构2000 多家，研究人员近4 万人，每年开展软科学研究项目1 万多项。

为了进一步发挥国家软科学研究计划在我国软科学事业发展中的导向作用，促进软科学研究成果的推广应用，科学技术部决定从2007年起，在国家软科学研究计划框架下启动软科学优秀研究成果出版资助工作，形成“中国软科学研究丛书”。

“中国软科学研究丛书”因其良好的学术价值和社会价值，已被列入国家新闻出版总署“‘十一五’国家重点图书出版规划项目”。我希望并相信，丛书出版对于软科学研究优秀成果的推广应用将起到很大的推动作用，对于提升软科学研究的社会影响力、促进软科学事业的蓬勃发展意义重大。

科技部副部长

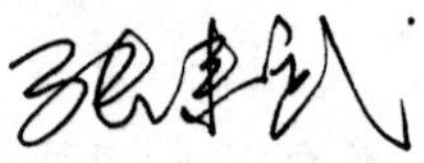

2008 年12月

# 前 言 FOREWORD

当前，文化创意产业正在全球范围内蓬勃发展，英国、美国、澳大利亚、日本、韩国等发达国家，以及我国的香港、台湾地区已借助先发优势占据了文化创意产业全球分工和贸易的优势地位。在我国内地，文化创意产业作为现代服务业的核心产业形态，仍处在成长发展期，目前还比较幼小，但技术水平较高，发展潜力大，并且在一定程度上反映了经济发展趋势，是新兴的即将主宰未来一个时期经济发展的主导产业，在当前产业结构调整中扮演着重要的角色。

发展文化创意产业一方面依靠市场机制的自我调节，另一方面也离不开切实可行的政策支持。为推进文化创意产业的快速发展，英国、美国、澳大利亚、日本、韩国等发达国家通过推行积极的产业政策使其文化创意产业获得迅速发展。21世纪以来，我国从国家到地方也出台了一系列文化创意产业的促进政策，但我国社会主义市场经济自身的特征决定了文化创意产业政策具有不同于发达国家的特点。分析中外文化创意产业政策的异同，从国外政策中吸取经验和教训，对构建和完善我国文化创意产业政策体系具有重要的参考意义。

我国对文化创意产业政策的研究时间不长，成果较少，国外对文化创意产业政策研究的学术成果也不多，将国内外文化创意产业政策进行系统比较研究的则更少。本书正是在充分认识理论界和决策层现实需求的基础上，为解决文化创意产业政策理论滞后于产业发展的问题，在进行深入研究的基础上形成的。本书以系统、实用、时效为原则，在跟踪研究发达国家文化创意产业政策制定与执行的经验、深入剖析我国政策实践的基础上，通过比较研究，结合我国国情，指出我国文化创意产业政策实践中的关键性问题，在此基础上，提出完善我国文化创意产业政策体系、推动文化创意产业发展的思路。

全书分为九章。第一章分析文化创意产业独特的竞争力及其发展形势和政策需求；第二章探讨文化创意产业政策的构成与发展；第三章阐述文化创意产业政策的运行过程及其对产业的作用机制；第四章以英国、美国、澳大利亚、日本、韩国五个主要发达国家为重点研究对象，分析这些国家文化创意产业政策的实践经验；第五章、第六章研究我国国家和地方文化创意产业的政策实践，并选取三项国家政策和两项地方政策进行重点解析；第七章从战略规划、开发策略、财税金融政策、制度保障四个角度对中外文化创意产业政策进行比较研究；第八章和第九章分析我国文化创意产业政策制定和实施过程中存在的关键性问题，并提出完善的思路。

本书是在北京市科学技术委员会政策研究专项课题“国内外创意产业政策分析比较研究”成果的基础上，结合近几年国内外文化创意产业政策的最新情况，对原结构和内容进行了较大的拓展和深化形成的。在本书的写作过程中，得到了北京市科学技术委员会政策法规与体制改革处原处长王军、北京语言大学教授李庆本、北京科学学研究中心研究员穆素娉、北京市科学技术委员会政策法规与体制改革处李萍、科学出版社科学人文分社社长侯俊琳等专家学者的指导，课题组刘利永、刘光宇、黄琳、李莹、郭蓉等对本书的编写给予了帮助，在此一并致谢。

由于作者水平有限，书中不足之处在所难免，诚恳希望同行、读者批评指正，以便以后修正和完善。

作　者

2012年6月

# 目 录

CONTENTS

◆ 总序（张来武）

◆ 前言

◆ 第一章　文化创意产业竞争力及政策需求 …… 1

第一节　文化创意产业概述 …… 1

第二节　文化创意产业的独特竞争力 …… 7

第三节　中外文化创意产业发展形势及政策需求 …… 9

◆ 第二章　文化创意产业政策构成及其兴起 …… 21

第一节　文化创意产业政策概述 …… 21

第二节　文化创意产业政策特性 …… 22

第三节　文化创意产业政策构成 …… 24

第四节　中外文化创意产业政策的兴起与发展 …… 28

◆ 第三章　政策运行及其对文化创意产业的影响 …… 36

第一节　文化创意产业政策的运行过程 …… 36

第二节　文化创意产业政策的基本功能 …… 39

第三节　政策对文化创意产业的作用机制 …… 44

◆ 第四章　主要发达国家文化创意产业政策分析 …… 46

第一节　英国文化创意产业政策分析 …… 46

第二节　美国文化创意产业政策分析 …… 51

第三节　澳大利亚文化创意产业政策分析 …… 55

第四节　日本文化创意产业政策分析 …… 58

第五节　韩国文化创意产业政策分析 …… 61

第六节　主要发达国家文化创意产业政策经验 …… 65

◆ **第五章　中国的文化创意产业政策** …… 68

第一节　国家文化创意产业政策体系 …… 68
第二节　地方文化创意产业政策现状 …… 80
第三节　主要城市文化创意产业政策 …… 86
第四节　香港和台湾文化创意产业政策 …… 104

◆ **第六章　国内主要文化创意产业政策解读** …… 112

第一节　《中共中央关于深化文化体制改革　推动社会主义文化大发展大繁荣若干重大问题的决定》解读 …… 112
第二节　《文化产业振兴规划》解读 …… 117
第三节　《文化部“十二五”时期文化产业倍增计划》解读 …… 122
第四节　《北京市促进文化创意产业发展的若干政策》解读 …… 126
第五节　《浙江省文化创意产业发展规划》解读 …… 132

◆ **第七章　中外文化创意产业政策比较** …… 139

第一节　战略规划比较 …… 139
第二节　开发策略比较 …… 145
第三节　财税金融政策比较 …… 152
第四节　制度保障比较 …… 156

◆ **第八章　中国文化创意产业政策存在的问题** …… 160

第一节　缺乏清晰的产业界定与产业分类标准 …… 160
第二节　政策导向问题影响产业良性发展 …… 163
第三节　文化创意产业投融资政策落实困难重重 …… 165
第四节　现行知识产权保护政策相对滞后 …… 169
第五节　文化创意产业对外贸易政策实效不强 …… 171

◆ **第九章　中国文化创意产业政策的完善思路** …… 175

第一节　着力营造产业发展的良好政策环境 …… 175
第二节　建立产业基础统计与监测评估体系 …… 179
第三节　强化政策间的系统集成与统一协调 …… 182
第四节　进一步细化产业分项政策的支持措施 …… 185
第五节　通过监督、评价和调整增强政策效应 …… 189

◆ **参考文献** …… 193

# 第一章 文化创意产业竞争力及政策需求

## 第一节 文化创意产业概述

### 一 文化创意产业概念

#### （一）文化创意产业的定义

根据英国、美国、澳大利亚等国家及我国北京、上海、香港、台湾等城市和地区对文化创意产业的定义，可以认为，文化创意产业是一种以市场为导向，以创意为驱动，以文化为内容，以科技为支撑的新兴产业。本书对文化创意产业作如下定义："文化创意产业是指那些具有一定文化内涵的，来源于人的创造力，通过知识产权的开发和运用，借助科技支撑和市场运作被产业化的活动的总和。"文化创意产业的本质特征是以文化艺术与经济的全面结合为消费者提供物质和精神上的差异化体验。

根据以上定义，一种经济活动要成为文化创意产业需要具备四个条件：①包含人的创造力。没有创造力的活动或内容不能归入文化创意产业。②具有文化体现。文化创意的根源是文化，是人类文明的体现，没有文化内涵的内容，不能被归入文化创意产业。③具有科学技术的支撑。科技对文化创意产业的支撑作用一方面表现在科技为文化创意产业的发展提供手段支撑，另一方面表现在科技本身在某些场合也是文化创意产业的组成内容之一。④创意必须可以产业化或者具有一定的产业化潜力才能成为文化创意产业的内容。

这里需要说明的是，目前国内外对文化创意产业概念的提法主要有文化产业、创意产业和文化创意产业，其内涵和外延大致相同，本书主要以文化创意产业的提法为主，在涉及具体政策名称时遵从原有提法，不作硬性改变。

#### （二）文化创意产业的界定范围

通过借鉴发达国家和地区文化创意产业范围界定的经验，结合我国国情和

2002年国家统计局公布的《国民经济行业分类标准》，以提高我国自主创新能力、促进产业结构调整和经济增长方式转变为主要目标，我们在《中国创意产业发展报告2007》（中国经济出版社2007年3月出版）中，将我国文化创意产业分为8个大类21个中类80个国民经济行业小类（表1-1）。

大类上，把文化创意产业划分为影视文化类、电信软件类、工艺时尚类、设计服务类、展演出版类、咨询策划类、休闲娱乐类和科研教育类8个大类。在以上大类划分的基础上，根据每个大类所包含行业的特点，把8个大类划分为21个中类。其中，把影视文化类划分为广播电视、电影与录像及文化艺术三个中类；把电信软件类划分为电信传输、计算机服务、软件服务三个中类；把工艺时尚类划分为工艺品和时尚消费两个中类；把设计服务类划分为建筑装饰、建筑工程及专业设计三个中类；把展演出版类划分为会展、演出、新闻和出版四个中类；把咨询策划类划分为商务咨询和科技咨询两个中类；把休闲娱乐类划分为运动休闲和旅游及景区管理两个中类；把科研教育类划分为科学研究和教育培训两个中类。每个中类又包含若干小类对应《国民经济行业分类标准》。

**表1-1 文化创意产业范围界定**

| 大类 | 中类 | 国民经济行业小类及编号 | |
|---|---|---|---|
| | | 编号 | 小类 |
| 影视文化类 | 广播电视 | 8910 | 广播 |
| | | 8920 | 电视 |
| | 电影与录像 | 8931 | 电影制作发行 |
| | | 8932 | 电影放映 |
| | | 8940 | 音像制作 |
| | 文化艺术 | 9010 | 文艺创作与表演 |
| | | 9040 | 文物及文化保护 |
| | | 9090 | 其他文化艺术 |
| 电信软件类 | 电信传输 | 6011 | 固定电信服务 |
| | | 6012 | 移动电信服务 |
| | | 6019 | 其他电信服务 |
| | | 6020 | 互联网信息服务 |
| | | 6031 | 有线电视广播传输服务 |
| | | 6032 | 无线广播电视传输服务 |
| | | 6040 | 卫星传输服务 |
| | 计算机服务 | 6110 | 计算机系统服务 |
| | | 6120 | 数据处理 |
| | | 6190 | 其他计算机服务 |
| | 软件服务 | 6211 | 基础软件服务 |
| | | 6212 | 应用软件服务 |
| | | 6290 | 其他软件服务 |

续表

| 大类 | 中类 | 国民经济行业小类及编号 | |
|---|---|---|---|
| | | 编号 | 小类 |
| 工艺时尚类 | 工艺品 | 3159 | 园林、陈设艺术及其他陶瓷制品制造 |
| | | 4211 | 雕塑工艺品制造 |
| | | 4212 | 金属工艺品制造 |
| | | 4213 | 漆器工艺品制造 |
| | | 4214 | 花画工艺品制造 |
| | | 4215 | 天然植物纤维工艺品制造 |
| | | 4216 | 抽纱刺绣工艺品制造 |
| | | 4217 | 地毯、挂毯制造 |
| | | 4218 | 珠宝首饰及有关物品制造 |
| | | 4219 | 其他工艺美术品制造 |
| | 时尚消费 | 8240 | 理发及美容保健服务 |
| | | 8260 | 婚姻服务 |
| | | 8280 | 摄影扩印服务 |
| 设计服务类 | 建筑装饰 | 4900 | 建筑装饰业 |
| | 建筑工程 | 7671 | 工程管理服务 |
| | | 7672 | 工程勘察设计 |
| | | 7673 | 规划管理 |
| | 专业设计 | 7690 | 其他专业技术服务 |
| 展演出版类 | 会展 | 7491 | 会议及展览服务 |
| | | 9050 | 博物馆 |
| | 演出 | 9020 | 艺术表演场馆 |
| | | 9080 | 文化艺术经济代理 |
| | 新闻 | 8810 | 新闻业 |
| | 出版 | 8821 | 图书出版 |
| | | 8822 | 报纸出版 |
| | | 8823 | 期刊出版 |
| | | 8824 | 音像制品出版 |
| | | 8825 | 电子出版物出版 |
| | | 8829 | 其他出版 |
| 咨询策划类 | 商务咨询 | 6940 | 证券分析与咨询 |
| | | 7411 | 企业管理机构 |
| | | 7412 | 投资与资产管理 |
| | | 7421 | 律师及相关法律服务 |
| | | 7429 | 其他法律服务 |
| | | 7431 | 会计、审计及税务服务 |
| | | 7432 | 市场调查 |
| | | 7433 | 社会经济咨询 |
| | | 7439 | 其他专业咨询 |
| | | 7440 | 广告业 |
| | | 7450 | 知识产权服务 |
| | | 7499 | 其他未列明的商务服务 |
| | 科技咨询 | 7720 | 科技中介服务 |

续表

| 大类 | 中类 | 国民经济行业小类及编号 | |
|---|---|---|---|
| | | 编号 | 小类 |
| 咨询策划类 | 科技咨询 | 7790 | 其他科技服务 |
| 休闲娱乐类 | 运动休闲 | 9070 | 群众文化活动 |
| | | 9110 | 体育组织 |
| | | 9120 | 体育场馆 |
| | | 9190 | 其他体育 |
| | | 9210 | 室内娱乐活动 |
| | | 9220 | 游乐园 |
| | | 9230 | 休闲健身娱乐活动 |
| | | 9290 | 其他娱乐活动 |
| | 旅游及景区管理 | 7480 | 旅行社 |
| | | 8131 | 风景名胜区管理 |
| | | 8132 | 公园管理 |
| | | 8139 | 其他游览区管理 |
| 科研教育类 | 科学研究 | 7520 | 工程和技术研究与试验发展 |
| | | 7530 | 农业科学研究与试验发展 |
| | | 7540 | 医学研究与试验发展 |
| | 教育培训 | 8491 | 职业技能培训 |

## 二 文化创意产业的本质特征

文化创意产业的本质特征就是为消费者提供差异化的体验，这种体验包括物质体验和精神体验两种。物质体验主要是关注一件产品的使用价值，精神体验主要是关注一件产品蕴藏的文化价值，以及给人带来的无形的精神感受。文化创意产业创造的不是一般的物质或精神体验，而是独特的、有别于其他的、差异化的、其他产品无法带来的体验。

之所以说差异化的体验是文化创意产业的本质，是因为文化创意能够极大地提高产品的附加值，提升产品的竞争力，开拓出新的市场空间。一方面，文化创意产业利用科技创意来提升产品的使用价值，创造、组合、集成出以前没有的产品和服务，使消费者获得更多更新的物质体验，如更为方便、更为高效、更为舒适、更为安全、更为刺激等，从而体现出其他产品所不具备的价值，使产品附加值得到提升，实现传统产业向高附加值、高利润产业的升级。另一方面，文化创意产业用创意提升产品的文化价值，使消费者获得一种消费其他产品体会不到的精神体验，如幸福感、成功感、优越感等，由此实现产品的价值提升。

可见，文化创意产业不以产业形态为判断依据，不能一提到动漫、网游、电影就是文化创意产业，一说农业、制造业、餐饮业就与文化创意产业无关。文化创意产业界定标准应该是看其能否利用创意创造出差异化的体验，从而提升产品价值，开拓新的市场。从这个意义上来讲，文化创意产业具有很强的渗透性，很多传统产业都能通过思想创新实现产业升级，进而延长产业链并提升其价值。

## 三 文化创意产业兴起的背景

在经济社会全球化的今天，文化软实力越来越成为国家竞争力的重要组成部分，创新和创意逐渐成为知识经济时代经济发展的核心动力之一，经济社会转型从需求方面提出发展文化创意产业的强烈要求，科技进步尤其是互联网技术的进步则从供给方面大大加速了文化创意产业的发展。我国文化创意产业就是在这样的背景下兴起的。

### （一）文化软实力成为综合国力竞争的重要因素

全球化使文化创意产业在综合国力竞争中的地位越来越突出。21世纪以来，全球范围内的资源配置出现了前所未有的分化和重组，对文化资源的争夺成为这一全球性资源重组的重要内容。越来越多的文化产品进入全球市场，越来越多的区域文化经济融入现代世界市场体系。文化与经济、政治相互渗透、相互交融、相互促进，国际竞争越来越成为政治、经济、文化等综合国力的竞争。

文化是综合国力的重要组成部分，而且日益成为国家发展的核心力量。当前国家之间的竞争重点不仅包含经济、军事竞争，更有文化竞争。文化竞争力作为一种软实力，在综合国力竞争中的地位日益重要。文化竞争力包括两层含义：一是文化创意产业的竞争力，指一个国家文化创意产品在国际和国内文化市场中占有的份额。因此，文化创意产业本身就是文化“软实力”的硬指标，是综合国力的重要组成部分。二是精神控制力，指一国创意思想对他国文化的影响力。一般来说，一国文化创意产品在他国文化创意市场的占有率，与对他国的精神控制程度呈正比。从这个意义上可以说，掌握了国际文化创意思想的主动权也就意味着控制了世界的文化秩序，控制了世界的价值观。

因此，发展文化创意产业、提高文化创意产业整体实力具有双重意义：一是创造大量的文化产品和服务，满足日益扩大的文化市场需求，提高文化产业自身的竞争能力，并为制造业和服务业增加可观的文化附加值，提高其他产业的竞争力，进而提高国家的综合实力。二是在文化产品、文化资源、文化消费、文化市场全球化过程中，不断提高中华文化的渗透力和影响力，提升文化“软实力”，在广泛地争取国际认同与合作中，维护国家文化安全（许政国，2008）。

(二) 经济增长方式转变迫在眉睫

1. 经济结构调整要求发展文化创意产业

文化创意产业作为一个新兴产业，在实践中显示了其强大的生命力和巨大的发展空间，成为各发达国家极力推崇和大力发展的产业部门。一方面，这与文化创意产业能够为社会创造可观的经济收益密切相关；另一方面，与文化创意产业具有改变现有经济增长模式的强大功能紧密联系。文化创意产业的生产要素不再以廉价劳动力、能源、原材料为主，而是将文化和人类的创意作为产业发展资源，是一种以无形的智力来创造有形的价值的生产模式，其产值源于源源不断的创意。

传统的经济发展模式通常要消耗大量的物质资源，特别是不可再生资源，其增长的代价是自然资源逐渐消失和环境不断恶化。而文化创意产业最显著的特征是鼓励个人创新与创意的释放，这种释放创造了新的产品，驱动了新的市场需求，冲破了传统资源的硬约束。因为通过创意能够将各种资源转化为经营资本，为经济发展打开了新的通道和空间，这是文化创意产业促进经济增长方式转变的特有模式。

2. 践行科学发展观、构建和谐社会要求发展文化创意产业

科学发展观是指以人为本、全面协调可持续的发展，其核心是以人为本；社会主义和谐社会，是充满活力、安定有序、人与自然和谐相处的社会。我国实现科学发展，构建和谐社会，需要有既注重人的个性化需求，又充满活力、能够实现人与自然和谐相处的产业来支撑经济发展与社会进步。[①]

文化创意产业是体验性产业，注重人的精神体验，是一种“以人为本”的创新经济增长模式。文化创意产业以人的创造力为核心生产要素，以科技为手段，以民族文化资源为主要开发对象，将对自然资源的开发利用降到最低。文化创意产业对人才的使用达到人尽其才，全面发挥人民首创精神，实现发展为了人民、发展依靠人民、发展成果由人民共享的目标。在践行科学发展观、构建和谐社会的社会背景下，发展文化创意产业成为必然的要求。

(三) 科技创新能力日益增强

“十一五”期间，我国中央财政科技投入保持20%以上的年均增速，2009年中央财政科技投入为1512亿元人民币，带动全社会研究与开发（research and development，R&D）经费5802亿元人民币。按当年汇率计算，我国全社会

① 参见新华网．2004．胡锦涛：科学发展观是我党提出的新重大战略思想．http：//news.xinhuanet.com/newscenter/2004-04/04/content 1400182.htm［2004-04-04］．

R&D投入居世界第四位，占国内生产总值（GDP）的比重达到1.7%（陈磊，2011），2010年则达到1.8%。2010年，我国科学家成功自主研制首台千万亿次计算机“天河一号”，用“计算机中的珠穆朗玛”速度引领世界。新时期日益提高的科技创新能力，为文化创意产业的发展提供了雄厚的技术支撑力量，尤其是数字化技术的广泛推广加速了文化创意产业的腾飞。

在科技创新主体方面，企业逐渐成为我国科技创新的主体。通过实施国家技术创新工程，企业研发投入逐年高速增长，创新能力快速提升。根据2009年的统计数据，我国全社会R&D支出中，企业支出份额超过70%。国家科技支撑计划的95%、国家科技重大专项的50%、国家高技术研究发展计划（863计划）的35%以上的项目均由企业牵头实施（杨文利，2011）。

飞速发展的科技水平和日益提高的科技创新能力为我国文化创意产业的发展提供了有利的科技条件，在现代科技支撑下，文化创意产业将实现对传统及当代文化资源的深入挖掘，创新文化生产方式，传播现代文明，对扩大当代中华文化在世界的影响力与辐射力具有重要的作用。

## 第二节　文化创意产业的独特竞争力

### 一　文化创意产业是提高综合国力的新突破口

当今世界，文化越来越成为经济社会发展的战略资源，成为一个国家综合国力的重要组成部分。文化通过知识体系、价值观念和行为规范影响全社会的行为，保持社会的认同，凝聚公民的共识，彰显社会发展的方式和方向。一个国家的综合国力不仅取决于经济实力，也取决于文化实力，取决于文化创意产业的竞争力。发展文化创意产业已经成为提升我国综合竞争力的重要途径之一，是和平崛起的重要前提。

当前，文化软实力已经成为衡量一国综合国力的重要指标，强大的文化软实力也是真正成为一个强国的标志。2011年，中共十七届六中全会通过的《中共中央关于深化文化体制改革　推动社会主义文化大发展大繁荣若干重大问题的决定》指出：“当今世界正处在大发展大变革大调整时期，世界多极化、经济全球化深入发展，科学技术日新月异，各种思想文化交流交融交锋更加频繁，文化在综合国力竞争中的地位和作用更加凸显，维护国家文化安全任务更加艰巨，增强国家文化软实力、中华文化国际影响力的要求更加紧迫。当代中国进入了全面建设小康社会的关键时期和深化改革开放、加快转变经济发展方式的攻坚时期，文化越来越成为民族凝聚力和创造力的重要源泉、越来越成为综合国力竞争的重要因素、越来越成为经济社会发展的重要支撑，丰富精神文化生活越来越成为我国人民的热切愿望。”① 由此可见，提升文化软实力、扩大中华文化的国际影响，已成为时代的要求，是当代国家间竞争的重要组成部分。

## 二 发展文化创意产业是经济结构转型升级的必经之路

当前，我国正处于调整经济结构、转变经济发展方式的关键阶段，文化创意产业对调结构、转方式具有重要作用。

一方面，文化创意产业作为高端形态，具有高附加值、高文化价值、高经济价值，同时具有低碳、环保、生态发展的特征，并具有创造就业岗位的优势，对推动我国整个经济产业结构的升级调整和重组有重要意义。

另一方面，一些传统产业可以通过增加文化含量和文化内容，借助创意把文化资源转换为经营资源，实现价值突破。文化创意产业以文化带动其他相关行业发展，以数字化等高新技术为支撑，以创意创新传统产业的生产和营销方式助推传统产业的转型升级。例如，我国东南沿海地区传统的通信、电子信息技术以传统模式发展，利润空间已非常有限，嫁接文化、内容产业成为这类企业实现突围转型的重要渠道。以文化创意对传统产业进行文化提升，是传统产业提升和转型的有效途径。

## 三 文化创意产业是科技与文化融合的理想业态

文化创意产业通过发挥科学技术在先进文化建设中的中介作用，推动中华文化的继承和传播。文化创意产业运用现代科技手段开发和利用民族文化资源，担负着发扬光大传统文化的重任。同时，文化创意产业运用高新技术创新文化生产方式，传播现代文明，致力于扩大中华文化的影响力与辐射力。

文化创意产业作为一种新兴的产业，是经济、文化、技术等相互融合的产物。当前，文化创意产业与信息技术、传播技术和自动化技术等密切相关，呈现出高知识性、高智能化的特征。文化创意产业所具有高附加值特征，表现在文化创意产业处于技术创新和研发等产业价值链的高端环节，是高附加值的产业。文化创意产品价值中科技和文化的附加值含量明显高于普通的产品和服务。

中华文化底蕴深厚，尚有许多有待开发的文化题材，有必要通过综合的科

---

① 参见新华网．2011．中共中央关于深化文化体制改革 推动社会主义文化大发展大繁荣若干重大问题的决定．http：//news. xinhuanet. com/politics/2011 - 10/25/c_ 122197737. htm［2011 - 10 - 25］．

技手段加以开发利用。这对保护和开发文化遗产的价值，提升文化品牌的内在魅力，广泛迅速地传播华夏思想理念和文化内涵，都具有十分重要的意义。借助现代科技手段，文化创意产业将对中华文化进行更加出神入化的刻画，实现深入人心和远播四海的效果。

### 四 文化创意产业增强产业关联程度，提升传统产业附加值

文化创意产业所涵盖的部门众多，不仅包括文化消费类相关产业，而且包括生产创意类相关产业。由于文化创意产业是经济发展到一定阶段后产生的，其发展需要已有产业的支持和投入，从而使其成为带动相关产业发展的新兴动力。此外，其他相关的产业发展与创新对文化创意产业所提供的智力成果的需求不断增加，从而使文化创意产业以产业渗透的方式对传统产业加以影响和改造，通过延长产品生命周期来拉长产业的生命周期。这两个方面反映出文化创意产业与传统产业之间密切的产业关联性。

尽管文化创意产业与传统产业之间存在着双向的投入产出关系，但它对传统产业的意义远大于传统产业对它的意义。因为，文化创意产业以文化创意产品为主体，如创意设计、题材构思、生产工艺及销售模式等，它们的价值实现多以相关产业的产品为基础，把文化理念渗透到传统产业的设计、生产、营销、品牌和经营管理等环节，从而改变传统产业的价值链，创造新的增值空间，形成新的价值分配链条。此外，文化创意产业在自身内部及其他产业之间的结盟、融合或重组趋势日渐强烈，从而带来了显著的产业融合效应，使整个产业发展具有高度的集聚效应，如经济外部性、技术创新优势、集群式学习和自我发展能力，进一步加深了产业之间关联效应，从而促使整个产业系统的发展形成良性的互动（韩顺法，2010）。

## 第三节　中外文化创意产业发展形势及政策需求

### 一 国际文化创意产业发展迅速

20 世纪 90 年代以来，国际文化创意产业发展迅速，发达国家凭借其雄厚的物质基础和丰富的人才资源，借助先发优势，在国际竞争中占有绝对优势，占据了世界文化创意产业的大部分市场。中国虽然近些年奋起直追，但整体水平与发达国家还有较大差距，文化创意产业发展水平有待提升。

（一）文化创意产业国际贸易活跃

20世纪90年代以来，国际文化创意产业发展迅速，进出口贸易快速增长，已成为世界经济的一个活跃部门，为文化、社会和经济发展提供了巨大的机会。

据联合国贸易和发展会议（UNCTAD）统计，2008年，受金融危机影响，在全球贸易额下滑12%的情况下，文化创意产业国际贸易继续保持增长势头，从2002年到2008年，文化创意产业国际贸易额年均增速达到14.4%。2008年全球[①]文化创意产业出口额仍然达到了5920亿美元，其中，文化创意商品[②]的出口额达到4070亿美元，接近2002年（2050亿美元）的2倍，占据了文化创意产业全部出口额的68.7%。其余为文化创意服务[③]的出口，2008年为1850亿美元，比2002年（620亿美元）增加1230亿美元，年均增速达到17.1%，远高于同期全球服务出口贸易的平均增速。文化创意产业国际贸易的数据分析表明，文化创意产业已成为全球经济的最有活力的部门之一（埃德娜·多斯桑托斯，2011）。

（二）发达国家产业优势明显

以美国、欧洲、日本、加拿大、澳大利亚等为代表的发达国家和地区的文化创意产业发展成熟，贸易活跃，长期主导全球文化创意产业的发展，不仅生产能力强大，在文化产品和服务出口贸易中居于优势地位，而且对文化创意产品和服务的消费活跃，主导着全球文化创意产品和服务的进口贸易，是真正的文化创意大国。

2008年，在文化创意商品出口贸易排名前20位的国家中，发达国家占了13个。由欧洲、美国、日本、加拿大构成的发达经济体的文化创意商品出口额达到2271亿美元，占全球文化创意商品出口额的56%（图1-1），2002年这一比重为62.4%。2008年，文化创意服务出口中，发达国家占据了83%的份额（图1-2）。在增速潜力大且具有更高附加值的行业类别上，发达国家优势尤为明显。例如，在音乐和视听产品上发达国家的出口贸易额占全球的90%，出版产品占全球的80%，视觉艺术占75%，新媒体和设计产品则均占50%（埃德娜·多斯桑托斯，2011）。

---

① 2008年，联合国贸易和发展组织共统计全球138个国家的文化创意产业数据，相关数据统计口径下同。

② 此处文化创意商品包括手工艺产品、视觉艺术产品、表演艺术产品、出版产品、视听产品、新媒体产品和设计产品。

③ 文化创意服务包括广告、市场研究和民意测验服务，建筑、工程和其他技术服务，研究和发展服务，以及个人、文化和娱乐服务。

在全球地区经济组织[1]中，欧盟是文化创意产业的出口的主导力量。2008年，欧盟27个成员国占据了全球地区经济组织文化创意产业市场约40%的出口份额（埃德娜·多斯桑托斯，2011）。

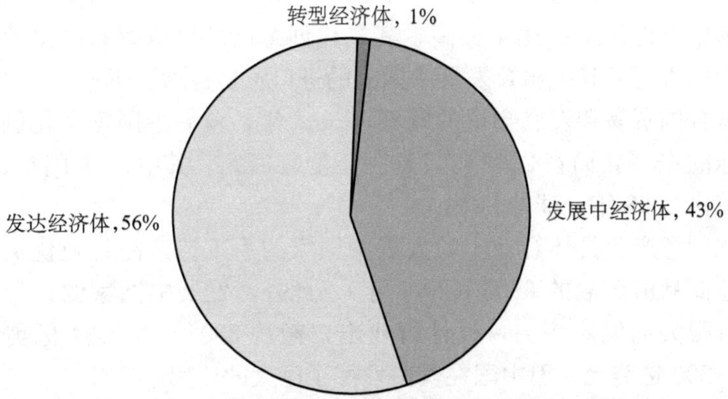


图1-1　2008年全球各经济体文化创意商品出口份额

数据来源：联合国贸易和发展会议统计（基于国际货币基金组织国际收支差额统计数据）

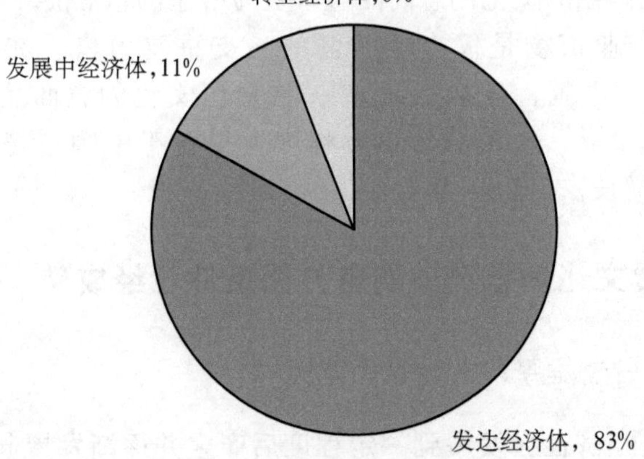


图1-2　2008年全球各经济体文化创意服务出口份额

数据来源：联合国贸易和发展会议统计（基于联合国商品贸易统计数据库官方数据）

发达国家不仅主导文化创意商品和服务的出口，而且是文化创意商品和服务进口大国。2008年，由欧洲、美国、日本、加拿大构成的发达经济体文化创意商品进口额为3171亿美元，占全球文化创意商品进口额的75.3%（埃德娜·多斯桑托斯，2011）。

可见，发达国家的文化创意产业不仅生产和出口能力强大，而且消费活跃，

① 包括美洲自由贸易区，北美自由贸易区，南方共同市场，东盟（10），东盟+3，南部非洲发展共同体，欧盟（27），非洲，加勒比和太平洋地区国家集团，最不发达国家，发展中小岛国。

是真正意义上的文化创意强国。

（三）发展中国家迅速崛起①

尽管发达国家主导着文化创意产业国际贸易，但发展中国家在文化创意产品国际贸易中的份额正在逐年提高，其文化创意产品出口贸易的增速超过了发达国家，中国表现尤其突出，发展中国家的进口贸易也增长迅速。

根据联合国贸易和发展会议的资料，2008 年，发展中国家文化创意商品出口额占全球的 43%，而在 2002 年，这一比重是 37%。其中，仅中国文化创意商品出口额就占 2008 年全球的 20%。

在文化创意产业具体行业上，发展中国家的手工艺产品行业优势明显，占其文化创意商品出口额的 65%（2008 年）。此外，发展中国家的设计行业和新媒体行业有很大的发展潜力，设计行业出口额从 2002 年的 534 亿美元提高至 2008 年的 1220 亿美元，而中国在其中发挥了巨大的作用。

在全球所有发展中国家中，亚洲国家文化创意产品和服务进口居于领先位置，2008 年其文化创意商品进口额为 680 亿美元。拉丁美洲的加勒比海地区、非洲及一些最不发达国家的文化创意商品进口贸易增速也非常快。

亚洲文化创意产业市场是仅次于欧盟的一支重要力量。2008 年，“东盟 10＋3”（东盟＋“中国、日本、韩国”）成员国文化创意商品出口占全球地区经济组织的 23.2%，这一份额很大程度上得益于中国市场文化创意商品出口贸易的迅速增长。

## 二 国内发展文化创意产业的各方面条件已经成熟

（一）经济基础日渐雄厚，市场潜力巨大

文化创意产业是经济社会发展到一定程度后产生并逐渐发展起来的，经济社会的发展水平、速度和质量直接影响着文化创意产业的发展能力。经济越发达，越能够为文化创意产业提供足够的资本、技术、劳动力等发展要素，形成具有一定消费能力的文化市场和有效的需求，推动文化创意产业的发展繁荣。

改革开放以来，中国经济迅速发展，年均增速接近 10%，创造了世界经济发展的奇迹。2011 年 GDP 达到 471 564 亿元，经济总量仅次于美国，是世界第二经济大国。2011 年三次产业结构比例为 10.1∶46.8∶43.1，第一、第二、第三产业协同发展，经济结构日益优化（国家统计局，2012）。对外贸易规模不断扩大，总量跻身世界前列。

① 参见参考文献（埃德娜·多斯桑托斯，2011）。

人民生活水平日益提高。2010 年，人均 GDP 达到 29 992 元。与此同时，居民消费能力不断增强。快速增长的居民收入和不断提高的消费水平为中国文化创意产业的发展提供了广阔的市场。2010 年，我国城镇居民人均可支配收入为 19 109 元，农村居民人均纯收入为 5919 元。2010 年，全国居民消费支出为 13 471.45 元，其中教育文化娱乐服务支出占 12.1%。[①] 随着人们生活水平的提高，中国城市人群消费已经不再停留在对基本物质消费的满足，而是越来越重视消费过程的精神享受和审美快感，对文化创意产品和服务的有效需求不断扩大。

日益雄厚的经济条件为中国文化创意产业的发展提供了坚实的物质基础，居民日益增长的精神文化需求为文化创意产业提供了广阔的消费市场，中国文化创意产业具备了基本的经济基础。

### （二）人口结构的变化带动文化消费扩张

随着经济社会的发展，人们的物质生活需求得到极大满足，其消费需求就向高一层次发展，追求更高层次的需要，即精神文化需要，消费趋势随之向精神文化领域转变。

2010 年，中国人均 GDP 达到 29 992 元，消费结构也随之变化，人们对精神文化产品的需求不断扩大。当前，中国消费者早已不再满足于“有没有”的消费层次，而是迈入消费得“好不好”的阶段，更加看重产品背后所蕴含的文化内涵和文化含量。1996～2010 年，我国城市居民消费的恩格尔系数从 48.8%下降为 35.7%，农村居民消费的恩格尔系数也从 56.3%下降到 41.1%。[②] 可以看出，无论是农村居民，还是城市居民，消费水平和生活质量都有了质的提高。在基本的物质生活条件得到满足之后，消费者会把更多的资金和精力投入文化创意产品的生产与消费上来，这也为文化创意产品的生产与销售创造了条件。近年来，旅游市场的火爆，文化产品价格的居高不下，凸显了人们对文化产品的消费意识的逐渐觉醒。

随着时代的变迁，成长于改革开放后中国高速发展时代的“80 后”和“90 后”逐渐成为社会的主力，与父辈相比，这一代人更加注重自我价值的实现、自我需求的满足，他们的审美情趣更加时尚，更加注重精神文化需求的满足，其精神文化消费需求呈现多样化和差异化等特点。这些变化有利于文化创意消费潜力的释放。近些年我国文化创意产业的快速发展也与这一代人的消费偏好关系密切。

---

① 参见国家统计局 . 2012. 中国统计年鉴 2011. http：//www.stats.gov.cn/tjsj/ndsj/2011/indexch.htm [2012-06-01] .

② 参见国家统计局 . 中国统计年鉴 1997～2011. http：//www.stats.gov.cn/tjsj/ndsj.

（三）文化资源条件丰富，创意开发时机成熟

中国是世界四大文明古国之一，中华文明是世界上最古老的文明之一。中国拥有5000年的文明史，中华文明是世界上持续时间最长的文明。当代中国在“自强不息，厚德载物”的传统文化精髓的基础上，形成了“开放包容，继承创新”的当代文化，传统文化与当代文化交相辉映。

5000年的文明积淀形成了丰富的文化资源。儒家、道家、阴阳家、法家、墨家、纵横家等诸子百家文化，汉字、诗歌、小说等文学文化，昆曲、京剧、评剧、越剧等戏剧文化，道情、莲花落、凤阳花鼓、霸王鞭、京韵大鼓等曲艺文化，高山流水、平沙落雁、十面埋伏、阳春白雪等音乐文化，书法、国画、沙画、乡土画等书画文化，故宫、长城、青铜器皿、古代钱币等历史文物古迹文化，四合院、宝塔、宫殿、陵墓、坛庙等建筑文化，春节、清明节、寒食节、端午节等民俗文化，藏族、苗族、土家族、维吾尔族、蒙古族等民族文化，雕塑、印染、刺绣、编织、陶器等手工艺文化，酒、茶、川菜、粤菜、鲁菜等饮食文化，QQ、微博、网购、网络视频等互联网文化等，构成了浩瀚的中华文化的一部分。

这些丰富的传统文化和当代文化为我国文化创意产业提供了可供深入挖掘的资源，代表着我国文化创意产业的民族性，也决定了我国文化创意产业在世界的独特性格，是我国文化创意产业发展的文化基础。

（四）国家政策鼓励文化创意产业，积极扶持产业发展

随着文化创意产业在国内外的兴起，因其技术水平较高、发展潜力大、在一定程度上能够代表经济发展的趋势，国家对文化创意产业日益重视，对文化创意产业的支持政策日渐清晰，保障措施日益细化，政策体系逐渐成熟。

在2006年出台的《国家“十一五”时期文化发展规划纲要》和文化部《文化建设“十一五”规划》两个文件中，均提到鼓励创意产业的发展，表明我国创意产业发展已经引起了国家重视，并落实到专项规划中。

2009年国务院出台的《文化产业振兴规划》将“文化创意”与“影视制作、出版发行、印刷复制、广告、演艺娱乐、文化会展、数字内容和动漫等”并列，作为文化产业发展中的九大重点产业，提出要加大扶持力度，完善产业政策体系，实现跨越式发展。

2010年国务院出台了《关于加快培育和发展战略性新兴产业的决定》，在七大重点发展领域之一的“新一代信息技术产业”中提出了“大力发展数字虚拟

等技术，促进文化创意产业发展”，并提出了五项具体的政策来扶持文化创意产业等战略性新兴产业的发展。《关于加快培育和发展战略性新兴产业的决定》为我国创意产业发展描绘了更加清晰的前景。在国家政策的示范带动下，各级地方政府纷纷将文化创意产业纳入地方战略性新兴产业范畴予以扶持。2010 年，中共中央宣传部、文化部、财政部等九部门出台了《关于金融支持文化产业振兴和发展繁荣的指导意见》，要求银行、证券、保险等相关金融机构，均要加大对文化产业的金融资源投入，全方位支持文化产业的发展及相关政策措施的细化。日益清晰的政策支持和日益细化的保障措施，为我国文化创意产业的发展提供了前所未有的良好机遇。

2011 年，中共十七届六中全会通过了《中共中央关于深化文化体制改革推动社会主义文化大发展大繁荣若干重大问题的决定》，提出了建设社会主义文化强国的战略目标。这是基于提高国家文化软实力、在日趋激烈的综合国力竞争中赢得主动提出的。这一目标的制定，对进一步加快我国文化改革发展，充分运用我国丰富的传统文化资源，学习借鉴世界各国优秀文明成果，努力建设文化强国，形成与我国国际地位相称的文化软实力和文化影响力，维护国家文化安全具有重要的指导意义。

## 三 中国文化创意产业发展现状

### （一）产业整体规模不断壮大

20 世纪 90 年代以来，特别是进入 21 世纪后，中国文化创意产业发展迅速，产业规模不断壮大，根据第一次和第二次全国经济普查相关数据，我国文化创意产业在企业数量、就业人数、营业收入等主要经济指标方面增长迅速。

从文化创意企业数量上看，文化创意企业在中国企业中已经占有相当大的比重。根据第二次经济普查数据，截至 2008 年年底，中国已登记注册的文化创意企业共有 70 万个，占同期企业总数的 14.1%，比 2004 年第一次经济普查时增加了 31.4 万个，2004～2008 年文化创意企业数量年均增长率达到 16.13%。而从全行业来看，2004～2008 年企业数量年平均增长率为 11.15%，文化创意企业数量的增长速度远高于社会平均水平（表 1-2）（张京成，2011）。

**表 1-2　2004 年与 2008 年文化创意企业法人单位数量与全行业比较**

| 类别 | 2004 年/个 | 2008 年/个 | 增长率/% | 年平均增长率/% |
|---|---|---|---|---|
| 文化创意产业 | 385 915 | 699 608 | 81.29 | 16.03 |
| 全部行业 | 3 249 342 | 4 959 671 | 52.64 | 11.15 |

从文化创意企业吸纳就业的能力看，2008 年中国企业法人单位的就业总人数为 2.19 亿人，而在文化创意企业法人单位就业的人数为 1398.37 万人，占企业法人单位就业总人数的 6.39%。就业人数比 2004 年（955.15 万人）增长了 46.4%，年平均增长率达到 10%。而从全行业的平均水平来看，就业人数的年平均增长率仅为 7.01%，比文化创意产业低了近 3 个百分点（表 1-3）。这表明文化创意产业具有更强的吸纳就业的能力。

相比文化创意企业的数量在全国企业总数所占的比重，其就业比重明显偏低。这表明相对于传统企业，中国文化创意企业平均拥有的职工人数较少，企业规模普遍偏小，中小型企业居多是中国文化创意产业的一大特点。

**表 1-3　2004 年与 2008 年文化创意企业法人单位就业人数与全行业比较**

| 类别 | 2004 年/万人 | 2008 年/万人 | 增长率/% | 年平均增长率/% |
|---|---|---|---|---|
| 文化创意产业 | 955.15 | 1398.37 | 46.40 | 10.00 |
| 全部行业 | 16 693.01 | 21 889.36 | 31.13 | 7.01 |

从营业收入看，2008 年中国文化创意企业共实现营业收入 46 811.77 亿元，而全国企业营业收入总量为 1 041 672.02 亿元，文化创意企业营业收入占总量的 4.49%。2008 年营业收入总额比 2004 年增长了 103.56%，年平均增长率达到了 19.45%，比全行业的平均值低 4.52 个百分点（表 1-4），这意味着中国文化创意产业还有更大的发展空间。

**表 1-4　2004 年与 2008 年文化创意企业全年营业收入与全行业比较**

| 类别 | 2004 年/亿元 | 2008 年/亿元 | 增长率/% | 年平均增长率/% |
|---|---|---|---|---|
| 文化创意产业 | 22 997.06 | 46 811.77 | 103.56 | 19.45 |
| 全部行业 | 440 976.46 | 1 041 672.02 | 136.22 | 23.97 |

### （二）优势行业引领产业发展

中国的文化创意产业已经形成了以咨询策划、电信软件和设计服务三大行业为主力，影视文化、工艺时尚、展演出版、休闲娱乐和科研教育等协调发展的行业格局。

2008 年，咨询策划行业文化创意企业数量高达 27.7 万个，占全部文化创意企业数量的 39.5%，就业人数达 374.87 万人，占全部文化创意企业就业人数的 26.81%，企业数量比重和就业人数比重均在八大行业中排名第一。营业收入为 14 675.99 亿元，占全部文化创意产业营业收入的 31.35%，仅次于电信软件行业，排名第二。

电信软件行业企业数量为 14.2 万个，占全部文化创意企业数量的 20.28%，仅次于咨询策划行业；就业人数为 304.82 万人，占全部文化创意企业就业人数的 21.80%，在文化创意产业八大行业中排名第三；营业收入则达 15 205.35 亿元，占文化创意产业营业总收入的32.48%，在文化创意产业八大行业中排名第一。

设计服务行业企业数量为12.5万个，占全部文化创意企业数量的17.91%；就业人数为330万人，占全部文化创意企业就业人数的23.6%；营业收入为7797.83亿元，占文化创意产业营业总收入的16.66%。

工艺时尚行业具有较强的就业拉动能力，2008年其就业人数达到196.6万人，占文化创意产业就业总人数的14.06%；企业数量和营业收入则分别为5.8万个和3958.89亿元，分别占全部文化创意产业的8.27%和8.46%。

休闲娱乐行业也具有一定的发展基础，企业数量、就业人数和营业收入在全部文化创意产业中所占比重均在5%左右。科研教育、展演出版和影视文化三个行业大类的企业数量、就业人数和营业收入在全部文化创意产业中所占比重均不超5%，仍有较大的发展潜力。

（三）全国60个主要城市形成了四个发展集团

随着近几年国内外文化创意产业的迅速发展，我国各城市日益重视文化创意产业在城市发展中的作用，各城市文化创意产业经历了从小到大、从弱到强的发展历程，形成了以龙头城市为先锋，以大中城市为主力，带动中小城市快速崛起的局面。

根据2008年第二次经济普查数据，从企业数量、就业人数、资产总额和营业收入四个指标数值的综合排名来看，我国60个主要城市形成了金字塔式的四大集团（图1-3），位于塔尖的是由北京和上海两个城市组成的第一集团，文化创意产业企业数量超过5万个，就业人数超过100万人，资产总额超过1.5万亿元，营业收入均在5000亿元以上，与其他城市拉开了较大差距，其文化创意产业处于快速发展阶段。第二集团由广州、深圳、杭州、武汉、成都、天津、重庆、苏州、南京、青岛、济南11个城市组成，这些城市的文化创意产业企业数量均在1万个以上，就业人数在20万人以上，资产总额在1500亿元以上，营业收入在100亿元以上，这些城市文化创意产业已经具有较为明显的优势，正处于稳步发展阶段。第三集团由大连、福州、沈阳、合肥、西安、宁波、昆明、长沙、哈尔滨、无锡、郑州、长春、泉州、佛山、厦门、太原、南宁17个城市组成，这些城市文化创意产业的企业数量在5000个以上，就业人数在10万人以上，资产总额在300亿元以上，营业收入在100亿元以上，这些城市的文化创意产业处于成长阶段，已具备一定的基础，有较大的增长潜力。位于塔基的是第四集团，由石家庄、乌鲁木齐、绍兴、珠海、贵阳、南昌、呼和浩特、兰州、海口、洛阳、唐山、包头、桂林、济宁、芜湖、大庆、西宁、宜昌、秦皇岛、银川、咸阳、大同、湘潭、景德镇、通化、宝鸡、三亚、张家界、丽江、拉萨30个城市组成，这些城市文化创意产业基础相对薄弱，处于萌芽和成长阶段，如果采取必要的政策倾斜和资源投入，文化创意产业将会有一定的发展前景，是支撑中国文化创意产业的基础力量。

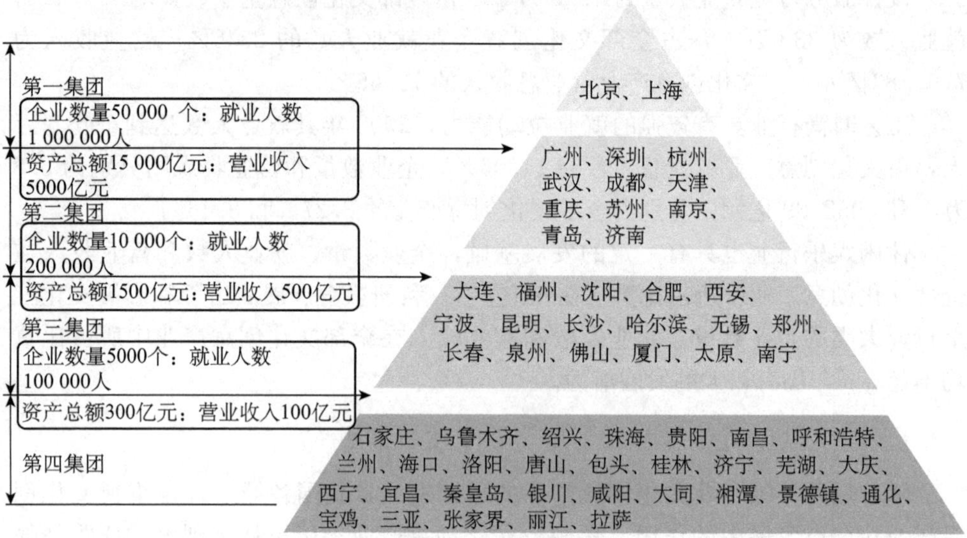


图 1-3 中国部分城市创意产业发展梯队图

## 四 文化创意产业政策需要进一步健全完善

### （一）在当前社会主义市场经济条件下需要政策介入产业发展

我国当前实行社会主义市场经济，市场在国家宏观调控下对资源配置起基础性作用，但市场经济制度还不健全。虽然目前大部分的文化产品和服务的生产及销售由市场价格机制引导，但文化创意产业市场还存在一系列问题，如市场体系不健全、各类文化市场发育程度参差不齐、文化创意产业的要素市场远未完善、产业的市场竞争机制不健全等，这些问题都会影响文化创意产业的健康发展。

因此，在目前我国的社会主义市场经济条件下，文化创意产业在发展初期纯粹依靠市场机制是不可能顺利发展的，甚至可能导致发展停滞，制定和实施必要的产业政策是保证我国文化创意产业在现阶段健康发展的条件。

### （二）产业的深入发展需要政策的跟进和调整

我国的文化创意产业经过了萌芽和初步发展，已经具备一定的基础，国家已经意识到文化创意产业在转变经济发展方式中的作用，各地政府也已经意识到文化创意产业在地区经济中的重要性，日益重视产业发展。未来相当长一段时期，我国文化创意产业将进入深度发展的阶段。

随着产业向纵深发展，相关的政策也需要随之转变，以适应不同发展阶段的不同需求。在文化创意产业深度发展的阶段，产业政策的重点将从鼓励创意企业发展壮大，转变为防止垄断、破坏市场自由竞争等，以保障产业的良性发展。同时，当文化创意产业已经具备一定的竞争力时，需要将国际市场作为主攻方向，在满足国内需求的基础上，将政策的关注点转向国际市场，这既是扩大市场、进一步提高市场竞争力的途径，也是提高我国文化创意产业国际影响力的必由之路，是提高中国文化国际话语权的必要前提。与此同时，随着我国文化创意产业的纵深发展，产业发展过程中的各种各样的问题将会逐渐显露，需要具有前瞻性的政策去纠正产业的各种问题，促进产业的健康发展。

（三）政策的针对性需要进一步提高

当前，我国从国家到地方已经制定了不少促进文化创意产业发展的政策措施，但对文化创意产业发展的关键性问题（如小企业及个人创业的资金瓶颈、创意思想的产权保护、创意转化为现实生产力等问题）的实质性解决措施不足。对企业急需解决的资金问题，金融机构的支持往往倾向于资信良好的大中型企业，小企业或个人即使有好的创意，也会因资质问题不能得到及时帮助，政府的专项资金应当着力在这些社会资本不愿意介入的领域发挥作用，并对社会资金施加影响。但在实际情况中往往不尽如人意，政府资金也倾向于资质优良企业和项目，这些企业和项目往往生存能力强，政策资源的边际效益递减，而生存在文化创意产业边缘的小企业和个人创意对政策的需求更为紧迫，政策资源在这些领域的边际效益递增，但政策反而对其支持不足，对社会创意环境的营造所发挥的实质性作用有限。因此，要使我国文化创意产业获得持续性的发展，还需要进一步提高政策对产业关键问题和紧迫需求的针对性。

（四）政策资源的使用效率需要改进

产业政策的目的是通过提高资源配置效率，增进产业效率。文化创意产业政策在我国实施时间不长，政策实施过程中难免出现效率低下的问题，文化创意产业资源配置存在无序现象。例如，一些地方不顾经济社会基础和资源条件，将文化创意产业作为支柱产业，各地出现“运动式”的发展方式，一拥而上地将政策资源集中用在集聚区建设，以及动漫、软件等某一两个特定行业的发展上，造成各地雷同的发展方式，大而全、小而全的行业体系，形成了无序竞争的局面，不利于地方文化创意产业核心竞争力的形成，还会造成利益集团利用政策资源进行寻租行为，不仅浪费了政策资源，而且使政策成为产业发展的阻碍因素。

因此，文化创意产业的发展需要进一步优化政策的制定和实施程序，提高政策使用效率，将政策这种外在推动力逐步转变为企业内在成长力，逐步使市场成为文化创意产业资源配置的平台，使企业成为文化创意产业发展的内在动力，推动产业走上自我发展的道路。

# 第二章 文化创意产业政策构成及其兴起

## 第一节　文化创意产业政策概述

### 一　产业政策概念

“产业政策”的概念最初出现于急于赶超英国工业革命成果的德国，是由德国历史学派的代表李斯特在他的《政治经济学国民体系》一书中首先提出来的，后来许多欧美国家在赶超工业发达的国家时也不自觉地采用了这个思想。“产业政策”这个概念是第二次世界大战以后在法国确立的，日本以“产业政策”为核心制定的赶超战略是从法国引进的。1966 年两角良彦在《产业政策理论》一书中正式使用“产业政策”这一词汇，1970 年以后在各种文件和研究报告中开始广泛采用这一概念，并为世界所关注（许玉龙，1987）。

产业政策是国家或地方政府系统设计的有关产业发展和产业结构演变的政策目标和政策措施的总和，是国家干预或参与经济的一种较高级形式，是从产业发展的全局着眼而系统设计的较完整的政策体系。产业政策的核心是产业结构问题，涉及产业结构转换、产业高级化及产业结构与其他经济结构（如需求结构、贸易结构）间的协调等各种结构对策问题。

产业政策是指导产业发展方向，规划产业发展目标，调节各个产业之间的相互关系，引导微观经济活动的综合政策体系。产业政策是在市场机制下，为实现发展过程的优化而进行的主动干预。其目的在于规范和刺激产业、鼓励发展，通过不同政策的相互作用，达到提升产业生产力的目的，是产业不断改革创新的推动者和保障力量。

产业政策对提升产业竞争力具有重要影响，政府制定产业政策的主要目标是发展用于提高生产力的人力资源和资本。提高生产力是改善国家生活水平的原动力，要使生产力持续增长，经济必须不断发展，而要达成经济发展的目标，现有产业必须不断改革创新，并培养在新的产业领域里获得成功的能力。当新的产业形成时，一方面会为劳动市场带来新的工作机会，另一方面也吸收其他产业（如失去竞争优势的产业）所释放的劳动力。

产业政策的目的在于刺激产业、鼓励发展，因此，政策应该以创造产业发展的环境为目标。产业政策对提高产业的长远生产力具有重要作用，产业的成功、产业竞争力的提升主要归功于产业政策的实施。单纯的市场竞争不足以达到资源的优化配置，实现一国经济的发展，只有政府出面干预，对市场机制的缺陷进行弥补和修复，才能够推动产业结构的优化，提升产业竞争力。

### 二 文化创意产业政策的含义

文化创意产业的发展不仅关系到我国产业结构转换升级和经济可持续发展，同时对我国建设先进文化、维护国家文化安全、提高文化软实力、提升文化国际影响力具有重要意义。而制定和实施科学的文化创意产业政策，则是实现文化创意产业健康、快速、可持续发展的重要前提。

文化创意产业政策是指国家或地方根据特定的文化创意产业发展问题和文化创意产业发展规律的基本要求，对文化创意产业行为进行规范、引导、激励、约束的规定。文化创意产业政策主要通过影响产业发展环境和市场信息，直接或间接激励或约束微观主体活动，使之与国家或地区的调控目标相吻合。

文化创意产业政策是我国产业政策的重要组成部分。同时，文化创意产业政策又是以文化创意产业这一具体的产业作为作用对象的、一种特殊的产业政策。文化创意产业政策目标不单纯是追求速度、产值等经济目标，同时是对政治、文化、社会等综合目标的全面考虑，涉及构筑国家文化安全、满足公民精神文化需求等各个方面的问题。文化创意产业政策的这种特点决定了在制定文化创意产业政策过程中，一方面要遵循产业发展的一般规律，另一方面要遵循文化创意产业发展的特殊规律，体现“文化创意”的特殊要求。

## 第二节 文化创意产业政策特性

文化创意产业具有一些一般产业的属性，同时又与其他产业有一定区别，这决定了文化创意产业政策所具有的不同于一般产业政策的特殊性。

### 一 文化创意产业政策具有战略性

文化创意产业各项政策的设计均服从和服务于国家产业政策体系，根据国家不同时期的经济发展战略而适当调整，体现政府的政策目标。

1945～1972 年，日本以技术引进及改良为产业发展战略的主要内容。这个阶段的产业政策重在保护日本企业免受外国企业竞争冲击，并为日本企业消化吸收国外先进技术提供政策激励。1973年以后，日本产业战略的重点转向强调原始创新和集成创新，日本政府相应制定了一系列有关自主创新的激励政策。美国的创意产业则一直注重原始创新，其R&D激励政策一直占有重要地位。

1949～1978年，我国的发展战略是重工业超前发展，这一时期制定了低工资政策、低利率与低汇率政策、基础产业产品低价格和制造业产品高价格政策、农产品低价格和各种服务低价格政策、高度集中的企业管理制度和物资分配制度等一系列支持重工业超前发展的宏观经济政策。1978年后，我国逐步进行了产业结构调整，引入市场机制，在一系列机制改革和政策支持下，第三产业和制造业中的轻工业成为20世纪80年代发展最快、比重提高幅度最大的产业。20世纪90年代后，以电子信息产业为代表的高新技术产业飞速发展，国家和地方制定了一系列鼓励高新技术发展的政策措施。进入21世纪后，文化创意产业逐渐进入国家战略决策视野，《文化产业振兴规划》、《关于加快培育和发展战略性新兴产业的决定》、《中共中央关于深化文化体制改革　推动社会主义文化大发展大繁荣若干重大问题的决定》等均体现了文化创意产业正在成为国家产业政策的重点。

## 二　文化创意产业政策具有综合性

由于我国目前还没有统一领导和协调文化创意产业的组织机构，文化创意产业分属文化、信息、新闻、广播电视、旅游等部门管理。因此，文化创意产业政策的制定要考虑与这些部门的合作，考虑不同行业的综合需求。而文化创意产业政策的制定和执行也需要财政、金融、税收、人力资源、统计等部门的配合与参与，没有这些部门的参与也无法保证政策制定的科学性和执行的有效性。因此，文化创意产业政策具有综合性的特征。

## 三　文化创意产业政策具有多样性

实施文化创意产业政策的手段可以多种多样，宏观经济政策和微观调节政策都可以应用于产业发展中。财政政策、税收政策、金融政策、外贸政策，以及必要的行政干预等都是实施文化创意产业政策可供选择的重要手段。

## 四　文化创意产业政策具有动态性

一般来说，产业政策的目标、范围、手段和内容都会随时间、空间变化而变化。与一般产业政策制定相似，文化创意产业政策制定也必须考虑到国际、国内经济形势的变化，满足国家经济发展总体战略和产业结构转换的要求，在不同的经济发展阶段，采取不同的产业政策。例如，在产业发展初期，小企业众多，垄断尚未形成，产品标准不统一，影响产业发展的主要问题是无序竞争，这个阶段文化创意产业政策的重点是规范市场竞争秩序，防止过度竞争，同时鼓励大企业发展。而当产业发展到成熟阶段，垄断成为不利于产业发展的主要问题，这一阶段产业政策的重点就应该是反垄断，鼓励有效竞争。

### 五 文化创意产业政策具有公共性

在文化创意产业中，有部分产业的形态属于微利或不以赢利为目标，但其又是国家发展和民族进步的重要组成部分，如文物及文化保护、史料史志征集，以及其他文化艺术、博物馆等，政策对这些产业的资助具有公共性。

### 六 文化创意产业政策具有创新性

创新是文化创意产业的核心，因此，文化创意产业政策必须体现对创新的支持，加大对创新的激励，以此形成文化创意产业发展的内在动力，推动产业走上自我发展道路。

## 第三节　文化创意产业政策构成

### 一 文化创意产业政策分类

文化创意产业政策体是由一系列具体政策组成的，可以从不同角度来划分。

从政策性质角度，文化创意产业政策可分为奖励性政策和限制性政策。奖励性政策是对文化创意产业及其特定行业给予直接或间接支持的各种政策，主要目的在于鼓励产业发展，推动产业升级，如《文化产业振兴规划》等。限制性政策是对文化创意产业的发展方式、特定行业的发展等实施的一定的限制措施，其目的在于规范产业发展方式，限制无序和盲目的竞争，优化产业发展环境，纠正产业发展过程中出现的各种不利于产业健康发展的问题，如电视上星综合频道节目管理、电影审查制度等。

从作用对象角度，文化创意产业政策可分为产业政策、行业政策、集聚区政策等。产业政策是将文化创意产业作为一个整体制定的政策，通过鼓励、规范、限制等方式对产业的发展方式予以指导，明确重点鼓励行业与限制行业。

行业政策针对文化创意产业内部的各个子行业的发展予以鼓励、规范或限制，对行业的发展方式予以指导，为行业发展营造良好的环境。集聚区政策针对文化创意产业发展过程中出现的集聚现象予以鼓励、规范或限制，以期从集聚发展角度促进文化创意产业的健康成长。

从作用层次角度，文化创意产业政策可分为宏观政策与微观政策。宏观政策主要是将一般宏观经济政策运用于文化创意产业领域，针对文化创意产业发展过程中出现的不同类型的问题采用不同的宏观政策工具，以整个文化创意产业为作用对象，如财政政策、货币政策等。微观政策以文化创意产业领域内的企业或个人等微观主体为作用对象，通过影响微观主体的决策和行为来引导整个文化创意产业的发展，如中小企业政策、消费政策等。

## 二 文化创意产业政策主体

文化创意产业政策主体与一般产业政策主体相似，也是由国家法律、行政法规、战略规划、部门规章、规范性文件和部门文件等六类构成。

### （一）国家法律

法律是国家制定或认可的，由国家强制力保证实施的，以规定当事人权利和义务为内容的具有普遍约束力的社会规范。具体到我国文化创意产业，是指全国人大及其常委会制定的与创意产业产权保护等内容相关的法律规范，如《中华人民共和国著作权法》、《中华人民共和国专利法》、《中华人民共和国商标法》等。

### （二）行政法规

行政法规是国务院为领导和管理国家各项行政工作，根据宪法和法律，并且按照《行政法规制定程序暂行条例》的规定而制定的政治、经济、教育、科技、文化、外事等各类法规的总称。具体到文化创意产业，即国务院制定的关于规范和鼓励文化创意相关产业发展、落实产权保护等的行政性法规。目前，国务院制定的与创意产业相关的行政法规多以行业性的法规出现，如《互联网信息服务管理办法》、《计算机软件保护条例》、《出版管理条例》、《电影管理条例》、《传统工艺美术保护条例》等。

### （三）战略规划

战略规划即从战略层面对国民经济或者特定行业进行的比较全面的长远发展计划，是对未来整体性、长期性、基本性问题的思考，并设计未来整套的行动方案。战略规划解决地区经济发展的总体思路问题，是经常性的、不定期的任务。一般来讲，发展的思路应当保持长期性和一致性，要有稳定性，不宜经常变化。目前我国制定的与文化创意产业相关的战略规划有《文化产业振兴规划》、《文化部“十二五”时期文化产业倍增计划》、《文化部“十二五”时期文化改革发展规划》等。

（四）部门规章

部门规章是国务院各部门、各委员会、审计署等根据法律和行政法规的规定和国务院的决定，在本部门的权限范围内制定和发布的调整本部门范围内的行政管理关系的规范性文件。与文化创意产业相关的部门规章一般出自文化部、新闻出版总署、国家版权局、国家广播电影电视总局、工业与信息化部、国家发展和改革委员会、商务部等部门，一般以行业性的规章出现，规范或鼓励创意相关行业发展，如新闻出版总署制定的《关于新闻出版业跨地区经营的若干意见》，国家广播电影电视总局、商务部、文化部等制定的《外商投资电影院暂行规定》，国家版权局、信息产业部制定的《互联网著作权行政保护办法》，商务部、外交部、文化部等制定的《文化产品和服务出口指导目录》等。

（五）规范性文件

规范性文件是指各级人民政府及其工作部门在权限范围内，为实施法律、法规、规章和上级规范性文件，按规定程序发布的在一定时间内相对稳定、具有普遍约束力的行政措施，包括规定、办法、细则、通知、通告、布告等，如国务院制定的《保护知识产权专项行动方案》、《国务院关于非公有资本进入文化产业的若干决定》和《关于鼓励数字电视产业发展若干政策》，文化部和信息产业部制定的《关于网络游戏发展和管理的若干意见》，文化部制定的《关于扶持我国动漫产业发展的若干意见》等文件。

（六）部门文件

部门文件是文化创意产业相关部门制定的鼓励或规范文化创意产业或产业内各个行业发展的文件。如中共中央宣传部、中国人民银行、财政部等制定的《关于金融支持文化产业振兴和发展繁荣的指导意见》，国家广播电影电视总局制定的《关于发展我国影视动画产业的若干意见》、《关于加强动画片引进和播放管理的通知》，财政部、海关总署、国家税务总局制定的《关于文化体制改革试点中支持文化产业发展若干税收政策问题的通知》，国家旅游局制定的《关于大力发展入境旅游的指导意见》，文化部制定的《文化产业投资指导目录》，商务部制定的《关于金融支持文化出口的指导意见》等。

## 三 文化创意产业政策体系

政策体系是指一系列相互联系、相互作用的政策工具的组合，通过这一系列政策的相互作用，达到推动产业发展的目标。文化创意产业政策体系主要包括战略规划、开发策略、财税金融政策和制度保障四大类别，每个类别中包含若干政策类型。

### （一）战略规划

战略规划即发展战略，是对产业未来的一种研究和假定，并以此形成产业发展的纲要，解决产业在相对较长时期发展的基本架构。

战略规划是国家或地区产业发展的总体思路，一般来说，这种总体思路应当保持长期性和一致性，要有稳定性，不宜经常变化。但是，文化创意产业的发展思路也不应一成不变，需要不断创新，当产业发展面临一定困难的时候，或者产业发展条件、发展环境产生巨大变化的时候，文化创意产业的发展思路有必要调整和创新，发展战略也需要重新制定。

战略规划是统领性规划，制定出来后，其他产业开发策略和行业发展规划应当根据战略规划进行修编。

战略规划分为国家产业发展战略和地方产业战略规划。国家产业战略规划是在全国范围内，按照地域分工合作的原则组织全国文化创意产业的发展与布局，以便能够在全国范围形成聚集与分散相结合的文化创意产业体系，既能够最大限度地发挥各地区的优势，又能够构建分工协作的机制。地方产业战略规划包括区域、省级、城市文化创意产业的战略规划，是在一定区域范围、一省或一市范围内，组织文化创意产业的发展与布局。

文化创意产业战略规划具有全局性、方向性和预见性的特点，解决的是事关产业发展的战略性、长期性、全局性的问题，时间跨度长，地域空间广。

### （二）开发策略

文化创意产业的发展仅有战略规划是不够的，需要在战略规划的指导下，设计一系列的开发策略，来支持文化创意产业的发展，解决产业发展的问题。开发策略是在文化创意产业发展战略的指导下，对产业发展方式的指导，是战略思路的具体化，是实现战略的手段。

开发策略包括产业推进政策、行业促进政策、集聚发展策略、国际贸易促进政策，以及产业分类认定政策等。产业推进政策是各相关部门制定的推动文化创意产业整体发展的相关政策的总和；行业促进政策是文化创意产业内各个行业主管部门针对具体分管行业制定的行业规划、指导意见和实施办法等；集聚发展策略是针对文化创意产业集聚发展问题制定的鼓励或规范集聚发展的政策措施；产业分类认定政策是针对文化创意产业本身的分类标准、园区认定方案、企业认定方案等。

开发策略的特点是政策种类繁多。因文化创意产业分属不同行业门类，归口不同的部门，所以出台政策的部门多，对产业发展的指导性较强。

#### （三）财税金融政策

财税金融政策为解决创意企业的资金不足、融资困难等问题而设立，是产业萌芽和成长阶段最直接的支持方式。财税金融政策的对象一般为企业或具体项目，以及产业基础设施等。

财税金融政策包括财政资金支持政策、具有针对性的融资服务政策、税收优惠政策，以及创意消费的信贷政策等。其中，融资服务政策主要包括促进金融与产业对接的政策、创意企业国际贸易的融资服务政策等。

财税金融政策对企业的直接帮助较大，在企业的成长期，能够起到很好的扶持作用。当企业成长到一定程度时，需要适时调整财税金融政策，避免资金使用效率下降，同时对资金的使用合理监管。

#### （四）制度保障

制度保障即建立各种保障制度，用制度约束文化创意产业内部经济体的行为，保障战略目标和开发策略的实施达到预期效果。

制度保障包括组织保障政策、人才保障政策、知识产权保障政策等。组织保障政策即与文化创意产业领导和服务机构相关的政策；人才保障政策即与文化创意人才建设相关的政策措施；知识产权保障政策即与文化创意产业知识产权保护相关的政策措施。

## 第四节　中外文化创意产业政策的兴起与发展

### 一 国际文化创意产业政策回顾

国际文化创意产业政策与当地文化创意产业的发展密切相关，英国、日本、韩国、新加坡等国家的经验证实了政策对产业的促进作用，以及产业对政策的反馈和调整。

（一）产业发展历程

文化创意产业的形态早在20世纪二三十年代就已经存在，但其作为一个完整的产业概念则起源于英国。1997年布莱尔当选英国首相后，将创意产业作为国家重要产业加以重点政策支持，成立了英国“创意产业特别工作组”，并亲自担任主席，收集全面可靠的数据，审视英国国内与海外国家文化创意产业的表现和增长率，而且还特别成立了文化、媒体和体育部（DCMS），目标是大力推进英国文化创意产业的发展，鼓励和提倡人的创造力在英国经济发展中的贡献（张京成，2006）。

从20世纪八九十年代开始，美国、日本、澳大利亚、韩国、新加坡等国家的文化创意产业也开始迅速发展，各自的优势行业在这一过程中得到强化，如美国以电影和软件为主导，日本以动漫产业为主导，韩国以影视、网游为主导，对国际文化创意产业发展格局的形成影响至深。

经过不断发展，近些年，文化创意产业全球化发展趋势越来越明显，在全球范围内形成了网络化的发展模式，“创意城市网络”即其表现之一。2004年10月，联合国教科文组织发起设立了创意城市网络，设立初衷是提升全球城市的社会、经济和文化发展，它将那些有志于在全球范围内通过分享创意经验、思想和优秀实践而推动本地经济、社会和文化发展的城市联结起来，组成一个网络。该网络内设七个类别：文学之都、电影之都、音乐之都、手工艺与民间艺术之都、设计之都、媒体艺术之都、美食之都。截至2012年3月，全球已有30个城市加入了创意城市网络。①

（二）政策发展历程

世界范围内对文化创意产业的扶持可以追溯到20世纪上半叶，到20世纪80年代后，推动文化创意产业发展成为全球许多国家文化政策的重点，尤其以英国最具代表性。

英国对艺术等文化创意产业的资助最早可追溯到20世纪40年代。1940年英国成立了英国第一个资助艺术事业发展的国家实体——音乐美术发展委员会，负责筹措捐款和公共基金，将其用于发展艺术文化事业。1997年布莱尔出任英国首相后，成立了文化、媒体和体育部，并组成“创意产业特别工作组”，成立“创意产业输出推广顾问团”（The Creative Industries Export Promotion Advisory Group），此后逐渐形成一套系统化的方式来发展其文化创意产业。2008年，

① 参见联合国教科文组织官方网站．http：//portal. unesco. org/culture/en/ev. php-URL _ ID=29032&URL _ DO=DO _ TOPIC&URL _ SECTION=201. html.

英国文化、媒体和体育部推出《创意产业五年策略（2008—2013）》。2011年，英国政府又推出《文化遗产合作计划（2011—2015）》，推进跨部门与民间的合作，来保护文化遗迹、历史文物，同时发展观光旅游。①

20世纪70年代以后，美国版权产业逐渐崛起，为了维护其经济利益，促进其版权产业发展及其在全球竞争力的提升，美国开始全面实施版权战略，加强版权保护。美国从版权立法、版权保护国际合作等方面维护文化创意企业和从业者的利益，保护其创新的精神。此外，美国还通过制定国际规则在世界范围内维护本国文化创意产业的利益（崔静，2007）。

日本政府将振兴和发展文化创意产业从国家战略高度给予重视，20世纪90年代提出“文化立国”战略。此后，日本政府一直积极发展创意产业，尤其是漫画、动画、电影、音乐、游戏、网络游戏、生活娱乐等数字内容创意产业。2003年日本在内阁设立“知识产权战略本部”，2004年制定《知识产权推进计划》，同年6月又公布了促进内容产业发展的法律——《内容产业促进法》，2005～2008年连续四年的《知识产权推进计划》都专门用一章的篇幅阐述充分发挥创意产业作用、建设文化创意国家的政策措施（刘平，2009）。政府积极重视创意产业并制定具有针对性的产业政策和发展战略，有效促进了创意产业的持续、快速、健康发展，战略规划成为日本发展创意产业的重要保障。

## 二 国内文化创意产业政策发展历程

国内文化创意产业的政策与文化创意产业自身的产生与发展紧密相关。文化创意产业形态萌生后，政府开始有意识地介入，扶持产业发展。当文化创意产业发展到一定程度，被证明是潜力产业、朝阳产业，适逢国际创意产业兴盛之时，中国政府日渐重视政策在产业发展中的功能，不断加大政策扶持力度。

### （一）产业发展历程

中国的文化产业和文化创意产业伴随20世纪70年代末的改革开放产生，发展壮大于文化体制改革的21世纪初。随着改革开放的深入，国民收入水平逐步提高，人民群众闲暇时间增多，精神文化需求大幅度提高，文化创意消费市场获得巨大潜力和更多的发展机遇。

1. 朦胧期（1978～1999年）

我国文化创意产业是在文化体制改革的背景下萌发的。1978年年底，以十一届三中全会召开为标志，中国进入改革开放时期，文化体制改革是我国改革

---

① 参见台湾“行政院文建会”.2011台湾文化创意产业发展年报.

进程的一部分。文化体制改革逐渐唤醒我国文化的活力。1979年，广州东方宾馆开设了国内第一家音乐茶座，成为新时期我国文化市场兴起的标志，随后，深圳、珠海经济特区的歌厅、舞厅、录像放映厅等文化娱乐场所也相继面世，并很快在全国范围内散播（曹普，2007），我国文化产业及文化创意产业开始萌发。1985年，我国城市居民直接或间接用于文化消费的人均支出（包括文化娱乐费和购买书报杂志、文娱用品的费用）已占生活消费支出的8.8%，比1981年增长了95%。在上海，职工每天用于文化消费的时间已占全部业余时间的45%（李建中，1988）。

1992年邓小平南方视察讲话和十四大明确提出建立社会主义市场经济体制，此后，文化产业与其他产业一起，随着市场经济的探索而逐步建立。随着市场经济的高速发展和人们生活水平的提高，全社会表现出日益高涨的文化需求。

这一时期文化创意产业处于起步阶段，呈现出整体规模小、质量低的特点。据《世界图书报告》公布的1993年图书营业额，中国是15.1亿美元，美国是225亿美元，日本是91亿美元，人口仅为中国1/30的韩国是22.1亿美元。在1993年的国际图书贸易中，中国图书的出口量仅占世界图书出口总贸易额的0.04%（沈望舒，1998）。1998年全国文化产业仅占GDP的0.26%，占三次产业增加值的0.8%，如果加上广播影视、新闻出版，也不过分别占0.75%和2.33%（郑百灵，2002）。

2. 成长期（2000～2007年）

进入21世纪，在国际关系的转换中，文化作为软实力的重要性也日益凸现，软实力的竞争与日俱增，文化和文化创意产业成为世界各国综合国力竞争的一个主要领域。我国政府逐渐认识到文化产业和文化创意产业在我国国民经济和社会发展中的作用，党中央关于文化及文化产业的理念及政策逐步明确，文化创意产业迅速成长，而文化体制改革是贯穿这一成长过程的重要因素。

这一时期，我国发展文化创意产业已经具备许多有利因素。首先是20世纪90年代的起步阶段，为我国文化创意产业的成长发展奠定了必要的基础。其次是这一时期经济全球化，尤其是文化全球化对我国的文化和文化产业发展产生了深刻的影响，2001年中国加入WTO（世界贸易组织）后，这种影响更加强烈。再次是政策因素。2000年，党的十五届五中全会通过的《中共中央关于制定国民经济和社会发展第十个五年计划的建议》中，第一次以“中央建议”的名义明确提出了“文化产业”这一新概念，指出要“深化文化体制改革，建立科学合理、灵活高效的管理体制和文化产品经营机制”，“推动信息产业与有关文化产业结合”，“完善文化产业政策，加强文化市场建设和管理，推动有关文化产业发展”，为文化产业及文化创意产业发展指明了道路，对新世纪开局推进文化创意产业的发展具有十分重大的意义。2002年，党的十六大进一步明确提出“继续深化文化体制改革”，并第一次将文化产业和文化事业区分开来，再次明确了文化产业的概念。2003 年，中央文化体制改革领导小组成立，全国文化体制改革试点铺开，这些基础因素和标志性事件促使文化产业和文化创意产业迅速发展。

根据第二次全国经济普查数据，结合本书关于文化创意产业的界定，2004 年，中国已登记注册的文化创意企业共有 385 915 个，占企业总数的 11.88%；在文化创意企业法人单位就业的人数为 955.15 万人，占企业法人单位就业总人数的 5.72%；已登记注册的文化创意企业的资产总额为 104 935.26 亿元，占企业资产总额的 10.85%；文化创意产业共实现营业收入 22 997.06 亿元，占全部企业营业收入的 5.22%（张京成，2011）。

这一时期，文化创意产业呈现出全民关注、多方参与的态势，创意个人和创意企业逐渐成为产业发展的主体，个人的创造力得到前所未有的发挥。产业集聚成为产业发展的主旋律，上海在 2006 年年底就分四批完成了 75 个创意产业集聚区的认定，北京也在 2006 年认定了重点发展的十大文化创意产业集聚区。地方政府创意产业政策方向逐渐明确，政策内容日益细化。创意产业人才建设也逐步推进，一些大学已经开始开设创意产业专业，培养创意人才，地方政府和各种培训机构也开始涉足创意产业培训工作。文化创意产业的交流探讨、项目合作热度渐升，形成了中国北京国际文化创意产业博览会、中国（深圳）国际文化产业博览交易会、上海国际创意产业活动周等国际化的交流平台。非公资本逐渐成为文化建设投资的主体力量。文化创意产业格局出现大范围重组，与信息产业密切关联的新兴产业异军突起。

3. 壮大期（2008 年至今）

随着各地文化创意产业的迅速发展，国家逐渐意识到文化创意产业正在成为国民经济中新的增长点，并逐渐将文化创意产业上升至国家战略层面，予以重点扶持，我国文化创意产业进入壮大期。

2009 年 7 月，国务院常务会议审议通过了《文化产业振兴规划》；2010 年 10 月，国务院出台《关于加快培育和发展战略性新兴产业的决定》，这两项政策的出台及《中共中央关于深化文化体制改革　推动社会主义文化大发展大繁荣若干重大问题的决定》的问世，一方面说明我国文化创意产业经历了萌芽和成长阶段后，发展势头迅猛，已经成为国民经济中的一个新的经济增长点和产业结构优化的一支重要产业力量；另一方面也说明文化竞争力在国与国之间的竞争中日益重要，是国际竞争的一个重要的决定因素，这使得这一产业引起了全国各层面全方位的注意。这两项文件的出台，标志着中国文化创意产业经过充分孕育发展，逐步上升到了国家战略层面。

这一时期的标志性事件是北京奥运会和上海世博会的召开，世界性赛事和展览的成功举办，为中国文化创意产业的发展提供了重要的实践载体。2008年北京奥运会是文化创意产业在中国的全方位实践，直接推动了会展经济、广告业、旅游业和体育产业的发展。北京奥运会充分运用了高新技术手段，在奥运电视转播史上首度实行了高清晰度数字转播，奥运传播成为北京传播技术和传播方式的又一次革命，促使传播业全面实现升级换代。2010年的上海世博会作为一次全球创意人才的盛大聚会，引领了世界文化创意产业发展的潮流，为各国创意人才提供了无限机遇，成为一场全球创意人才和创意产业的“奥运会”。各参会国通过充满创意的展品和展馆，充分显示了不同的价值观和生活方式，展示了本民族的优秀智慧，推出了一批出色的设计师。上海世博会上各种新思想、新理念、新文化、新产品的交流碰撞激发了创意人才思维模式的转变与创新，从而推动文化创意产业迈上新台阶，为文化创意产业提供了难得的发展机遇。

这一时期，我国文化创意产业的企业数量和规模都迅速扩大。根据第二次全国经济普查数据，截至2008年年底，中国已登记注册的文化创意企业共有70万个，占同期全国企业总数的14.1%；文化创意企业法人单位就业人数为1398.37万人，占就业总人数的6.39%；文化创意企业实现营业收入46 811.77亿元，占全部行业营业收入的4.49%。

（二）政策发展历程

文化创意产业在我国发展历史并不长，严格意义上的文化创意产业政策是在相关产业进入成长期以后开始出现的。

2000年，党的十五届五中全会通过的《中共中央关于制定国民经济和社会发展第十个五年计划的建议》中，第一次以“中央建议”的名义明确提出了“文化产业”这一新概念。

2003年，中央文化体制改革领导小组成立，全国文化体制改革试点铺开，这些基础因素和标志性事件促使文化产业和文化创意产业迅速崛起。

2009年7月，国务院常务会议审议通过了《文化产业振兴规划》。该规划是国际金融危机期间继钢铁、汽车、纺织等十大产业振兴规划后出台的又一个重要的产业振兴规划。该规划将“文化创意”与“影视制作、出版发行、印刷复制、广告、演艺娱乐、文化会展、数字内容和动漫等”并列，作为文化产业发展的九大重点产业，提出要加大扶持力度，完善产业政策体系，实现跨越式发展。2010年10月，国务院出台《关于加快培育和发展战略性新兴产业的决定》，在七大重点发展领域之一的“新一代信息技术产业”中提出了“大力发展数字虚拟等技术，促进文化创意产业发展”，并提出了五项具体政策来扶持文化创意产业等战略性新兴产业的发展。

2011年，中共中央十七届六中全会通过的《中共中央关于深化文化体制改革 推动社会主义文化大发展大繁荣若干重大问题的决定》开启了中国创意产业发展全新时代。2011年10月，中共中央十七届六中全会将“文化改革发展”作为主要议题，从时代要求与战略全局出发，第一次提出了建设社会主义文化强国的奋斗目标，成为我国文化发展历程中划时代的历史事件。上述决定又一次在国家层面明确提出“推动文化产业成为国民经济支柱性产业”，并做出具体部署。首要一条明确提出了加快发展文化产业。文化创意产业被归入新兴文化产业类别，被要求加快发展。而中共中央十七届六中全会做出的构建现代文化产业体系、公有制为主体多种所有制共同发展的文化产业格局、推动文化科技创新、扩大文化消费四类具体部署为文化创意产业实现跨越式发展提供了契机。

2004年以后，在国家文化创意产业宏观政策和规划的引导下，各相关部委纷纷制定文化创意专项产业政策与发展规划，财政部等相关部门制定资金支持政策，这些政策措施日趋具体化。目前，动漫产业出台的政策与措施最多。近五年来，文化部、宣传部等相关部委连续推出了《关于发展我国影视动画产业的若干意见》（2004年）、《关于对国产电视动画片实行题材规划管理的通知》（2004年）、《关于推动我国动漫产业发展的若干意见》（2006年）、《关于加强动画片引进和播放管理的通知》（2006年）、《关于扶持我国动漫产业发展的若干意见》（2008年）、《动漫企业认定管理办法（试行）》（2008年）、《关于扶持动漫产业发展有关税收政策问题的通知》（2009年）等政策文件，在播放与管理体系、管理方法与体制、税务扶持、奖励措施、基地建设、专项基金设立等各方面制定了促进动漫与动画产业发展的具体政策措施。其中，国务院办公厅转发的财政部、教育部、科学技术部等十部门《关于推动我国动漫产业发展的若干意见》，系统全面地提出了我国动漫产业的发展政策，对动漫产业的发展做出具体的战略部署，并推出了相关配套发展政策。此外，在新闻、出版行业领域也出台了《新闻出版业“十一五”发展规划》（2006年）、《关于鼓励数字电视产业发展若干政策》（2008年）、《电子出版物出版管理规定》（2008年）、《关于促进广告业发展的指导意见》（2008年）、《中央补助地方文化体育与传媒事业发展专项资金管理暂行办法》（2008年）、《关于进一步推进新闻出版体制改革的指导意见》（2009年）、《关于促进我国音像业健康有序发展的若干意见》（2009年）等政策文件。

2006年6月，国务院转发财政部、中共中央宣传部制定的《关于支持文化事业发展若干经济政策的通知》。2006年以来，中央财政设立了每年2亿元的专项资金推动动漫产业发展，扶持和推广优秀原创动漫作品。该专项资金扶持和推广了一批优秀原创动漫作品，支持了中国动漫“走出去”的步伐，加强了动漫艺术理论、人才队伍和公共技术平台的建设。

国家及有关部委先后出台了《关于规范新闻出版业融资活动的实施意见》（2003 年 7 月）、《关于鼓励、支持和引导非公有制经济发展文化产业的若干意见》（2004 年 1 月）、《国务院关于非公有资本进入文化产业的若干决定》（2005 年 4 月）、《关于文化领域引进外资的若干意见》（2005 年 8 月）、《关于支持文化事业发展若干经济政策的通知》（2006 年 6 月）、《关于金融支持文化出口的指导意见》（2009 年 5 月）、《文化产业投资指导目录》（2009 年 9 月）等政策文件，引导社会资本进入文化产业及文化创意产业领域。

2010 年，中共中央宣传部、文化部、财政部、中国人民银行等九部门联合发布《关于金融支持文化产业振兴和发展繁荣的指导意见》，要求银行、证券和保险相关金融机构均要加大对文化产业的金融资源投入，全方位支持文化产业的发展。随后，保险业支持文化产业发展项目也正式启动。2011 年 1 月，中国保险监督管理委员会、文化部联合下发《关于保险业支持文化产业发展有关工作的通知》，细化了保险业支持文化产业的政策措施。

2011 年，中共中央十七届六中全国通过的《中共中央关于深化文化体制改革　推动社会主义文化大发展大繁荣若干重大问题的决定》则进一步提出建设社会主义文化强国的战略目标，进一步明确文化发展方向、发展目标。

# 第三章 政策运行及其对文化创意产业的影响

## 第一节　文化创意产业政策的运行过程

文化创意产业政策的运行过程中有多重主体参与，这些主体是政策利益相关者（stakeholders），主要包括中央政府（文化创意产业的主管机构）与文化创意产业相关的各个管理部门、地方政府、企业、园区、专项资金管理者、金融机构、消费者等。

### 一 政策程序

文化创意产业政策程序是规范政策制定、实施、监督与评价的一套具体规划，包括政策制定程序、实施程序和监督与评价程序（图 3-1）。

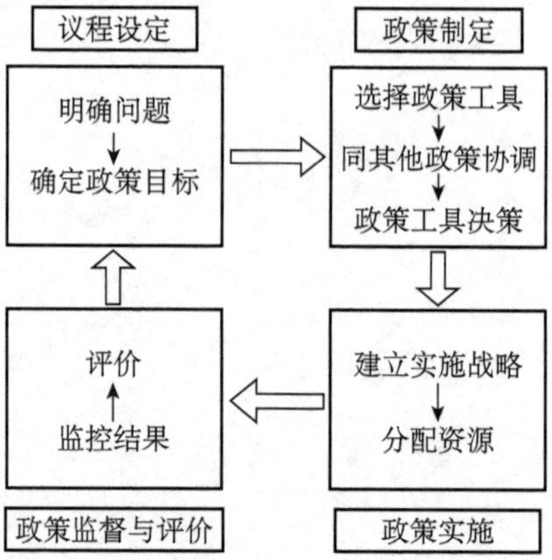


图 3-1　文化创意产业政策程序循环图

文化创意产业政策程序是一个循环往复、交互作用的过程，包括四个方面：首先是议程设定，即明确问题并确定产业政策目标；其次是政策制定，包括明确政策选择，对各种选择进行分析，选择具体的政策工具或方法，同其他政策进行协调，最终做出政策工具或方法选择方面的决策；再次是政策实施，包括建立一个实施政策的战略，具体分配各种政策资源；最后是政策的监督与评价，包括监控政策执行结果，并将执行结果与预期进行比较，若结果没有达到预期，则进入下一轮循环。

## 二 议程设定

议程设定即文化创意产业主管机构或相关部委根据文化创意产业发展过程中出现的具体问题，进行政策必要性论证，并前瞻性地提出政策目标。这个过程意味着政府将文化创意产业问题纳入议事日程，是政策程序的开始。

## 三 政策制定

简单来说，政策制定即文化创意产业主管机构向政府提出提案，政府依照一定法规决定是否采纳。这一过程涉及方案规划以及方案合法化过程。

政策制定过程源于文化创意产业问题的产生和认定，使产业问题上升为政策问题。文化创意产业问题被提上决策机构的议事日程后，就进入方案规划、政策制定阶段，即分析研究问题并提出解决办法的阶段，这一阶段的核心是政策工具的选择，以及同其他政策的协调。

文化创意产业政策工具按照功能性质，可分为奖励工具与限制工具两种。奖励工具又分为直接援助政策和间接援助政策，直接援助政策主要包括拨款、优惠贷款和税收减免，间接援助政策包括基础设施政策和园区政策。限制工具又分为直接控制和间接控制，直接控制主要指禁止政策，间接控制包括许可制度和课税（张可云，2005），在我国文化创意产业当前的发展阶段，限制工具较少，大部分为奖励工具。

直接援助是英国、日本、韩国、澳大利亚等文化创意产业发达国家最常用的政策工具，指直接针对文化创意产业内的以企业为主的微观主体的奖励措施，用以刺激企业发展，保证文化创意产业进入良性发展轨道。与此同时，政策还需要解决外部性问题，对公共文化产品和准公共文化产品的提供者予以一定的补偿，以保证此类产品的持续供应。直接援助政策中的拨款是指上级政府向下级政府转移资金，通常是对文化创意产业项目实施的成本补助。拨款的对象应当是缺少资金的中小企业，原因是中小企业具有高度的动态性，自有资金不足，风险资本不愿意介入，在缺乏资金援助时运行困难。优惠贷款是政府向文化创意企业提供的低于市场利率的贷款，提供优惠贷款给文化创意企业不仅会刺激投资项目的启动，而且有助于企业在项目建成后获得一定的竞争地位，因为优惠贷款能够降低企业运营成本。税收减免是相对简单的文化创意政策，是对文化创意企业或个人特定活动应纳的税收予以减少或全部免征。

间接援助是将文化创意产业的整体发展而非企业或其他主体作为政策工具的直接作用对象，通过创造良好的投资与经营环境而间接地援助文化创意产业内的企业。发展基础设施和创建文化创意产业园区是当前两种被广泛应用的解决文化创意产业发展问题的间接援助工具。

## 四 政策实施

文化创意产业政策在制定完成后，便进入实施阶段，即将政策工具落实到具体的产业问题上去。政策的实施程序是政策的利益相关者之间的利益转移规则，包括利益主体间的作用关系和具体的转移规定。

## 五 政策监督与评价

文化创意产业政策的监督与评价是一个连续的、相互作用的过程。一方面，它是科学制定文化创意产业政策的重要保证之一，是保证政策决策正确与实施有效的关键之一；另一方面，评价本身需要根据文化创意产业领域内新出现的情况进行调整。

政策监督与评价的目的包括：保证文化创意产业政策资源得到合理利用；保证文化创意产业政策的重大目标能够实现；为未来的政策决策提供更好的信息基础，改善未来的政策制定与实施；为合理的政策干预提供持续有力的支持。政策评价需要综合分析过去的经验与新的发展机会，是一种用来改善文化创意产业政策的工具。政策评价是文化创意产业政策效率提高的保证，它能对文化创意产业政策的制定者、实施者与受益者起到监督作用。

文化创意产业政策的评价主要指效应评价，效应评价包括了解政策项目的产出、政策的结果，以及政策的影响等。了解产出标准即了解政策过程中各类政策资源投入的数量、分配和使用状况，政策的实际产出是否达到了预期的结果，产出是否大于投入等。产出是特定文化创意产业政策项目本身所生产的产品或服务，可用实物产品指标或价值指标来反映，如影院等设施的增多、受援助企业利润的增长等。政策的结果是指项目操作活动对文化创意政策资源接受者所产生的直接效应，反映政策资源接受者在行为、能力或表现等方面的变化，也可以用实物产品指标或价值指标来反映，如文化创意产业从业者能力的提升、收入的提高等。政策的影响是指除结果以外的所有其他效应，包括政策实施后所引起的文化创意产业空间布局和结构的变化、就业的增加、劳动生产率的提高等（张可云，2005）。

## 第二节　文化创意产业政策的基本功能

### 一 政策功能的作用范围

政策的主要功能在于弥补市场机制的不足。市场机制作为优化资源配置和推动经济发展的有效方式，发挥着重要的功能，但市场本身的功能具有局限性，即市场失灵的问题，需要政府通过政策行为给予适当的补救。

一般来说，市场经济要提高资源配置的效率，必须满足普遍的市场、完全的竞争条件、市场信息的完善和生产技术的规模经济性等条件。但在现实中，存在着各种类型的市场缺陷，如公共物品提供的无效率、市场中的垄断、外部效应等。这些市场机制无法有效解决的现象被称为市场失灵。政府需要该此领域中发挥作用，通过公共政策去弥补市场的缺陷。

著名经济学家斯蒂格利茨认为，由于公共政策拥有对全体社会成员的强制力，所以，政府在纠正市场失灵方面具有明显的优势。首先，政府具有征税权，可以通过征税来限制生产的规模。其次，政府具有禁止权和处罚权，能禁止某些经济活动。最后，政府在纠正某些市场失灵方面具有一定的交易费用优势，如可以减少组织费用、避免免费乘车现象、减少市场不完善信息、避免逆向选择等。

从一般意义上来讲，政府将公共政策作用的范围界定在以下领域，可以对市场失灵现象给予补救（王佃利和王爱国，2001）。

第一，解决经济外部性问题。市场机制能够实现资源的合理配置，但在一定情况下市场也会造成资源配置的障碍，其中之一就是经济的外部性。外部性是指某个人（生产者或消费者）的一项经济活动会给社会上其他成员带来好处，但他自己却不能由此而得到补偿，此时，这个人从其活动中得到的私人利益就小于该活动所带来的社会利益，这种性质的外部影响被称为外部经济，即正外部性。相反，如果某个人（生产者或消费者）的一项经济活动会给社会上其他成员带来危害，但其自己却并不为此支付足够抵偿这种危害的成本，这个人为其活动所付出的私人成本就小于该活动的社会成本，这种性质的外部影响被称为外部不经济，即负外部性。无论正外部性还是负外部性，都会造成资源配置偏离帕累托最优状态。

第二，为社会提供公共物品。公共物品是与私人物品相对的概念，是指不具备消费竞争性的商品。进一步地，如果某公共物品同时还不具备排他性，即无法排除一些人“不支付便消费”的情况，则称之为纯公共物品，否则成为非纯公共物品。市场机制只有在具备竞争性和排他性特点的私人物品上能够真正起作用。但公共物品具有非排他性和非竞争性，就容易导致免费乘车现象。正是由于免费乘车现象的存在，市场本身提供的公共物品通常会低于最优数量。因此，需要政策介入保障公共物品的供应。

第三，维持宏观经济总量平衡。在现实中，社会经济的生产过程会在繁荣与萧条之间循环，市场经济呈现周期性波动。因此，需要由政府进行干预和调控，在经济过热时，采取措施减少总需求，让投资和消费不要过旺；在市场趋于萧条时，设法刺激需求。

第四，规范市场竞争行为。自由竞争会出现垄断，垄断会导致资源分配扭曲、社会资源浪费。为规范市场经济条件下的竞争行为，政府必须采取有效措施，保证竞争的有效性，达到既鼓励竞争又规范市场竞争的目的。另外，政府的政策可以对在不完全竞争条件下出现的欺诈、投机、倾销等不当行为进行抑制。

## 二 文化创意产业政策的功能

### （一）引导产业发展，促进提升产业竞争力

#### 1. 通过优化资源配置加速产业发展和结构演进

依靠市场机制虽然可以较好地实现资源的有效配置，但在一些特殊领域会出现市场失灵，带来大量的资源浪费。文化创意产业政策作为政府行为，能够根据科学的预见实现事前调节，避免资源闲置和浪费。通过制定和实施文化创意产业政策，政府可以有效地支持文化创意产业，使之朝着主导产业和支柱产业成长。尤其对于我国这样的后发国家来说，可以充分利用发达国家的经验，发挥后发优势，通过国家干预，较快地实现资源配置的优化。

#### 2. 发挥比较优势，增强产业的国际竞争力

文化创意产业的国际竞争力是建立在本国资源的国际比较优势、骨干企业的生产力水平、技术创新能力和国际市场的开拓能力基础之上的。文化创意产业政策对提高本国文化创意企业的产品竞争力，改善进出口结构，更好地发挥本国比较优势，参与国际竞争等方面都具有重要作用。这已被英国、日本、韩国等许多国家文化创意产业发展的经验所证实。

#### 3. 促进技术进步，推进产业结构技术水平的提高

政策主要通过两个途径促进文化创意产业技术进步。首先，由政府拨款、设立技术开发基金等方式解决文化创意产业技术进步的经费问题。经费是技术发展的关键问题，人才的培养与聘用、设备的添置与更新、技术成果的中试与

推广等，都取决于经费状况。发达国家大都高度重视技术经费问题，其经验证明，科技经费越宽裕，技术进步速度越快，新的文化创意产品也就能更早更快地占领市场，进而获得高额利润。开发基金有官方的也有民间的，有金融性的也有保险性的，有有偿性的也有无偿性的。例如，日本有高新技术开发事业团基金，受委托企业所需的设备和周转资金由该基金提供70%～90%，开发成功后，企业在五年内免息偿还。如果开发失败，则不必偿还经费，但要将开发费购置的技术设备移交事业团，以便协调给其他开发项目使用（黄彬彬，2003）。

其次，通过税收扶持政策促进技术进步。税收政策在经济发展中起重要的杠杆作用。例如，法国政府规定，企业的研究开发投资比上一年度增加50%时，企业可享受减少相当于投资金额50%的所得税优惠待遇。进入20世纪90年代，法国又把税收减免从大企业扩展到中小企业，凡符合新技术开发要求的企业都可享受税收优惠待遇，这有效调动了中小企业开发技术、创新产品的积极性。国家通过刺激技术开发，增加产品附加值，不仅没有减少实际税收，相反还增加了税收。美国则早在1962年就制定了技改投资抵免所得税的办法，并不断修改完善。例如，企业用于机器设备更新改造的投资，可按其投资额的7%抵免当年应缴所得税，目前这一比例已提高到10%。另外，给在额外研究开发中投资的公司减税25%，允许企业在一年内把研究与开发领域的人员和材料费用计入折旧费，但受惠的企业必须增加同等投入，以增强技术开发创新能力（王洪生，2000）。

### （二）弥补市场失灵的缺陷，促进市场结构和市场机制的完善

产业政策作为体现国家意志的具有很强计划性的政府行为，实际上是从更高层次纵向深入市场机制，促进市场机制和市场结构的完善与优化，是一种主要通过市场机制起作用的事先的规划和组织。

由于外部性、公共产品等市场失灵的存在，仅靠市场机制无法避免基础设施投资不足、精神文化污染、资源浪费等现象的发生和蔓延。文化创意产业政策的一个重要作用在于弥补市场失灵的缺陷，通过实施各种政策解决上述问题。

#### 1. 解决外部性问题

文化创意产业具有生产上的正外部性，文化创意企业本身就是思想的创新者、内容的创造者和技术的研发者，可以为别的企业输送生产理念、内容和技术效益，也体现文化创意产业具有促进经济发展方式转变的额外功能。文化创意产品在消费上的正外部性是指文化创意产品在提供休闲、娱乐等功能的同时，还具有文化科普教育、提高道德素养、促进社会和谐的额外功效。例如，我们在欣赏一部有教育意义的电影作品时，不仅可以发现导演“看得见的手”，也会感受到政府“看不见的手”，即政府想通过电影来引导民众形成信仰和特定观

念。对于这些具有正外部性的文化创意产品来说，如果完全交由市场运作，将无法达到社会理想的供需平衡状态，为使整个社会的文化创意产品供给与需求达到帕累托最优，政府应该采取激励措施鼓励其生产和消费，以提高社会的总福利（刘利成，2011）。

对造成外部不经济的企业，国家可以通过征税政策，以弥补社会损失；反之，对造成外部经济的企业，国家则可以采取提供津贴的办法，补助企业，使企业的私人成本和私人利益与相应的社会成本和社会利益相匹配。

2. 解决公共文化品供给问题

按照公共物品理论，可将文化创意产品分为三类。第一类是纯公共文化创意产品，即同时具有非排他性和非竞争性，比较典型的如公共广播和公共电视服务。非排他性体现在只要某人购买了收音机和电视机就能收听或收看，而任何人都无法对其进行限制或排除。非竞争性体现在每增加一人收听或收看广播电视，给电台和电视台带来的边际成本为零，同时由于时空上的原因也不存在消费上的拥堵现象。第二类是准公共文化创意产品，具体又分为两种，一种是具有非竞争性和排他性的俱乐部型文化创意产业产品，比较典型的是数字有线付费电视，每增加一个消费者，边际成本和拥挤成本为零，但有线电视公司在技术上可以很容易地做到排他。另一种是具有竞争性和非排他性的共同资源型文化创意产品，比较典型的是免费博物馆，随着参观人数的增多，博物馆运营的边际成本和拥挤成本会增加，但是政府出于公共目的却不对有意愿参观的人予以限制。第三类是私人文化创意产品，是指消费上具有强排他性和强竞争性的文化创意产品。明确的产权关系，使产权所有者拥有享用该文化创意产品的权利，并且能够将他人排除在外，随着消费该类文化创意产品人数的增加，该类文化创意产品的边际成本也相应地增加。因此，根据市场经济法则，这类产品通过市场引导和供给是有效的，其生产和提供一般要遵循市场化的原则，依据供求关系来定价（刘利成，2011）。

结合文化创意产品公共物品属性，文化创意产品按相应的生产提供方式可划分为四类。一是政府生产、政府提供。主要是纯公共文化创意产品，如公益宣传片、公共广播、公共电视、免费博物馆等，其由公共部门生产，然后由政府部门向社会以不收费的方式提供。二是政府生产、市场提供。主要是准公共文化创意产品，如大型的遗址、收费博物馆、剧院等文化创意产品，其具有显著的市场失灵属性，需要财政来投资生产建设，但为了提高运行效率，又可实行市场化的经营与管理。我国的国家大剧院，以及鸟巢、水立方等奥运场馆就是代表。大型的产业服务平台的生产提供也符合此种方式，如大型的电影后期制作平台，对一个国家电影行业的发展以及国际竞争力的提升具有重大意义和价值，但是它的投资规模很大，投资回收期漫长，在电影市场本身还比较弱小的时候，任何一个企业或机构都很难也不愿意独立生产这样的产品，这时候就需要政府部门来投入生产，并引入市场机制，为各类电影公司提供有偿服务。三是市场生产、政府提供。主要有两种情况，一种是由我国文化体制改革的过渡性特征决定的，文化创意产品的生产通过市场来进行，但它的提供却运用事业机制，如电视剧的生产，大多是由市场化的文化公司为主体来进行，然后由国有电视台购买，在公共频道播出。另一种是文化创意产品和服务的外包。例如，2011 年享誉全球的中国形象宣传片由国务院新闻办公室发起，但在影片的制作与投放方面，国家只是对拍摄与制作进行补贴，其他环节完全以商业运作为主体，主要由上海灵狮广告公司和高小龙导演拍摄制作完成。四是市场生产、市场提供。主要是私人文化创意产品（刘利成，2011）。

在我国现阶段社会主义市场经济环境中，大部分的文化创意产品属于非公共产品，具有竞争性和排他性，其生产与提供需要按照市场机制进行，即达到帕累托最优状态。政策在其中发挥着维护市场秩序及必要的产业引导作用。而由政府生产、政府提供的纯公共文化创意产品需要完全由政府发挥作用，需要财政全额投入支持，才能生存和发展。由政府生产、市场提供或市场生产、政府提供的准公共文化创意产品中，财政支持政策在产业的发展中发挥着重要作用。

### （三）支持中小企业，促进企业发展

同其他行业的企业一样，文化创意企业的发展分为初创期、发育期、成长期、成熟期和衰退期等阶段，在不同阶段，不同的政策组合对文化创意企业的扶持作用是不同的。

在企业初创期，其产品处于市场开拓阶段，这一状况决定了此阶段文化创意企业发展面临的各种风险较大，是受政策影响最大的时期。政策的核心作用是提高企业的成活率；通过财政补贴等工具对企业相关人员进行财务、管理等方面的培训亦能提高其管理人员的素质，为企业长远发展打下基础。

发育期的文化创意企业一般已经形成了至少一个核心产品，其发展方向主要是丰富产品线并使其得到消费者的认可，扩大市场，因而其对资金的需求相应地增大，而此时其融资能力非常薄弱，这时投融资政策和政府相关信贷政策的合理倾斜将有力地促进这一阶段文化创意企业的发展。

通过发育期的政策扶持，优秀的文化创意企业能够脱颖而出，进入快速成长的阶段。成长期的文化创意企业的主要任务就是快速实现企业规模的扩大和市场的进一步开拓，这要求企业的生产能力持续提高，而企业资本扩张成为这一时期文化创意企业发展的内在需要。通过财政投融资等政策工具引导各类资金，尤其是风险资本以股权合作的方式进入文化创意企业可以显著提高企业融

资能力和扩张速度，对优化公司管理结构也有显著作用。

当文化创意企业发展到成熟期和衰退期，产品的市场需求进入相对饱和阶段，政策的着力点落到鼓励企业以市场需求为导向对原有的产品进行升级改造，引导企业淘汰落后产能，培育新的利润增长点。例如，利用税收政策对原有产能的扩张进行限制，对新产品研发提供专项财政补贴。

## 第三节　政策对文化创意产业的作用机制

文化创意产业作为一种新兴的潜力产业，要保持健康持续发展，需要政策的合理引导和扶持。特别是在产业发展的初期，由于产业形态尚不成熟，发展过程中出现了一系列产业自身无法解决的问题。在这一时期，需要政府政策的大力扶持，通过政策引导生产要素的合理流动，创造良好的成长环境，加快技术进步，推动产业发展，并解决产业发展过程中出现的各种问题，为未来产业升级换代提供后备力量。

文化创意产业政策通过优化产业竞争环境和提高企业能力来提升文化创意产业竞争力，既是规范产业发展、促进产业合理布局的指导，也是解决产业发展过程中产生的一系列问题的手段，既是文化创意产业持续健康发展的基础，也是产业不断改革创新的推动者和保障力量。

### 一 引导生产要素流向文化创意产业，提高产业发展速度和质量

文化创意产业政策有目的地对文化创意产业实行倾斜，改变市场机制形成的一些产业资源配置结果，从而推动文化创意产业快速发展。

文化创意产业生产要素主要有人才、资金、科技等，国家和各地方政府通过制定科学合理的人才培养和引进政策、资金扶持政策、科技创新政策等，引导生产要素向文化创意产业集中，使文化创意产业在充裕的生产要素的基础上获得强劲的高质量发展。而获得高质量发展的文化创意产业将自动成为吸引高质量生产要素的磁场，形成文化创意产业与生产要素流入的相互吸引和相互促进机制，以及文化创意产业自我发展强化的机制。

### 二 提高文化创意企业能力，进而提高产业竞争力

企业是文化创意产业的载体，文化创意产业竞争力的大小主要由文化创意企业竞争力的大小决定。文化创意产业政策一方面通过提高企业集中度实现企业规模效益，另一方面通过鼓励竞争、支持研发等方式构建并提高文化创意企

业能力。文化创意产业政策通过鼓励企业的某种特定行为（如自主研发）等帮助文化创意企业提高能力，进而促进产业竞争力的提升。

## 三 解决文化创意产业的外部性，促进产业发展

文化创意产品大部分属于精神性产品，具有突出的外部性特征。然而文化创意产品的这种外部效应并未进入市场交易，因此也不能成为文化创意企业或个人的直接收入，这在一定程度上影响到文化创意企业和个人的创意积极性。

此外，文化创意产业的核心——创意，作为人的一种思想，很容易通过人们相互间的交流而扩散、复制，成为社会性思想，这会造成原创者的损失。

文化创意产业政策作为政府的规制手段，可通过对文化创意企业和个人给予一定的补贴，弥补产品外部性的损失；并通过知识产权保护等方式，对文化创意思想实施有效保护，防止原创性创意的复制与扩散，保护原创者的创意思想，提高创意积极性。

## 四 纠正文化创意产业发展过程中出现的各种问题，保障产业发展

文化创意产业作为新兴产业，在发展过程中必然出现一些问题，如布局无序、无计划的集聚或分散、无序竞争、企业规模偏小、缺乏国际竞争力、企业融资困难、企业壮大之后的垄断、产品外部性等，这一系列问题的解决需要依靠政策。

文化创意产业政策是事后纠正的工具，也是产业得以进一步发展的保障。市场经济鼓励竞争与自由发展，过于自由会产生无序，进而阻碍产业的进一步发展。此时，如果没有相关政策的纠正，产业则很可能陷入停滞，造成经济滑坡。如果有一套针对解决创意产业发展过程中所出现问题的完善的事后纠正政策，则会避免产业停滞和衰退，保持社会经济平稳有序发展。

# 第四章 主要发达国家文化创意产业政策分析

## 第一节 英国文化创意产业政策分析

### 一 英国文化创意产业的概况

#### （一）文化创意产业的界定及其产生背景

英国政府把文化创意产业定义为“源自个人创意、技巧及才华，通过知识产权的开发和运用，具有创造财富和就业潜力的行业”。对于文化创意产业，英国政府强调个人的创造力，认为个人的灵感、理念、技能是创造价值的核心。在文化创意产业范围的界定上，英国政府选定了 13 项产业作为文化创意产业的范畴，分别是广告、建筑、艺术品和古玩、手工工艺、设计、时尚设计、电影和录像、互动休闲软件、音乐、表演艺术、出版、软件与计算机游戏、广播和电视（张京成，2006）。产业范畴会根据经济社会发展作相应调整。例如，2010 年英国将报纸印刷和数字化印前媒体服务添加到了出版行业中。[①]

英国文化创意产业的兴起与城市复兴密切联系在一起。第二次世界大战后，英国的产业结构发生了重大变化，支撑经济的传统工业部门由于难以适应以高技术为基础的新兴工业结构，在国民经济中的比重不断降低，制造业集中的城市普遍出现经济衰退现象，进行城市转型、经济结构调整迫在眉睫。在此背景下，英国政府从 1991 年开始发展文化创意产业。1994 年，布莱尔任工党领袖后提出了“新工党、新英国”的口号，拉开了“新英国运动”的序幕。1997 年 5 月，布莱尔出任英国首相，为调整产业结构和解决就业问题，振兴低迷的英国经济，他下决心发展知识经济，并于当年 7 月成立了文化、媒体和体育部及创意产业特别工作组。布莱尔决定大力推进英国文化创意产业的发展，提倡和鼓

① 参见 DCMS. 2011 Creative Industries Economic Estimates—December 2011. http：//www. culture. gov. uk/publications/8682. aspx ［2011 - 12 - 30］.

励原创力在经济中的贡献，提出把文化创意产业作为英国经济振兴的聚焦点，把推广文化创意产业作为帮助英国走出经济困境的有效方法。1998年，英国成立创意产业输出推广顾问团，调查政府政策对文化创意产业产品出口效益的影响情况，提出改善建议。在相关部门的协作下，创意产业输出推广顾问团的工作取得了不错的进展。英国贸易和工业部从20世纪90年代开始也为创意产业提供服务（毕佳和龙志超，2007）。英国已经发展出一套系统化的方式来发展其文化创意产业。

### （二）英国文化创意产业的发展概况

1997年，英国将文化创意产业作为国家重要产业加以重点政策扶持。1998年出台的《英国创意工业路径文件》中更明确地提出了"创意工业"（creative industries）的概念。英国创意产业特别工作组先后于1998年和2001年两次发布研究报告分析英国文化创意产业的现状，并提出发展战略。自1997年英国政府成立创意产业特别工作组以来，文化创意产业已成为英国的一个重要产业，成功推动了英国文化的出口，有效抵补了货物贸易逆差（毕佳和龙志超，2007）。

2009年，文化创意产业已占到英国附加值总额（gross value added，GVA）的2.89%，这一比重比2008年增长了0.07%（2008年为2.82%），但绝对额减少了约1%（从2008年的366亿英镑降低到2009年的363亿英镑）。其中，出版行业占英国GVA比重最大，为0.92%。2009年，文化创意产业出口额占英国总出口额的10.6%，其中出版和广播电视的出口额最高，分别占英国总出口额的3.1%和2.6%。①

就业人数方面，2009年在英国文化创意产业或其他行业创意性部门就业的总人数为150万人，占英国就业总人数的5.14%。其中，音乐视觉艺术和表演艺术两个行业吸纳就业人数30万人，是吸纳就业人数最多的部门，约占英国就业总人数的1%。②

企业数量方面，2011年英国共有10.7万个文化创意公司和10.9万个文化创意商业企业，分别占英国公司总数的5.13%和商业企业总数4.27%。企业数量最多的两个文化创意行业是音乐视觉艺术和表演艺术，两类公司总数占英国全部企业的1.46%，商业企业占英国全部商业企业的1.21%。③

---

① 参见 DCMS. 2011. Creative Industries Economic Estimates—December 2011. http://www.culture.gov.uk/images/research/Creative-Industries-Economic-Estimates-Report-2011-update.pdf [2011-12-30].

② 参见董巍.2011-02-28. 格拉斯哥 Glasgow——欧洲音乐文化设计之都. 晶报，第B06版.

③ 参见 DCMS. 2011. Creative Industries Economic Estimates—December 2001. http://www.culture.gov.uk/images/research/Creative-Industries-Economic-Estimates—Report-2011-update.pdf [2011-12-30].

（三）形成了五大创意城市

目前，英国形成了五个创意城市，分别是伦敦、格拉斯哥、曼彻斯特、布拉德福德和爱丁堡。

伦敦已经将文化创意产业作为核心产业，早在2003年，英国首相战略小组就指出，以就业和产出衡量，伦敦文化创意产业对经济发展的重要性已经超过金融业。现在伦敦是英国文化创意产业的中心，是世界创意之都。位于伦敦东区的霍克斯顿交通十分发达，聚集了几百家文化创意企业和大量优秀的文化创意人才，是国际知名的艺术家和设计师聚集的地方，是世界著名的文化创意产业园区（毕佳和龙志超，2007）。

格拉斯哥是英国第三大城市，苏格兰最大的工商业城市和港口。格拉斯哥有英国重要的电子工业园区，并集中了大量的英国软件企业，这里的文化创意产业具有与软件和电子产品结合的特点（毕佳和龙志超，2007）。格拉斯哥被《时代》杂志评为“欧洲神秘的音乐之都”，其每周举办130场左右音乐活动，每年为格拉斯哥创造大约7500万英镑产值。2008年8月，格拉斯哥被联合国教科文组织认定为创意城市网络“音乐之都”（董巍，2011）。

曼彻斯特是英国的第二大城市，西北地区的经济重镇，作为英国的老工业区，它在经济转型时期对文化创意产业这一新经济部门的洞察力相当敏锐，通过文化创意产业的引进改造老工业，带动产业结构升级，取得了很好的效果，成为城市重建的一个典范。如今，曼彻斯特已成为英国西北地区的文化创意产业集散地，拥有众多知名的高等教育、文化和媒体制作机构，这些机构驱动了当地创意经济的发展。曼彻斯特有格兰纳达电视台及衍生的众多独立媒体制作公司。此外，BBC（英国广播公司）将部分业务转移到曼彻斯特，这些都丰富了曼彻斯特的创意氛围。[①]

布拉德福德是英国第五大城市，位于伦敦以北，是英国早期的文化中心之一。布拉德福德是新媒体公司的重要集聚地，也是越来越多的电影、媒体、数字等企业的创业中心。布拉德福德的电影制作历史悠久，英国最大的摄影、电影与电视博物馆就位于布拉德福德大学主校区附近，它拥有一个52英尺[②]高、64英尺宽的立体电影屏幕。该博物馆设有永久性展厅，供人们回顾电影和电视的发展历程，并定期举办各种类型的展览。此外，每年3月举办的布拉德福德电影节，是英国北部最盛大的电影节（史小岩，2010）。2009年，联合国教科文组织授予布拉德福德世界首个“电影之都”的荣誉称号。根据2009年的统计数

① 参见求是理论网．2012．曼彻斯特．http：//www.qstheory.cn/dd/dd2012/ygcy/201204/t20120401_149122.htm［2012-04-01］．

② 1英尺=0.3048米。

据，布拉德福德大约有1500个泛创意部门，超过5000人就职。[①]

爱丁堡是苏格兰首府，城市文化资本雄厚，它既有雄厚的文化资本，又有雄厚的艺术资本，始终用文化营造一个最优雅的城市。爱丁堡的文化资本在原始积累时期就打下了雄厚的基础，它的每一件文化作品都堪称杰作。从《大不列颠百科全书》到《福尔摩斯探案集》，从《艾凡赫》到《金银岛》，从《迷》到《哈利·波特》，件件都是文化瑰宝。爱丁堡拥有50家出版社，是世界出版业的中心，它还拥有一个世界级的图书节——爱丁堡国际图书节。从艺术资本上讲，爱丁堡的艺术节更是精彩纷呈、不同凡响。艺术节自1947年创办以来，已经走过了50多个年头，现在已经成为世界性的艺术盛会。爱丁堡国际艺术节、爱丁堡边缘艺术节、爱丁堡军乐节、爱丁堡国际图书节、爱丁堡电影节、爱丁堡国际爵士乐节和爱丁堡多元文化节，几乎把世界艺术形式全部囊括其中（何畅，2010）。2004年，爱丁堡成为第一个加入联合国教科文组织创意城市网络的城市，被誉为"文学之都"。[②]

## 二　英国文化创意产业政策体系

### （一）制定文化创意产业的发展战略[③]

2008年，英国文化、媒体和体育部推出了《创意五年策略（2008—2013）》，试图打造更有创意的英国。该策略以"视创意为英国文化核心，让创意成为英国之国家认同"为愿景，主要目标包括：提升儿童及青少年对文化及体育活动的参与度；营造创意社区；促进个人及社区获得高品质的文化及体育活动，确保赞助经费运用的有效性及品质；促进创意经济及创意产业的经营环境，提升产业附加价值。

### （二）重视文化创意产品和服务的出口，实施国际贸易策略

英国政府为扩大文化创意产业的国际市场，成立了四大专责机构：创意产业输出推广顾问团、艺术表演国际发展小组、创意伙伴计划及文化遗产及旅游小组，全力推动文化创意产品的出口。

英国政府于1998年成立创意产业输出推广顾问团，该顾问团通过研究政策对文化创意产品出口的促进作用，对文化创意产业的发展提供广泛的建议，并

---

① 参见联合国教科文组织创意城市网络官网．http：//unesdoc.unesco.org/images/0018/001841/184166e.pdf.

② 参见联合国教科文组织创意城市网络官网．http：//www.unesco.org/new/en/culture/themes/creativity/creative-industries/creative-cities-network.

③ 参见台湾"行政院文建会".2011台湾文化创意产业发展年报．

对不同部门间文化创意产业出口政策协调等提供政策意见。文化创意产业输出推广顾问团在英国文化创意产业开拓国际市场方面也发挥了重要作用，不仅加强了产业与政府之间的合作关系，对文化创意产品出口提供了帮助，还促进了金融机构与国会对文化创意产业的了解，为文化创意产业提供了在海外发展的必要援助；同时还帮助签订文化创意产业出口协议，促进共同基金的使用。2002 年，创意产业输出推广顾问团的工作由创意出口组织（Creative Export Group）接手，进一步锁定文化创意出口产业群，并列出清单：报社、书籍、杂志、指南、学术研究期刊、电子出版（多媒体产品、数据库）、计算机软件、服务、音乐、录音、广播（电视、电台）、电影、电玩等（柳絮青，2009）。

（三）大力解决融资难题，为文化创意产业提供资金支持[①]

英国文化创意产业融资渠道主要包括财政拨款、彩票基金和社会融资等。政府财政融资最重要的举措就是加大对文化创意产业的财政拨款额度，如伦敦每年设立近两亿美元的专款用于文化创意产业投资。成立于 1946 年的英国艺术委员会，经费来源于英国文化、媒体和体育部，是英国最大的艺术拨款机构，代表政府辅佐艺术发展和艺术人才培养。2003～2006 年的年经费预算超过 10 亿英镑，其中 8.35 亿英镑用于 1000 多个长期资助项目。英国艺术委员会还通过发行国家彩票等形式，为文化创意产业发展筹集了大量经费，使一批重大创意产业项目有了强大的资金支持。在政府资助的人民网络计划（People's Network）的帮助下，公共图书馆开通了互联网终端。2000～2003 年，有 4200 家公共图书馆接入互联网。国家彩票基金向各图书馆提供 1.2 亿英镑建立 2.4 万个终端，用于培训图书馆员工，以及学习材料的数字化。目前可查到的在线文化内容相当可观。10 年前，大英图书馆将《大宪章》（*Magna Carta*）上传至网络；其获奖的电脑“翻阅”系统将许多图片资料放在了互联网上，读者只需借助电脑触摸屏，就可以近距离翻阅大量珍贵的书籍和手稿。

（四）集合社会力量推动文化创意产业人力资源开发，以人才政策保障产业发展

1. 加大创意人力资源开发投资[②]

2007 年，英国政府宣布在未来的三年内对音乐学校投资 3.32 亿英镑，包括每年 1000 万英镑用于购买乐器，并为每所小学的孩子免去一年的音乐学费；同

---

① 参见中国经济网 . 2007. 英国文化部总结 10 年创意产业发展成果 . http：//www.ce.cn/cysc/cy-cy/cydt/200706/07/t20070607_［2007-06-07］.

② 参见北京市首期高级文化经营管理人才培训班 . 2008. 英国发展创意产业的经验与启示 . http：//www.bjqx.org.cn/qxweb/n13750c66.aspx［2008-07-03］.

时，着重创造多种条件以支持和鼓励年轻人从事创意方面的工作。1997～2005年，英国培育了12万多家文化创意企业，注入资金超过1.5亿英镑，许多艺术机构和艺术家因此受惠。此外，还有许多发现创意领域中创新人才的途径，包括设计“发现你的天赋”节目、“创造更好职业生涯建议的菜单”活动、“守候天才”活动、“良师指导”活动、“国家创造技能夏令营”活动等，以发现更多具有创造力的人才。

在英国艺术委员会的常规资助机构中，90%以上的机构都有艺术教育的功能，33万名青年被纳入创意合作伙伴计划中，他们有机会与艺术家和其他创意专业人员一起工作。大约有3000个学校在音乐、舞蹈、戏剧、艺术和设计等学科方面设置了艺术学分。①

2. *发挥社会力量，多种途径加大资金投入*

政府鼓励私人投资文化产业，在法律和政策上都给予特殊的优惠。与此同时，政府也越来越注重业余艺术-文化协会、中心在文化发展中的作用。相应地，私人部门的文化投资也受相关的法律鼓励。有很多计划鼓励公私合作以利用税收和关税减免。“企业投资项目”是政府为了帮助小型公司扩大资金来源而引入的，它为投资者的收入和资本增值税至少减免了1000英镑（刘悦笛，2008）。

3. *注重人才培训，树立“终身培训第一”的理念*②

英国利用社会组织力量，培育和发展有资质的培训机构，培训机构达到上千家。保证了在职的专业技术人员和技能人员急需掌握本领的需求。职业培训由100多个企业培训协会负责，这些协会由政府、雇主和培训专家组成，每年同政府培训部门签订培训合同，确定培训任务，再分别与有资格的培训机构签订分包合同。同时，英国建立了国家职业资格证书制度，要求60%的技术工人达到中级职业技术水平，30%达到高级职业技术水平，这些都为英国文化创意产业的人才建设提供了便利条件。

## 第二节　美国文化创意产业政策分析

### 一　美国文化创意产业概况

文化创意产品基本都要涉及版权问题，而美国又是十分重视版权保护的国

---

① 参见中国经济网.2007. 英国文化部总结10年创意产业发展成果.http：//www.ce.cn/cysc/cy-cy/cydt/200706/07/t20070607_［2007-06-07］.

② 参见北京市首期高级文化经营管理人才培训班.2008. 英国发展创意产业的经验与启示.http：//www.bjqx.org.cn/qxweb/n13750c66.aspx［2008-07-03］.

家，因此美国的文化创意产业以版权业为核心。

美国作为当今世界经济最发达的国家之一，依托于强大的经济基础和消费能力，其文化创意产业十分繁荣。2007 年，文化创意产业贡献了美国经济的 6.4%，对外销售和出口订单金额为 1256 亿美元，成为美国经济中较大的出口部门之一。2008 年，美国创意产品出口额达到 350 亿美元，占世界市场的 8%，这主要得益于其很强的设计能力，包括室内设计（埃德娜·多斯桑托斯，2011）。

美国国际知识产权联盟（IIPA）在连续 10 年发布的报告中称："美国版权产业在对 GDP 的贡献和就业水平两方面，已经持续超过美国经济的其余部分，而且在美国出口增长中也扮演着日益突出的角色。"美国国际知识产权联盟在报告中指出，2000 年，美国的核心版权产业为国民经济贡献了约 5351 亿美元，约占国内总产值的 5.24%。据《美国经济中的版权产业：2004 年报告》提供的数据，1997～2002 年，美国核心版权产业产值增速为 3.51%，超过同期美国 GDP 2.4%的年均增长率。2002 年美国核心版权产业的增加值达到 6262 美元，占 GDP 的 5.98%，版权产业总体增加值为 12 540 美元，约占美国 GDP 的 11.97%。在就业方面，2002 年核心版权产业就业人数为 548.4 万人，占美国就业总人数的 4.02%。同年，全部版权产业雇佣了 1147.6 万人，占美国就业总人数的 8.41%（孙有中，2007）。

## 二 美国文化创意产业政策体系

对于文化创意产业的管理，美国政府倡导市场自由主义，遵循自由竞争的市场规律。其文化创意产业政策的突出特点是以法律为依据，营造适合文化创意产业发展的大环境。

### （一）政策制定以自由竞争为目标

美国文化创意产业政策的出发点是自由竞争，为此美国政府采取了一系列措施，通过《反托拉斯法》和《保护中小企业法》来限制文化创意产业的垄断，保护竞争；还实行自由企业制度，不对文化创意企业的内部事务进行干预，而是为微观生产主体的正常生产经营创造外部条件，对文化创意企业的管理以法律为依据，不存在行政性的直接干预。

### （二）产业开发上实施对外扩张策略

#### 1. 文化扩张战略

美国文化扩张战略的实施主要体现在文化外交上。美国是一个非常注重文化外交、强调对外施加文化影响和从事文化渗透活动的国家。扩张是美国外交政策史上的一根主线，扩张意识从一开始就成为美国的一个显著特征。从历史上看，美国往往有目的、有计划地把文化权利作为实现国家利益的一种特殊工具加以运用，并通过制定和实施文化扩张战略去实现美国的对外政策目标。1938年，美国就成立了国务院下属的文化关系处（Division of Cultural Relations）。1953年，美国创建了独立于国务院的新闻署。1954年，美国已在30个国家设有70个图书馆、21个文化中心，在其他美洲国家设有300所学校。1946年，美国实施其文化外交历史上最著名的教育和交流计划——富布莱特项目（Fulbright Program），为研究生、学者、职业技术人员、教师和管理人员提供奖学金和在美国学习研究的机会。1946～1996年，全球约25万人受益于富布莱特奖学金（刘永涛，2001）。

2. 文化创意产品输出战略

美国是世界文化创意产品出口大国，拥有全球一半以上的"文化巨无霸"企业。美国的文化创意产业在世界上处于绝对优势地位，其文化创意产品出口一直处于强势地位。以美国时代华纳、迪斯尼等领衔的全球50家最大的媒体娱乐公司，占据了当今95%的国际文化市场。美国控制了世界75%的电视节目和60%以上的广播节目的生产和制作，每年向其他国家发行的电视节目总量达30万小时。早在20世纪80年代末，美国电视节目的输出量就比居于世界第二位的英国高七倍。在许多第三世界国家的电视节目中，美国节目的占有率高达60%～80%，这些电视台成了美国节目的转播站，而在美国自己的电视节目中，外国节目的占有率只有1.2%。美国的电影生产总量占世界电影产量的6.7%，并占据了世界总放映时间的一半以上。美国人口只占世界人口总数的5%，但是目前传播于世界大部分地区的新闻中，却有80%～90%由美国和其他西方通讯社垄断。20世纪90年代，全球80%以上的传输和数据处理量都起源于美国。美国的CBS（哥伦比亚广播公司）、CNN（美国有线电视传播网）、ABS（美国广播公司）等媒体所发布的信息量，是世界其他各国发布的总信息量的100倍（张丹，2008）。

### （三）以知识产权保护为制度保障

美国文化创意产业的"自由竞争"是建立在完善的知识产权保护基础上的。美国是世界范围内第一个进行文化立法的国家，早在1790年，美国就颁布了第一部《版权法》。进入20世纪以后，美国相继颁布了《联邦税法》、《国家艺术及人文事业基金法》、《反盗版和假冒修正案》、《反电子盗版法》和《跨世纪数字版权法》等。完善的法律体系，为美国的文化发展提供了有力保障。美国实施的知识产权战略，在国内为文化创意产业的发展开辟了肥沃的"法治土壤"，在国外为其文化创意产业的发展开辟了广阔的空间。

1. 制定《版权法》，维护文化创意产业利益

美国是世界上较早实行知识产权保护制度的国家之一。1790 年，美国颁布实施了第一部《版权法》，此后，根据经济、科技和社会发展的需要，美国国会不断对《版权法》加以调整和完善，以加强对文化创意产业的保护。例如，为了保证音乐、戏剧和摄影作品及其作者的权益，美国国会分别在 1831 年、1856 年和 1865 年对《版权法》作了修改，增加了对上述产品的保护条款。如此反复，美国的版权保护制度已经成为世界上规定较为详尽、保护范围较为广泛的知识产权制度之一（张丹，2008）。

美国文化创意产业中得益于知识产权法的典型案例之一是对迪斯尼公司"米老鼠"的保护。鉴于"米老鼠"已有的巨大社会影响和经济价值，美国国会多次修改《版权法》，延长其保护期限。2003 年 1 月 15 日，美国最高法院再次做出裁定，决定维持 1998 年美国国会通过的延长书籍、电影、音乐和卡通人物的知识产权保护期的法律，并将个人著作权保护期从著作人终生及死后 50 年延长至 70 年，公司版权保护期从首次发表后 75 年延长到 95 年，从而进一步保障迪斯尼、好莱坞等集团的利益（张丹，2008）。

2. 及时制定或修订相关法规

为了适应时代发展的需要，作为《版权法》的补充，美国先后出台了一系列重要的法律法规，以加强知识产权保护。为了加大对电影和录音制造业版权侵权行为的处罚力度，美国国会在 1982 年通过了《反盗版和假冒修正法案》。最为明显的是在数字版权领域，为了加强数字版权保护，美国国会颁布实施了多部数字版权保护法案。为了保护和促进美国软件产业的发展，美国在 1980 年就颁布实施了《计算机软件保护法》，成为最早采用版权制度来保护软件知识产权的国家。如今，美国软件产业对其经济所作的贡献，超过其他任何制造业。为了适应数字化时代对文化创意产业发展的要求，美国国会先后通过了《反电子盗版法》（1997 年）和《跨世纪数字版权法》（1998 年），以加强数字化知识产权保护。这些法律、法规的颁布对加强美国文化创意产业保护、提高文化创意产业竞争力起到了巨大的推动作用（张丹，2008）。

3. 积极推动知识产权保护国际化进程

在加强国内相关立法的同时，美国大力推动知识产权保护的国际化进程，促进其文化创意产业占领国际市场。根据美国文化创意产业发展的需要，美国于 1988 年通过了《〈伯尔尼公约〉实施法》，开始对《伯尔尼公约》的成员国提供高水平的版权保护。但是，随着美国文化创意产业的快速发展，《伯尔尼公约》版权保护的原则和标准已经不能满足美国的需求，因此美国同时采取双边和多边机制，积极谋求美国文化创意商品的国际市场。一方面，美国利用 1988

年《综合贸易与竞争法》中的特别301条款，迫使其他国家加强对美国版权的保护；另一方面，从1986年开始，美国利用《关税和贸易总协定》乌拉圭回合谈判的机会，全力推动建立与国际贸易相关的国际版权保护体制和机制。1994年，《与贸易有关的知识产权（包括假冒商品贸易）协议（草案）》（TRIPS协议）的达成，不仅大大提高了国际版权保护的整体水平，而且为越来越多的国际版权纠纷建立了争端解决机制，TRIPS协议使美国日益强大的文化创意产业获得了广泛有效的国际保护机制（刘锦宏和闫翔，2007）。

## 第三节　澳大利亚文化创意产业政策分析

### 一 澳大利亚文化创意产业概况

#### （一）文化创意产业的界定及发展背景

澳大利亚文化创意产业的发展，可以追溯至1994年联邦政府的文化政策——《创意国度》（*Creative Nation*），这是一个关于振兴或者保护民族文化的文化政策。澳大利亚人口中有70%是英国及爱尔兰后裔，作为一个移民国家，多年来澳大利亚文化一直被说成"大英文化在另一个世界演绎"。由于这一界定限制了澳大利亚本国文化的发展，所以其要提出《创意国度》来保护本国民族文化。通过《创意国度》这个文化策略而不是其他手段来振兴或者保护本国民族文化的主要原因是教育、广播、旅游、国际事务等不纳入通讯艺术部的管辖中，而需要《创意国度》这样一个文化政策来包容（朱锦成，2010）。

澳大利亚自1994年发布《创意国度》以来，就将发展文化创意产业作为一项国家战略加以实施。不过，《创意国度》并未涉及"文化创意"的具体定义、含义，也没有像后来的英国那样刻意地把文化创意产业各部分分门别类；同样也没有涉及"产业"的含义，没有将"文化创意"发展到"文化创意产业"的意识，只是经由一些版权产业、信息产业、旅游产业的思维迸出一些文化创意产业的萌芽（朱锦成，2010）。

直到2001年，澳大利亚版权委员会联合版权研究中心委托咨询公司发表报告《澳大利亚版权产业的经济贡献》。该报告指出，按照"澳大利亚与新西兰标准产业分类"（ANZSIC）体系，版权产业分为三类：核心版权产业、部分版权产业、版权分销产业。核心版权产业是指那些将版权作品的创作作为其原始产品的产业，包括报纸印刷或出版、广播服务、电视服务等16个产业。部分版权产业是指那些只有部分活动与版权作品的创作相关的产业，包括印刷、计算机咨询服务、测量服务、广告服务等8个产业。版权分销产业是指那些与版权产品的分销相关的产业，包括摄影设备批发、书籍杂志批发、报纸书籍文具零售、图书馆、博物馆等18个产业（朱锦成，2010）。

### （二）澳大利亚文化产业发展情况

自20世纪80年代以来，澳大利亚版权产业占GDP比重一直处于上升阶段。1999～2000年，澳大利亚版权产业的工业总产值达192亿美元，占GDP的3.3%。其中核心版权产业从1995～1996年的79亿美元增至1999～2000年的97亿美元，增长了约23%；部分版权产业增长最快，从1995～1996年的37亿美元增至1999～2000年的48亿美元，增长了约30%；版权分销产业从1995～1996年的40亿美元增至1999～2000年的46亿美元，是澳大利亚版权产业中增长最慢的部分。2000年6月，澳大利亚从业人口中有3.8%从事版权产业，版权产业的从业人数从1995～1996年的31.2万人增至1999～2000年的34.5万人，年均增长率达2.7%，同期整个经济增长率为2%。[①] 2007～2008年，澳大利亚创意经济总产值为310亿澳元，切实为国家经济做出了贡献，为5%的劳动力提供了就业岗位，占国民收入的7%（埃德娜·多斯桑托斯，2011）。

## 二 澳大利亚文化创意产业政策体系

### （一）实施文化创意产业国家战略规划

澳大利亚政府将文化作为产业进行管理要追溯到20世纪70年代初期。1968年，澳大利亚政府成立澳大利亚艺术委员会，1994年，联邦政府第一次出台了其文化创意政策——《创意国度》，标志着政府开始重视文化创意产业。1999年10月，联盟党上台承诺加大对艺术家和澳大利亚艺术团体的支持，为所有澳大利亚人参与文化活动提供更多的机会。

自从1994年发布第一个国家文化发展战略《创意国度》以来，澳大利亚就将文化创意产业发展作为一项国家战略加以实施，并且成立了布里斯班大学创意产业研究中心，作为澳大利亚联邦政府直接支持的国家级文化创意产业振兴机构，努力以财政支持和政策扶持带动民间资本进入，实现技术创新和市场创新，孵化产业主体，主导产业发展。

此后，澳大利亚政府在此基础上不断调整和完善本国的文化政策。1996年，新政府上台后又出台了《艺术面前人人平等》的文化政策。1999年10月，联盟党政府承诺，联邦政府不仅不会削减目前对文化事业的拨款，还要加大对艺术

① 参见国家知识产权局官网．2007．各国版权及创意产业发展现状．http：//www.sipo.gov.cn/dtxx/gw/2007/200804/t20080401_353568.html［2007-09-28］．

家和澳大利亚艺术团体的支持。这一支持将为所有澳大利亚人参与文化活动提供了更多的机会。由于联邦政府把发展文化创意产业作为国家战略，2001 年 8 月，负责国家文化政策制定的政府通讯、信息技术及艺术部部长宣布启动“创意产业与群聚策略研究”（creative industries and cluster study），作为制定文化创意产业发展政策的依据（张京成，2006）。

### （二）实施文化创意产业税收激励措施①

澳大利亚政府借助于税制奖励或税收减免等激励机制，鼓励私人企业参与影视制作投资等，推动影视等文化创意产业的发展。

2007 年，澳大利亚联邦议会通过一项法案，确立了澳大利亚影视制作激励机制，计划在 2007 年后的四年中投入超过 2.8 亿美元来鼓励本国的电影电视制作以吸引境外制作机构到澳大利亚，这是政府影视传媒扶持计划的一部分。澳大利亚文化艺术与体育部部长 George Brandis 认为，“这项新法案的通过是澳大利亚政府对过去 25 年电影资金投入政策的最重要的改革，它将使澳大利亚电影和电影产业发展进入一个新的时代”。这个新的激励机制内容包括以下三个方面。

第一，对制作机构的激励措施规定，制作澳大利亚电影将减收 40%的税额，制作其他视听节目将减收 20%的税额。这些必要的措施能够促进澳大利亚影视产业发展，使制作机构更容易吸引私人投资，降低制作成本，以及维持制作公司的稳定运营。该规定对所有澳大利亚影视制作机构适用，包括制作故事片、电视电影、电视节目、动画片、纪录片的机构等。

第二，对将澳大利亚作为外景拍摄地的，将减收 15%的税额，以此来吸引大制作的海外电影和电视机构到澳大利亚，恢复澳大利亚作为好莱坞和欧洲大制作电影外景地的竞争力，增加澳大利亚演员和工作人员参与世界上最好的制作团队的机会。

第三，凡超过 500 万美元的数码和视听产品的制作，不管其传输范围，将减收 15%的税额。这些激励措施表明，政府已经认识到，发展稳定运营的独立影视制作机构对繁荣澳大利亚影视制作产业是至关重要的。政府了解激励措施对澳大利亚独立制作水平的潜在影响，希望独立制片人可以获益于这些激励措施。更进一步说，政府希望激励措施可以给独立制片人提供平等的制作机会，并且能够维持独立制作公司的稳定运营，增加私人投资者从中获得的利润。

---

① 参见张晋.2007.澳大利亚立法确立影视制作激励机制.http://www.sarftlaw.cn/fzxx/200712/t20071226_504664106.html [2007-12-26].

# 第四节 日本文化创意产业政策分析

## 一 日本文化创意产业概况

### （一）规模居亚洲之首

目前，日本是亚洲文化创意产业最为发达的国家。根据日本经济产业省商务情报政策局的数据，日本的文化创意产业发展在2006年达到顶峰，当年市场规模达到13.989万亿日元。2006年之后小幅减少，2008年较2007年减少了2.5%，为13.828万亿日元。其文化创意产业规模仅次于美国，列居世界第二位。近几年，日本文化创意产业对GDP的贡献度维持在2.2%左右。文化创意产业正在成为日本除汽车产业之外，既具有拉动国内经济增长的能力，又具有国际竞争力的又一支柱产业（林乃森，2011）。

日本文化创意产业的发展得益于20世纪90年代日本提出的“文化立国”战略。自日本实施“文化立国”战略以来，政府一直积极发展文化创意产业，尤其是漫画、动画、电影、音乐、游戏、生活娱乐等数字内容文化创意产业，不仅带动了国内经济发展，同时也提升了文化创意产业的国际竞争力。游戏和动画片是日本出口海外的文化创意产品的两支重要力量。此外，漫画通过向海外出版社出售版权，在美国及亚洲、欧洲等国家和地区广泛翻译出版，《灌篮高手》、《龙珠》等均成为全世界畅销书（姜毅然等，2009）。

另外，长期以来日本在动漫、游戏等内容产业方面拥有广泛、巨大的国内市场，也有众多的具有国际影响力的编剧和制作人才，在制作技术和衍生产品开发、推广上具有独特的优势，这些都促成了日本以内容产业为核心的文化创意产业的发展。

### （二）以数字内容产业为主导

内容产业是日本文化创意产业的主导，而内容产业又以数字内容产业独占鳌头。日本的数字内容产业体系包括广播电视产业、出版关联产业、动画片产业、音乐关联产业、游戏关联产业和电影关联产业，但发展的重点还在游戏、软件、电影、音乐、出版和服务六大领域。市场结构按产品划分为数字内容市场和数字内容相关市场。前者指以数字资料呈现内容的市场；后者则指提供内容流通所具备的产品的市场。

但自2006年以来，日本数字内容产业市场规模呈现缩小趋势。动画业界严峻的状态一直持续，电视动画的制作数量自2006年的顶峰之后就一直呈减少态势，DVD等影像软件市场也在缩小。受经济不景气的影响，各电视台也有可能考虑削减高成本动画的制作数量。但剧场版动画的票房则呈现出强势增长态势，2008年剧场版动画总票房超过了300亿日元，这受同年7月公映的宫崎骏动画《悬崖上的金鱼姬》的影响较大。该作的票房达到155亿日元，占同年剧场版动画票房总数的一半以上。

漫画业界方面，杂志、单行本的销售金额减少，市场规模呈萎缩趋势。像*Young Sunday*（小学馆）、*Magazin Z*（讲谈社）等知名出版社的杂志也相继停刊，发生了一些作家和漫画杂志社不和的事件。与传统的纸质漫画相比，以电子漫画、手机漫画为代表的新型漫画市场在2008年迅速崛起。一些大型出版社纷纷推出各自的漫画阅读网站，甚至连掌上游戏机也有自己的漫画平台。数字漫画将成为支撑漫画业界继续发展的新生力量。[①]

## 二 日本文化创意产业政策体系

### （一）政府主导自上而下推进文化战略

日本文化创意产业的发展模式是政府主导型，因日本各个地方政府都是自治体政府，所以在一定程度有很大的自主权。反映在产业发展上，也是各个地方政府和各个行业主管部门分别制定发展战略和经济计划，对文化创意企业加以指导、引导和规范。日本政府把文化振兴提高到国家最主要的位置，并同地方政府一起制定具有地方特色的文化遗产、民间艺术、传统工艺和民间祭祀活动的保护和振兴的长期规划，共同举办各类文化节，带动地方旅游事业的发展。同时，注重创意城市的发展，东京、京都、名古屋等城市都各自提出了创意城市和文化创意产业发展计划。东京因其特殊地理、文化和经济位置，集聚和发展了大量以数字内容为主的文化创意企业。京都以其深厚的文化底蕴、漫画产业的传统和东映的太秦电影村等为基础，提出了建设动漫、电影和文化旅游城市的“产学公”协作发展战略。名古屋则依靠日本中部地区所集聚的汽车企业及其配套的大量零部件厂商，形成了以工业设计和数字化文化创意产业为主要内容的发展战略。文化创意产业的发展与城市经济建设和创意城市建设密切相关，每个城市都基于自身特色建设和发展文化创意产业，形成城市的优势产业并以此为核心形成产业集聚和产业集群。这是日本发展创意产业的一大特点（林乃森，2011）。

---

① 参见中国经济网．2009．数字娱乐白皮书2009．http：//comic.ce.cn/news/200908/31/t20090831_lpp06079.shtml［2011-05-01］．

（二）高度重视文化创意产业的战略规划

日本政府将振兴和发展文化创意产业定位于国家战略高度，于2003年在内阁中设立知识产权战略本部，于2004年制定《知识产权推进计划》，同年6月又公布了促进内容产业发展的法律——《内容产业促进法》，2005～2008年，连续四年的《知识产权推进计划》都专门用一章的篇幅阐述充分发挥文化创意产业作用、建设文化创意国家的政策措施。政府重视文化创意产业并制定具有针对性的产业政策和发展战略，有效促进了创意产业的持续、快速、健康发展，战略规划成为日本创意产业发展的重要保障。①

日本政府近年来积极打造“酷日本”形象。“酷日本”是描绘日本现代文化的新词条，日本借助“酷日本”形象制定了“文化立国”的产业策略。日本经济产业省于2010年特别设立酷日本战略室，希望能够在全球培养更多的日本游戏迷或日本动漫迷等，最终促进文化产品的出口。

（三）实施多措施并举推动文化创意产业国际化发展的开发策略

日本经济产业省于2004年制定了专门的《内容产业企业振兴政策：软实力时代的国家战略》，2007年出台《内容产业振兴政策》，提出今后日本的创意（内容）产业要积极开展国际业务，广泛集聚世界各地人才，扩大融资渠道并实施融资国际化，加强技术革新与合作，积极应对知识产权全球化，充分利用IT技术扩大市场规模。此外，日本还积极搭建文化创意产业发展的国际平台，自2004年起完善了东京创意产品国际交易市场，实施了视频内容产品国际合作制作基础设施整备项目，一是设立综合信息中心，为国内外企业、业者合作提供信息、牵线搭桥，二是在世界各国举办工作展示会，促进剧本开发，建立人脉网络，积蓄内容产品合作制作诀窍。②

日本政府在年度总预算中编列文化无偿资金，大量购买动漫版权，让外务省无偿提供给其他国家的电视台，供其自由播放。此举不仅让日本动漫成功走入欧美人士生活，同时也鼓励产业不断创新、勇敢突破。随着日本动画片在国际市场的成功，日本的动画风格逐渐成为国际时尚，《神奇宝贝》、《蜡笔小新》、《哆啦A梦》等卡通在全球引起广大回响。好莱坞电影公司争相购买日本动画片的电影改编版权，使日本成为全球首屈一指的动漫王国。

（四）建立投融资主体多元化的资金支持机制

日本政府不仅在资金上大力支持文化创意产业的发展，同时也鼓励多元投

① 参见台湾“行政院文建会”．2011台湾文化创意产业发展年报．
② 参见台湾“行政院文建会”．2011台湾文化创意产业发展年报．

资机制，支持非文化企业和境外资金投入文化创意产业。政府与民间合作成立基金，以投融资、参股、参与经营等多种形式支持中小企业创业、经营。例如，日本先后成立了振兴文化艺术基金和企业艺术文化后援协议会，用来支援各种艺术文化活动，该基金由政府和民间共同出资。在文化创意产业的壮大过程中，民间企业投资的作用越来越明显，出资比例逐年增大。

（五）不断优化文化创意产业发展的制度环境

一是制定优惠政策，加大扶持力度，国家出台指导性政策办法，各地根据实际情况制定出台税费优惠等政策措施，激励引导文化创意产业加快发展。二是加强知识产权保护，根据文化创意产业的特点及发展需要，修改或制定符合国际化要求的知识产权保护法规条例，加强市场管理、规范和打击力度，在国内逐步形成尊重、保护知识产权的良好环境。三是成立行业联盟或协会，充分发挥协会或会员单位在行业发展中的自律、自我管理、自我促进的积极作用，有效避免国际贸易摩擦、争端等。四是重视人才培养，利用网络及其他教育机构对文化创意工作者进行专业资格培训，并加强与外国的人才交流与合作。

## 第五节 韩国文化创意产业政策分析

### 一 韩国文化创意产业概况[①]

韩国文化创意产业在20世纪末的金融风暴后获得了迅速发展，以创意为基础的文化工业为经济发展提供了新的动力引擎。1997年金融危机后，韩国政府开始将资源投入资讯、娱乐产业等与文化相关的产业。游戏产品、数码与游戏内容产品、卡通人物是韩国新兴文化产业的代表，韩国把通过新的资讯技术与文化创作相结合，进而促进文化创意产业发展的技术称为“文化与内容技术”（cultural and content technology），该技术是韩国极力推动的六大创新技术之一。20世纪90年代后期至今，韩国原创动漫得以迅速发展，2006年，其国内市场动漫产业销售额为116亿美元，出口达294亿美元，占国际市场近10%的份额（周游，2009）。如今，韩国的电影、电视剧、动画、漫画和网络游戏等发展迅速，已经在国际上占据一席之地。

---

① 参见韩国政府网．韩国基本情况-文化和艺术-电视剧和电影．http：//chinese. korea. net/About-Korea/Culture-and-the-Arts/Dramas-and-Movies［2011-05-01］．

（一）电影屡获国际大奖

韩国电影诞生于1919年，1953年朝鲜战争结束后韩国的电影产业逐渐成长，并取得了良好的票房成绩。1953～1972年是韩国电影的黄金期。年轻的导演获得成功，他们的电影受到戛纳、芝加哥、柏林、威尼斯、伦敦、东京、莫斯科等电影节的瞩目。这使电影导演们更多地制作更具韩国特色、独创性强的电影，推动了韩国电影走向世界。2000年以后，《春香传》、《郊游》、《漂流欲室》、《共同警备区》、《收件人不详》等在戛纳、墨尔本、柏林、威尼斯等电影节获得提名或大奖，2004年金基德导演以《萨玛利亚女孩》和《空房间》，在柏林电影节和威尼斯电影节上获得最佳导演奖。

随着韩国电影的崛起及其国际影响力的日盛，韩国电影版权受到国际市场的热捧。好莱坞、日本、泰国、德国等纷纷翻版制作韩国电影。现在，在韩国也有各式各样的电影节，有代表性的有釜山国际电影节、富川国际奇幻电影节、全州国际电影节、光州国际电影节、首尔忠武路国际电影节、首尔国际女性电影节等。

（二）电视剧在亚洲影响广泛

韩国电视剧跨越国界，在亚洲邻国以及其他国家取得了巨大成功。例如，《冬季恋歌》在日本掀起一股猛烈的“韩流”，历史剧《大长今》不仅深受国内观众好评，而且出口到中国内地、中国台湾、中国香港、日本、美国、加拿大、澳大利亚、新西兰、俄罗斯、以色列、巴基斯坦、匈牙利、秘鲁、伊朗、尼日利亚、文莱等60多个国家和地区，受到空前欢迎，观众对其赞不绝口。2008年播放的纪实节目《茶马古道》出口到17个国家，不仅在日本获奖，而且入围第三十六届国际艾美奖纪录片最后候选单元。“韩流”促使韩国广播产业与其他国家进行广泛交流，海外共同制作也逐渐增多，还有相当一部分的韩国演员开始出演日本和中国的电视剧。

此外，凭借韩国电视剧空前的成功，与此相关的文化庆典纷纷出现。最具代表性的活动有两个，一个是每年举行的韩国国内电视剧颁奖典礼——韩国电视剧庆典；另一个是为海外优秀的电视剧而举办的首尔电视剧庆典。在过去几年间，也出现了将电影或电视剧拍摄地开发为旅游景点的新兴事业，并得到发展。

（三）动漫以海外市场为主要目标

20世纪80年代前，韩国的动漫产业长期作为美国和日本的转包产业而成长，美国的《辛普森一家》等动画片的制作工作室实际在韩国，由此可以看出那时韩国动漫画作家的实力。90 年代中期，韩国政府认识到动画和漫画产业的潜力，开始积极培育动漫产业。1995 年首次举办了韩国动画庆典首尔国际动漫节（SICAF），两年后举办了春川动画节，当前，韩国有 200 余个动画专门公司。最近几年，韩国开始把热播的电视剧制作成动画片，2005 年将超人气历史剧《大长今》改编为 26 集的儿童读物《长今的梦想》。

在漫画领域，韩国漫画在海外一直备受关注。从韩国近代化初期开始，韩国漫画不仅是娱乐和政治讽刺的一种手段，而且也是儿童教育资料。自从 2003 年韩国作为主宾国参加法国昂古莱姆国际漫画节以后，海外买家就开始关注韩国漫画。当时，约 8 万名观众涌到韩国展台，被虽与日本漫画相似、但具有自己独特感性的韩国漫画迷住。成功亮相之后，同年，韩国漫画在美国圣地亚哥漫画节和德国法兰克福书展上也备受关注。目前，40％的韩国漫画销往除美国、日本以外的欧洲、东南亚等地。韩国注重漫画、动画和电视剧的综合发展，将情节构思出众的漫画制作成人气电视剧，再将其销往海外，从而取得良好的综合效应。韩国漫画最新的发展趋势是网上卡通（webtoon）。网上卡通是使用电脑绘画、在互联网上发布的漫画，虽然有一部分是要收费的，但是大部分都免费提供。在博客等个人网页或者论坛网页、门户网站、在线媒体上，都可以搜索到网上卡通。网上卡通有不同的形式，有的添加了 flash image 或视频。韩国的 DAUM 或 NAVER 等主要门户网站都拥有自己的网上卡通漫画家，这些网站每天吸引数千人浏览。

### （四）网络游戏竞争力居世界前列

在网络游戏领域，韩国通过重整政府、协会、电子游戏厂商间的关系，促进民间投资，成立韩国游戏产业开发院，推行多媒体分级制度等措施，促进了电子游戏产业的快速发展。韩国开发的网络游戏大部分都从漫画当中提取主题。韩国的电子竞技游戏热潮从 20 世纪 90 年代后期开始，通过星际争霸的风靡，以及支持网络游戏的高速互联网、各种相关的网站和论坛、大大小小的在线竞技平台、On Game Net（2000）、MBC 游戏频道的设立等，电子竞技产业迅速成长；大企业的支援和明星职业选手的诞生，使电子竞技更具有坚固的后盾。现在韩国国内就有 100 多个正式的在线竞技平台，仅在“星际争霸”就有 12 个竞技团；大约有 400 多名专业游戏玩家，一部分专业游戏玩家的年薪和体育选手差不多，高达 2 亿韩元。近些年海外市场逐步扩大，仅 2008 年韩国在线游戏产业的海外出口收益就达到 10 亿美元。

韩国通过设立竞技节和联盟的形式鼓励和推动网络游戏的发展。2000 年，举办了总部设在首尔的首届世界性的电子竞技节——世界网络游戏（Word Cyber Games，WCG）。该电子竞技节连续四次在韩国举办比赛，每年的奖金额和参赛的专业玩家数都明显增加。之后，新加坡、意大利、美国等国家也举办了电子竞技比赛。与此同时，韩国在原有的基础上，于 2005 年创办了具有游戏界大联盟之称的电子竞技节——世界 E-sports 游戏（World E-sports Games，WEG）。WEG 旨在广泛传播韩国式的 E-sports，促使 E-sports 向产业化发展，WEG 现在在洛杉矶、汉堡和北京都设有办公室。2008 年 11 月，世界最早的 E-sports 国际机构——国际 E-sports 联盟，在韩国首尔正式成立。

## 二 韩国文化创意产业政策体系

### （一）建立有效的组织管理机构

韩国文化观光部于 1994 年首次设立文化产业局主管文化创意产业，此后其职能不断加强，业务范围涉及文化创意产业的各个方面。文化产业局下设 12 个附属机构，其中，文化产业振兴院是协助将创意文化内容衍生成文化产品的一个辅助机构，成立于 2001 年，重点扶持动画、音乐、卡通等文化创意产业。文化产业振兴院界定的产业项目有动画、音乐、卡通、电玩等，也提供设备租借、投资、技术教育训练，协助发展国际行销策略，进行产业中长期计划的研究，并与其他国家、地区单位发展策略联盟的伙伴关系。

2001 年，韩国全国经济人联合会成立产业设计特别委员会，以产、官、财结合的方式，支持产业的设计活动。此外，还有多个民间自发的社团组织，如出版协同组合、游戏制作者协同组合等，致力于各行业的自律和发展（姜锡一和赵五星，2009）。

### （二）推行文化创意产业发展战略

1999 年，韩国国会通过《文化产业促进法》，明确推进文化、娱乐及内容产业的发展。同时，韩国还制定了与特定领域相关的政策法令，如制订电子游戏产业的相关政策法令，修改与之相关的声音、录像、电子游戏产品的相关法令。

1999～2001 年，韩国政府先后制定《文化产业发展 5 年计划》、《文化产业前景 21》和《文化产业发展推进计划》，明确文化产业发展战略和中长期发展计划，推出一系列重大举措，有力地推动了文化产业的发展。①

### （三）积极支持开拓国际市场

韩国文化创意产业瞄准国际大市场，以中国、日本等东亚国家作为登陆世

---

① 参见 http：//www. koreaxin. com.

界的台阶，通过设立驻外文化院、文化机构和企业办事处，以及网络等多种手段，加强调研，鼓励开展跨国生产合作，积极举办和参加国际性展销洽谈活动，集中资金支持重点出口项目，设立奖励制度。

（四）建立资金支持机制

韩国采取一系列措施多渠道筹措文化产业发展资金，在经费上确保文化产业的发展。首先，设立专项基金。国家设立多项专项基金扶持文化创意产业的发展，如文艺振兴基金、文艺产业振兴基金、信息化促进基金、广播发展基金、电影振兴基金、出版基金等。其次，运作文化产业专门投资组合，这是以动员社会资金为主、官民共同融投资的运作方式。最后，完善有关文化经济政策，利用税收信贷等经济杠杆实行多种优惠政策；为重点发展游戏、动画等风险企业，对进驻文化产业园区的单位提供长期低息贷款，减少甚至免除这些单位的税务（谭红梅和柯妍，2009）。

## 第六节 主要发达国家文化创意产业政策经验

尽管世界各国文化创意产业政策体系存在很大差异，但其产业发展战略和政策有一定规律性。总结发达国家在发展战略和产业政策方面的共性经验，有助于我国文化创意产业政策体系的完善。

### 一 产业界定及分类体系规范，政策制定对象明确

文化创意产业清晰的部门划分是建构合理政策支撑体系的基础。由于世界上各个国家或地区经济发展水平不同，工业化、城市化、现代化发展进程不同，人均收入和人力资源结构不同，所以文化创意产业的统计口径和分类标准都有所不同。虽然界定标准不同，但各个发达国家对文化创意产业的划分非常明确，在数据统计和产业政策制定方面有据可依，为进一步推动文化创意产业发展提供了客观依据。

### 二 政府高度重视，将发展文化创意产业作为国家战略

纵观英国、美国、澳大利亚、日本、韩国等国家的文化创意产业发展过程，各国都从国家战略高度将文化创意产业确立为国民经济发展的支柱和经济发展的新动力，政府对文化创意产业给予高度重视。各国都设立高级别的专责推进组织机构，制定并实施专门的发展计划、扶持政策，如表 4-1 所示。

表 4-1 主要发达国家文化创意产业发展战略

| 国家 | 发展战略 |
|---|---|
| 美国 | 重视自由和市场，采取自由竞争的策略刺激文化创意产业发展，其发展战略看似“无为而治”，实际上政府营造了宽松的文化创意产业发展政策、有效的知识产权保护政策和文化扶持政策等良好的发展环境 |
| 英国 | 1997 年，成立创意产业特别工作组，首相亲任组长，并特别成立了文化、媒体和体育部，致力于发展文化创意产业；1998 年和 2001 年，创意产业特别工作组两次发布英国文化创意产业研究报告，分析英国文化创意产业的现状并提出发展战略 |
| 澳大利亚 | 1994 年，发布第一个国家文化发展战略，将发展文化创意产业作为国家战略 |
| 日本 | 1995 年，确立 21 世纪文化立国方略，将创意（内容）产业作为日本新世纪战略性产业 |
| 韩国 | 1998 年，提出“文化立国”口号，1999～2001 年先后制定《文化产业发展 5 年计划》、《文化产业前景 21》和《文化产业发展推进计划》，明确创意（文化）产业发展战略和中长期发展计划 |

## 三 以培育市场和国际贸易的策略大力推动产业开发

发达国家的经验显示，通过激发人们对文化创意产品的市场需求，能有效地促进文化创意产业的发展。政府带头使用优秀的文化创意产品，在公共场合和大型节日采用大量的文艺作品来装扮和设计，将艺术、文化、设计、商业、技术等整合到社区的发展计划中等，都是被实践证明行之有效的培育市场、促进文化创意产品消费的措施和手段（陈旺，2010）。

除了开拓国内文化创意产品的市场外，发达国家特别注重文化创意产品国际市场的开发。因为，文化创意产业的发展不仅能强力推动一国的经济增长，更能传播一国的文化和历史，所以，世界主要发达国家和地区近年来都不遗余力地扶持和鼓励本地文化创意产品出口。文化创意产品实际上已经取代传统的制造业产品成为不少发达国家最重要的出口产品。到 2005 年，发达国家文化创意产品出口占据了世界文化创意产品出口 58%的份额（埃德娜·多斯桑托斯，2010）。

## 四 具有完善的投融资体制和服务体系，资金支持力度大

各国均重视建立文化创意产业的资金支持机制，采取一系列措施，多渠道筹措文化创意产业发展资金，如通过加大国家财政投入、设立专项基金、动员社会资金、完善税收政策等措施，为文化创意产业提供融资支持。此外，鼓励社会团体、公司、基金会和个人为文化艺术团提供社会资助，以“资金匹配”要求和鼓励多方主体对文化创意产业进行投资，形成文化创意产业多元化投融资体制。在美国，政府通过实现投资主体多元化来推动文化创意产业的发展。一方面，政府通过国家人文基金

会等组织机构给予文化艺术业一定资助；另一方面，美国文化艺术团体的主要资助来自公司、基金会及个人，其数额也远大于政府的资助。

## 五 崇尚知识产权保护，版权相关制度保障健全

发达国家的发展经验表明：只有使产品发明者的创意专利和知识产权得到有效保护，才能促进文化创意产业的持续发展。英国专利局制定了完善的法律体系来保护知识产权，并设立了一个独立的知识产权网站，为使用者和创作者提供版权、商标、专利及设计等信息，促进资讯的自由流通。日本也出台了《著作权法》、《文化艺术振兴基本法》等法规政策。为了保护数字产品版权，日本还发明了避免复制的技术。美国政府重视对版权产业的保护，从20世纪70年代起，美国政府就全面实施了版权战略，加强版权保护，形成了全球范围内规定最为详尽的法律系统。美国政府通过政府机构中的版权办公室、美国贸易代表署、版权税审查庭、海关等行政部门及直属于政府部门的工作小组，来加强版权的监督与保护，并制定了《版权法》、《跨世纪数字版权法》等一系列版权保护法规。同时，美国积极加入国际版权保护体系，不断推动国际版权保护，为美国版权产品和版权产业提供法律保障。

# 第五章 中国的文化创意产业政策

## 第一节　国家文化创意产业政策体系

我国的文化创意产业伴随我国改革开放出现，2002年的文化体制改革有力地解放和发展了文化生产力，拉开了我国文化创意产业快速发展的大幕。2006年，《国家“十一五”时期文化发展规划纲要》和文化部《文化建设“十一五”规划》出台，这两个文件对文化创意产业的支持更为明确，并对产业发展方式予以指导。此后，文化创意产业实践和理论都迅速发展，2009年的《文化产业振兴规划》和2010年《关于加快培育和发展战略性新兴产业的决定》则将文化创意产业提到了更高的位置。我国文化创意产业初步形成了以战略规划、行业发展、资金支持和制度保障为主要内容的政策体系。

### 一 逐渐从国家战略高度重视发展文化创意产业，产业战略规划形成

#### （一）深化文化体制改革，为文化创意产业发展创造基础环境

文化是国家的血脉和灵魂，是民族凝聚力、创造力的重要源泉，是综合国力竞争的重要因素，是经济社会发展的重要支撑。自2002年党的十六大以来，我国文化体制改革不断深化，文化生产力进一步解放和发展，发展文化科学的体制机制初步形成，文化事业和文化产业空前繁荣。在文化体制改革和文化产业发展的大环境下，我国文化创意产业经历了从产生到发展再到繁荣的历程。

2002年11月，党的十六大做出“深化文化体制改革、发展文化事业和文化产业”的战略部署。从文化体制改革的角度讲，十六大第一次将文化分成文化事业和文化产业，强调要积极发展文化事业和文化产业。十六大以后，我国文化体制改革的步伐明显加快，文化创意产业开始发展。

2003年，党的十六届三中全会通过的《完善社会主义市场经济体制若干问题的决定》，将文化体制改革的目标进一步深化和明确，提出了文化事业和文化产业的改革方向和目标：“公益性文化事业单位要深化劳动人事、收入分配和社会保障制度改

革，加大国家投入，增强活力，改善服务；经营性文化单位要创新体制，转换机制，面向市场，壮大实力；要求健全文化市场体系，建立富有活力的文化产品生产经营体制；完善文化产业政策，鼓励多渠道资金投入，促进各类文化产业共同发展，形成一批大型文化企业集团，增强文化产业的整体实力和国际竞争力。”该决定第一次明确提出文化体制改革要形成一批大型文化企业集团，为文化创意产业集团化发展创造了良好的政策环境。

2004 年，党的十六届四中全会通过的《中共中央关于加强党的执政能力建设的决定》提出了“深化文化体制改革，解放和发展文化生产力”这一重要命题，强调“文化体制改革要以体制机制创新为重点，增强微观活力，健全文化市场体系，依法加强管理，促进文化事业全面繁荣和文化产业快速发展，增强我国文化的总体实力”。该决定还具体要求加强文化发展战略研究，抓紧制定文化发展纲要和文化体制改革总体方案。

为适应文化体制全面改革的需要，2006 年 1 月，中共中央、国务院颁发了《关于深化文化体制改革的若干意见》，标志着我国文化体制改革的全面展开。虽然这部具有重大意义的纲领性文件中并未提出“创意产业”这一概念，但在其对文化改革的方向选择和行业选择中，创意产业的影子已经依稀可辨。

自 2002 年提出文化体制改革以来，经历近 10 年的改革和发展，我国文化体制机制不断完善，文化创新的活力迅速迸发，文化创意产业借力喷薄，进入了迅速发展和繁荣时期。以电影产业为例，年年攀升的电影产量和票房、越来越多的观影人数和电影种类诠释着我国文化创意产业领域的改革与发展成就，我国电影产量由 2003 年的 100 部以下上升到 2011 年的 791 部，成为世界第三大电影生产国，电影票房增速连续 6 年保持在 30%以上，改变了进口大片主导我国电影市场的格局。影视动画产量从 2005 年的 4.2 万分钟增加到 2010 年的 22 万分钟，扭转了进口片主导的局面。[①] 与此同时，出版产业的改革和发展也迅速推进，1251 家非时政类报刊出版单位转制或登记为企业法人单位，10 万多家印刷复制单位、3000 多家国有新华书店完成转制，100 多家新闻出版企业集团成功组建，45 家新闻出版企业成功上市。2010 年中国图书零售码洋总额接近 370 亿元，年度销售图书品种首次超过百万种，达到 105 万种。[②]

### （二）文化产业专项规划专门部署文化创意产业的发展

2006 年出台的《国家“十一五”时期文化发展规划纲要》和文化部《文化建设

---

① 参见新华网 .2011. 中宣部等 4 部门负责人就深化文化体制改革进行新闻发布 .http://news.xinhuanet.com/politics/2011-02/28/c_121131945.htm [2011-02-28].

② 参见中国新闻网 .2011. 两会前瞻：产业规模壮大 文化体制改革发力前行 .http://www.chinanews.com/cul/2011/02-27/2870718.shtml [2011-02-27].

"十一五"规划》专门部署了我国文化创意产业的发展，文化创意产业在我国得到了前所未有的关注。

2004年9月，党的十六届四中全会通过的《中共中央关于加强党的执政能力建设的决定》提出要"深化文化体制改革，解放和发展文化生产力"，并要求"抓紧制定文化发展纲要"。在此背景下，2006年9月，我国出台了第一个专门部署文化建设的中长期规划——《国家"十一五"时期文化发展规划纲要》。该纲要首次在国家文件中正式提出"文化创意产业"的概念，在"加强重点文化产业带建设"中提出要"以建设文化创意产业中心城市为核心，加快产业整合"，在"加快文化产业园区和基地建设"中提出要"加快文化创意产业园区建设，使之成为文化创意产业的孵化器"。

2006年9月，在《国家"十一五"时期文化发展规划纲要》出台后，由文化部制定的《文化建设"十一五"规划》发布。该规划是文化部根据《中华人民共和国国民经济和社会发展第十一个五年规划纲要》和《国家"十一五"时期文化发展规划纲要》的内容和要求，总结"十五"时期文化建设的成就和经验，对"十一五"时期我国文化建设做出的部署和安排。作为一项专项规划，该规划再次强调了文化创意产业园区的重要性。在"建立健全文化艺术创新机制"中提出"发展文化创意产业园区"，在"优化文化产业机构，促进文化产业规模化、集约化、专业化"中再次强调"加快文化创意产业园区建设，使之成为文化创意产业的孵化器"。

在这两部文化产业的专项规划中，都重点指出了文化创意产业的发展方式，即通过"创意产业园区"建设的方式优化文化产业结构和产业布局。

### （三）文化产业振兴规划提升文化创意产业的地位

2008年发生的国际金融危机凸显了文化的特殊优势和特殊功能，也给文化创意产业带来了新的机遇和条件，为创新体制机制、优化产业结构、逆势快速发展带来了契机。文化创意产业的逆势增长，有效拉动了其他相关产业发展，为"保增长、扩内需、调结构、促改革、惠民生"做出积极贡献。在此背景下，2009年7月，国务院常务会议审议通过了《文化产业振兴规划》。该规划是国际金融危机期间继钢铁、汽车、纺织等十大产业振兴规划后出台的又一个重要的产业振兴规划，标志着文化创意产业已经上升为国家的战略性产业。

在产业发展重点上，《文化产业振兴规划》将文化创意与影视制作、出版发行、印刷复制、广告、演艺娱乐、文化会展、数字内容和动漫等，作为文化产业发展的九大重点产业，提出要"加大扶持力度，完善产业政策体系，实现跨越式发展"。在文化创意产业重点发展方向上，要"着重发展文化科技、音乐制作、艺术创作、动漫游戏等企业，增强影响力和带动力，拉动相关服务业和制造业的发展"。其中，"影视制作业要提升影片、电视剧和电视节目的生产能力，扩大影视制作、发行、播映和后产品开发，满足多种媒体、多种终端对影视数字内容的需求。出版业要推动产业结构调整和升级，加快从主要依赖传统纸介质出版物向多种介质形态出版物的数字出版产业转型。出版物发行业要积极开展跨地区、跨行业、跨所有制经营，形成若干大型发行集团，提高整体实力和竞争力。印刷复制业要发展高新技术印刷、特色印刷，建成若干各具特色、技术先进的印刷复制基地。演艺业要加快形成一批大型演艺集团，加强演出网络建设。动漫产业要着力打造深受观众喜爱的国际化动漫形象和品牌，成为文化产业的重要增长点”。①

《文化产业战略规划》的颁布和实施，标志着我国已经将文化创意产业作为新时期经济社会发展的一个支柱产业予以重点支持，我国文化创意产业的地位进一步提升。

(四) 战略性新兴产业规划描绘文化创意产业前景

2010 年 10 月，国务院出台《关于加快培育和发展战略性新兴产业的决定》，指出战略性新兴产业是引导未来经济社会发展的重要力量。发展战略性新兴产业已成为世界主要国家抢占新一轮经济和科技发展制高点的重大战略。我国正处在全面建设小康社会的关键时期，必须按照科学发展观的要求，抓住机遇，明确方向，突出重点，加快培育和发展战略性新兴产业。②

该决定在七大重点发展领域之一的“新一代信息技术产业”中提出了“大力发展数字虚拟等技术，促进文化创意产业发展”，并提出了五项具体的政策来扶持文化创意产业等战略性新兴产业的发展，这五项政策分别是强化科技创新，提升产业核心竞争力；积极培育市场，营造良好市场环境；深化国际合作，提高国际化发展水平；加大财税金融政策扶持力度，引导和鼓励社会投入；推进体制机制创新，加强组织领导。

在强化科技创新、提升产业核心竞争力方面，该决定提出六大努力方向，即加强产业关键核心技术和前沿技术研究、强化企业技术创新能力建设、加快落实人才强国战略和知识产权战略、实施重大产业创新发展工程、建设产业创新支撑体系，以及推进重大科技成果产业化和产业集聚等。在积极培育市场、营造良好市场环境方面，提出要“组织实施重大应用示范工程、支持市场拓展和商业模式创新和完善标准体系和市场准入制度”等。在深化国际合作、提高国际化发展水平方面，从大力推进国际科技合作与交流、切实提高国际投融资合作的质量和水平，以及大力支持企业跨国经营三个方面明确发展方向。在加大财税金融政策扶持力度、引导和鼓励社会投入方面，明确要“加大财政支持力度、完善税收激励政策、鼓励金融机构加大信

---

① 参见中央政府门户网站 . 2009.《文化产业振兴规划》全文发布 . http://www.gov.cn/jrzg/2009-09/26/content_1427394.htm [2009-09-26].

② 参见中央政府门户网站 . 2010. 关于加快培育和发展战略性新兴产业的决定 . http://www.gov.cn/zwgk/2010-10/18/content_1724848.htm [2010-10-18].

贷支持、积极发挥多层次资本市场的融资功能和大力发展创业投资和股权投资基金”。

该决定的出台，标志着我国政府将包括文化创意产业在内的新兴产业提到了战略高度予以支持，为我国创意产业发展描绘了更加清晰的前景。在国家政策的示范带动下，各级地方政府纷纷将文化创意产业纳入地方战略性新兴产业范畴予以扶持，各地文化创意产业进入发展机遇期。

### （五）十七届六中全会开启中国创意产业发展全新时代

中国共产党十七届六中全会于2011年10月在北京举行。该次全会将“文化改革发展”作为主要议题，从时代要求与战略全局出发，以高度的文化自觉和文化自信，第一次提出了建设社会主义文化强国的奋斗目标。该次全会也成为我国文化发展历程中划时代的历史事件。

十七届六中全会通过的《中共中央关于深化文化体制改革　推动社会主义文化大发展大繁荣若干重大问题的决定》明确提出建设社会主义文化强国的战略目标。[①]该决定继党的十七届五中全会通过的《中共中央关于制定国民经济和社会发展第十二个五年规划的建议》和十一届全国人大四次会议通过的《国民经济和社会发展第十二个五年规划纲要》之后，又一次在国家层面明确提出“推动文化产业成为国民经济支柱性产业”，并做出具体部署。其中明确提出了“加快发展文化产业，必须构建结构合理、门类齐全、科技含量高、富有创意、竞争力强的现代文化产业体系”。文化产业外延涵盖的主要门类被分为传统和新兴两类。前者包括出版发行、影视制作、印刷、广告、演艺、娱乐、会展等，需要发展壮大；后者包括文化创意、数字出版、移动多媒体、动漫游戏等，需要加快发展。

## 二 重点行业政策支持力度逐渐加大，行业开发策略逐渐完备

### （一）动漫行业和新闻出版行业政策出台积极

近些年，在国家文化创意产业宏观政策和规划的引导下，各相关部委纷纷制定文化创意产业相关行业的政策与规划，这些政策措施日趋具体化。目前，动漫产业出台的政策与措施最多。2004年以来，文化部、宣传部等相关部委连续推出《关于发展我国影视动画产业的若干意见》（2004年）、《关于对国产电视动画片实行题材规划管理的通知》（2004年）、《关于推动我国动漫产业发展的若干意见》（2006年）、《关于加强动画片引进和播放管理的通知》（2006年）、《关于扶持我国动漫产业发展的若干意见》（2008年）、《动漫企业认定管

① 参见中央政府门户网站.2011. 中央关于深化文化体制改革若干重大问题的决定.http://www.gov.cn/jrzg/2011-10/25/content_1978202.htm [2011-10-25].

理办法（试行）》（2008年）、《关于扶持动漫产业发展有关税收政策问题的通知》（2009年）等文件，在播放与管理体系、管理方法与体制、税务扶持、奖励措施、基地建设、专项基金设立等各方面制定了促进动漫与动画产业发展的具体政策措施。其中，国务院办公厅转发的财政部、教育部、科学技术部等10部门《关于推动我国动漫产业发展的若干意见》，系统全面地提出了我国动漫产业的发展政策，对动漫产业的发展做出了具体的战略部署，并推出了相关配套发展政策。

此外，在新闻、出版行业也出台了《新闻出版业“十一五”发展规划》（2006年）、《关于鼓励数字电视产业发展若干政策》（2008年）、《电子出版物出版管理规定》（2008年）、《关于促进广告业发展的指导意见》（2008年）、《中央补助地方文化体育与传媒事业发展专项资金管理暂行办法》（2008年）、《关于进一步推进新闻出版体制改革的指导意见》（2009年）、《关于促进我国音像业健康有序发展的若干意见》（2009年）等文件。

（二）网络游戏推进与监管并行

2005年7月，文化部、信息产业部颁布了《关于网络游戏发展和管理的若干意见》，首次明确了网络游戏的定义和涵盖的范围，指出网络游戏享受软件产业优惠政策，提出要重点支持原创网络游戏的创作和研发，筹建国家数字娱乐产业示范基地，大幅度提高网络游戏经营单位的市场准入门槛等。同时针对网络游戏的监管，信息产业部在2006年下发《整顿和规范市场经济秩序2006年工作要点》，提出对网络游戏私服活动进行打击，以制止当前网络游戏私服泛滥，严重危害正规市场和产业发展的现象。

## 三 不断探索文化创意产业投融资手段，资金支持政策启动

资金是文化创意产业发展的重要因素之一，一定程度上决定着文化创意产业市场的规模。文化创意企业往往有形资产少、无形资产多、抵押担保品不足，造成文化创意产业融资困难，制约着文化创意产业的发展。为解决文化创意产业融资难的问题，国家从建立财政支持机制、促进文化与资本对接、不断完善投融资公共服务平台等方面入手，探索文化创意产业的投融资支持政策。

（一）建立政府公共资金稳定扶持机制

2009年7月出台的《文化产业振兴规划》提出，“中央和地方各级人民政府要加大对文化产业的投入，通过贷款贴息、项目补贴、补充资本金等方式，支持国家级文化产业基地建设，支持文化产业重点项目及跨区域整合，支持国有

控股文化企业股份制改造，支持文化领域新产品、新技术的研发。支持大宗文化产品和服务的出口”，大幅增加中央财政扶持文化产业发展专项资金和文化体制改革专项资金规模，不断加大对文化产业发展和文化体制改革的支持力度。

为加强文化产业发展专项资金管理，提高资金使用效率，2010年4月，财政部制定发布《文化产业发展专项资金管理暂行办法》，明确资金来源，确定资金专项用于支持文化产业，并重申专项资金的支持范围与支持方式，从国家层面，明确财政资金的支持力度，为文化创意产业发展提供了稳定的公共资金支持机制。

《文化产业振兴规划》还提出设立中国文化产业投资基金，该基金已于2011年7月在北京成立，由财政部、中银国际控股有限公司、中国国际电视总公司和深圳国际文化产业博览交易会有限公司共同发起，目标总规模为200亿元，主要以股权投资方式投资新闻出版发行、广播电影电视、文化艺术、网络文化、文化休闲及其细分文化及相关行业领域。这是首支由中央财政注资引导的国家级文化产业投资基金。截至2011年年底，全国已有文化产业投资基金111支，资金总规模超过1330亿元。

2006年6月，国务院转发的财政部、中共中央宣传部《关于进一步支持文化事业发展若干经济政策的通知》规定，“继续征收文化事业建设费，向娱乐业、广告业征收的文化事业建设费纳入财政预算管理，分别由中央和省级设立基金，用于文化事业建设；并对县级及以上电影院线票房收入按5%标准征收国家电影事业发展专项资金，用于资助城市影院放映国产影片、资助城市影院更新改造、资助影院计算机售票系统、资助少数民族电影译制等”，该通知要求制定《国家电影事业发展专项资金管理办法》，加强资金的使用和管理，提出继续增加对文化事业的财政投入，中央和省级财政建立宣传文化发展专项资金，并设立“中央补助地方文体广播事业发展专项资金”，用于支持地方文化、体育和广播事业的发展，该通知要求制定《中央补助地方文化体育与传媒事业发展专项资金管理暂行办法》，加强资金的使用和管理。①

此外，2006年以来，中央财政设立了每年2亿元的专项资金推动动漫产业发展，扶持和推广优秀原创动漫作品。该项资金扶持和推广了一批优秀原创动漫作品，加快了中国动漫“走出去”的步伐，加强了动漫艺术理论、人才队伍和公共技术平台的建设。

### （二）逐步推进文化与资本对接

为促进文化与资本对接，缓解文化创意企业融资瓶颈，国家有关部委先后

---

① 参见中央政府门户网站.2006.国务院办公厅转发财政部中宣部关于进一步支持文化事业发展若干经济政策的通知.http：//www.gov.cn/zwgk/2006-06/16/content_311963.htm［2006-06-16］.

出台了《关于规范新闻出版业融资活动的实施意见》(2003年)、《关于鼓励、支持和引导非公有制经济发展文化产业的》(2004年)、《国务院关于非公有资本进入文化产业的若干决定》(2005年)、《关于文化领域引进外资的若干意见》(2005年)、《关于支持文化事业发展若干经济政策的通知》(2006年)、《关于金融支持文化出口的指导意见》(2009年)、《文化产业投资指导目录》(2009年)等文件，引导社会资本进入文化创意产业领域。

2009年，国务院发布《文化产业振兴规划》，首次明确了金融支持文化产业的政策导向。该规划加大对文化创意产业的金融支持，鼓励银行业金融机构加大对文化企业的金融支持力度；积极倡导鼓励担保和再担保机构大力开发支持文化产业发展、文化企业“走出去”的贷款担保业务品种；支持有条件的文化企业进入主板、创业板上市融资，鼓励已上市文化企业通过公开增发、定向增发等再融资方式进行并购和重组，迅速做大做强；并支持符合条件的文化企业发行企业债券。

为落实《文化产业振兴规划》中关于文化产业投融资政策支持的要求，2010年，中共中央宣传部、文化部、财政部、中国人民银行等九部门联合发布《关于金融支持文化产业振兴和发展繁荣的指导意见》，要求银行、证券和保险相关金融机构，均要加大对文化产业的金融资源投入，全方位支持文化产业的发展。

该意见提出以直接融资、信贷担保方式缓解文化产业及文化创意产业投融资问题，促进文化与资本市场的对接。在直接融资方面，“推动符合条件的文化企业上市融资，支持文化企业通过债券市场融资”。在信贷担保方面，提出“鼓励各类担保机构对文化产业提供融资担保，通过再担保、联合担保以及担保与保险相结合等方式多渠道分散风险”；研究“建立企业信用担保基金和区域性再担保机构，以参股、委托运作和提供风险补偿等方式支持担保机构的设立与发展，服务文化产业融资需求”；探索“设立文化企业贷款风险补偿基金，合理分散承贷银行的信贷风险”等。

该意见要求“积极开发适合文化产业特点的信贷产品，加大有效的信贷投放，推动多元化、多层次的信贷产品开发和创新，积极探索适合文化创意产业项目的多种贷款模式，对于融资规模较大、项目较多的文化创意企业，鼓励商业银行以银团贷款等方式提供金融支持”。该意见还指出，要“完善授信模式，加强和改进对文化创意产业的金融服务，完善利率定价机制，合理确定贷款期限和利率，建立科学的信用评级制度和业务考评体系，进一步改进和完善对文化企业的金融服务，积极开发文化消费信贷产品，为文化创意消费提供便利的支付结算服务”。该意见提出要“大力发展多层次资本市场，扩大文化企业的直接融资规模，推动符合条件的文化企业上市融资，支持文化企业通过债券市场融资”，并提出要“积极培育和发展文化产业保险市场”。[①]

该意见力求汇聚金融、财政资源，助推文化创意产业发展和文化繁荣，拉开了文化与金融对接的序幕。它是我国近年来在文化创意产业领域针对投融资问题的涉及范围最广、政策工具全面、力度最大的一个政策，在金融支持措施上进行了一系列创新，对缓解我国文化创意产业的投融资瓶颈具有重要作用。该意见出台后，中国进出口银行、国家开发银行、中国银行、中国工商银行和北京银行等先后与文化部建立部行合作机制，在一定程度上为文化创意产业发展提供了资金保障。

随后，保险业支持文化产业发展项目也正式启动。2011 年 1 月，中国保险监督管理委员会、文化部联合下发《关于保险业支持文化产业发展有关工作的通知》，细化了保险业支持文化创意产业的政策措施。该通知要求“开拓创新，大力开发服务文化产业发展的保险产品”，指出“保险机构要积极推进文化产业保险的创新发展，努力开发适合文化企业特点和文化产业需要的保险产品，逐步建立文化产业保险市场运行机制和制度”，支持“寿险公司积极开发为文化企业提供人才激励配套的养老和医疗保险产品”，鼓励“其他保险公司积极开发适合文化企业特点和文化产业需要的保险产品，共同促进文化产业保险的创新发展”。该通知要求“优化管理，提升促进文化产业发展的保险服务水平，提出中国出口信用保险公司对于符合《文化产品和服务出口指导目录》条件、文化主管部门重点扶持的文化出口企业和项目，应给予积极的支持，加快出口信用保险和海外投资保险服务创新等，通过细化具体措施，推动保险支持文化创意产业发展”。

此外，2010 年 5 月，文化部、中国工商银行发布了《关于贯彻落实支持文化产业发展战略合作协议的通知》，提出文化部和中国工商银行将在文化产业领域建立长期稳定的战略合作关系，将对方作为最重要的战略合作伙伴，为文化创意产业领域的银企合作打开便捷的通道。

（三）建立投融资公共服务平台

除财政资金和金融支持外，投融资服务平台建设也是推动解决文化创意产业资金问题的一个重要手段。目前已经建立并运行的服务平台包括文化部文化产业投融资公共服务平台、各地文化产权交易所等。

其中，2010 年 5 月建成的文化部文化产业投融资公共服务平台是一个网络公共服务平台，其主要功能是发布最新资讯、政策法规、项目及产品、行业资

---

① 参见新华网．2010．授权发布：9 部委关于金融支持文化产业振兴和发展繁荣的指导意见．http：//news.xinhuanet.com/fortune/2010－04/08/c_1223199.htm［2010－04－08］．

料等信息，在线受理信贷申请、产权交易、补贴申报等业务，开展项目推介、上市推荐、产品发布、业务咨询等服务，对推动文化创意产业与金融业的结合发展，不断完善我国文化创意产业投融资体系具有重要意义。

2007 年，北京产权交易所成立了文化创意企业投融资服务中心，为各类文化创意企业提供专业化的融资服务、投资项目信息及相关综合配套服务。2009 年 6 月，国内首个综合性文化产权交易平台——上海文化产权交易所成立，此后，深圳、成都、广州、天津、辽宁、河南、山东等地纷纷成立文化产权交易所。2010 年 6 月，由北京产权交易所联合多个金融机构发起的北京文化金融中介服务平台成立，该平台以创新和开发适合文化产业特点的金融服务产品与服务模式、推动文化产业与各类金融机构对接为目的。

此外，中国北京国际文化创意产业博览会设有北京文化创意产业投融资项目推介会，中国（深圳）国际文化产业博览交易会设有投融资推介会，为文化创意产业项目与资本对接提供了便捷的平台。

## 四 建立知识产权保护政策法规体系并不断完善，文化创意产业制度保障在探索中前行

文化创意产业的核心要素是信息、知识、文化和技术等与知识产权密切相关的无形资产，因此文化创意产业对知识产权的依赖程度比传统产业更高，更需要对从研发设计到生产经营的各个环节的知识产权保护。如果没有知识产权保护，文化创意产业将面临任意仿制和随意复制的混乱局面，整个产业将面临生存和发展危机。因此，保护知识产权是文化创意产业发展的核心问题。

我国已经建立并不断完善知识产权保护的政策体系，形成了以《国家知识产权战略纲要》为主线，以《专利法》、《商标法》、《著作权法》三项法律为基础，以《著作权法实施条例》、《专利法实施细则》、《商标法实施条例》、《计算机软件保护条例》等知识产权行政法规为支撑，并以知识产权地方性战略和法规、自治条例和单行条例为补充的知识产权保护政策法规体系。

### （一）制定国家知识产权战略纲要

2005 年年初，国务院成立了国家知识产权战略制定工作领导小组，启动了知识产权战略的制定工作，国家知识产权局、国家工商行政管理总局、国家版权局、国家发展和改革委员会、科学技术部、商务部等 33 家中央单位共同推进战略制定工作。经过深入讨论、多方征求意见和反复修改，2008 年 4 月，国务院常务会议审议并原则通过了《国家知识产权战略纲要》。2008 年 6 月，国务院

印发了《国家知识产权战略纲要》，标志着中国知识产权战略正式启动实施，成为中国知识产权制度发展史上的一个里程碑。

《国家知识产权战略纲要》明确提出，到 2020 年把我国建设成为知识产权创造、运用、保护和管理水平较高的国家，五年内自主知识产权水平大幅度提高，运用知识产权的效果明显增强，知识产权保护状况明显改善，全社会知识产权意识普遍提高。《国家知识产权战略纲要》通过有效保障创新成果收益、激励创新、加速信息传播、优化配置市场创新资源，对增强企业市场竞争力和提高国家核心竞争力发挥着重要作用。

为贯彻落实《国家知识产权战略纲要》，确保逐年推进知识产权战略实施工作，国家知识产权战略实施部际联席会议研究制定了《国家知识产权战略实施推进计划》（2009 年/2010 年/2011 年），分别制定每年知识产权战略实施的工作重点和总体要求，制定战略实施的具体措施。

此外，我国从 2006 年开始每年制定一部《保护知识产权行动计划》，制定每年知识产权保护的具体措施，深入开展知识产权保护工作。

### （二）建立知识产权保护法律基础

我国知识产权保护的法律包括《专利法》、《商标法》、《著作权法》。《商标法》制定于 1982 年，并于 1993 年和 2001 年根据经济社会发展情况作了两次修订，为保护商标专用权、促进文化创意产业发展提供了法律依据。1984 年，我国制定了《专利法》，并于 1992 年、2000 年和 2008 年根据经济社会发展情况及时修订，为保护专利、鼓励科技和文化创新提供了法律保障。1990 年制定的《著作权法》，于 2001 和 2010 年根据经济社会发展情况两次修订，为保护著作权提供了有力的法律武器。为与国际接轨，我国于 1992 年制定了《实施国际著作权条约的规定》，为保护外国作品著作权人的合法权益提供了法规依据。《专利法》、《商标法》和《著作权法》共同构成了我国文化创意产业知识产权保护的法律基础。

### （三）不断完善知识产权行政法规

为保证《著作权法》、《专利法》和《商标法》的实施，国务院制定并发布了这三项法律的实施条例或细则，以及《知识产权海关保护条例》、《技术进出口管理条例》、《传统工艺美术保护条例》、《计算机软件保护条例》、《电影管理条例》、《音像制品管理条例》、《出版管理条例》等，努力扩大知识产权保护法规覆盖范围。

2001 年 6 月，根据《专利法》，国务院制定并发布了《专利法实施细则》，并为适应《专利法》的修改实施，于 2002 年 12 月和 2010 年 1 月两次修改了

《专利法实施细则》，对专利的申请、审查和批准、专利实施的强制许可、专利权的保护及国际申请等予以详细规定。

2002 年 8 月，为保证《商标法》的实施，国务院制定并发布了《商标法实施条例》，详细规定了商标注册的申请，注册商标的变更、转让、续展，商标评审，以及商标使用的管理等，进一步加强了对商标专用权保护，并加大了保护驰名商标的力度。

2002 年 8 月，根据《著作权法》，国务院制定并发布了《著作权法实施条例》，对《著作权法》的相关问题的含义予以具体解释，对著作权的行使、继承、转让等予以明确规定，并对外国人著作权予以保护。

2004 年 12 月，为了规范著作权集体管理活动，便于著作权人及与著作权有关的权利人行使权利和使用者使用作品，根据《著作权法》，国务院制定并发布了《著作权集体管理条例》，在对著作权集体管理组织的设立、著作权集体管理组织的机构、著作权集体管理活动、著作权集体管理组织的监督等方面予以具体规定。

1996 年，国务院发布了《特殊标志管理条例》，在加强对特殊标志的管理，推动文化、体育、科学研究等文化创意产业及其他社会公益活动的发展，保护特殊标志所有人、使用人和消费者的合法权益等方面，发挥了重要作用。

2003 年 11 月，国务院制定并发布了《知识产权海关保护条例》，明确海关对与进出口货物有关并受中华人民共和国法律、行政法规保护的商标专用权、著作权和与著作权有关的权利、专利权实施的保护。

在具体行业的知识产权保护方面的法规包括：《传统工艺美术保护条例》(1997 年)，明确对传统工艺美术品种和技艺实行保护、发展、提高的方针，规定国家对传统工艺美术品种和技艺实行认定制度，其成为我国传统工艺美术领域知识产权保护的重要法规；《鼓励软件产业和集成电路产业发展的若干政策》(2000 年)，鼓励软件著作权登记，并依据国家法律对已经登记的软件予以重点保护，加大打击走私和盗版软件的力度；《集成电路布图设计保护条例》(2001 年)，明确布图设计权利人享有的专有权及其行使，为保护集成电路布图设计专有权、鼓励集成电路技术的创新提供了保障；《计算机软件保护条例》(2001 年)，对计算机软件著作权保护予以规范；《电影管理条例》(2001 年)，依法保护电影著作权；《音像制品管理条例》(2001 年)，依法保护和管理音像制品的出版、制作、复制、进口、批发、零售、出租等活动；《出版管理条例》(2001 年)，依法保护和管理出版物的出版、印刷或者复制、进口、发行等活动。这些具体行业的知识产权保护法规在保护文化创意产业知识产权、保障产业发展方面发挥了重要作用。

此外，为保护奥林匹克标志和世博会标志，国务院制定并发布了《奥林匹克标志保护条例》（2002 年 2 月）和《世界博览会标志保护条例》（2004 年 10 月），具体解释奥林匹克标志和世博会标志的含义、权利人，并对权利人对奥林匹克标志和世博会标志的专有权及对其的保护予以明确。

（四）积极出台部门规章和地方性法规

除国家制定知识产权战略、法律、行政法规外，知识产权创造、保护和管理相关部门和地方政府也十分重视知识产权工作，分别在各自领域和地区制定相应的部门规章和地方法规。例如，国家版权局制定的《著作权质权登记办法》（2010 年），文化部制定的《互联网文化管理暂行规定》（2003 年发布，2004 年修订），科学技术部、国家发展和改革委员会和财政部联合发布的《国家自主创新产品认定管理办法（试行）》（2006 年），国家发展和改革委员会和科学技术部制定的《建立和完善知识产权交易市场的指导意见》（2007 年）等，从不同行业领域制定知识产权创造、保护和管理的措施。

为推动知识产权战略的实施，促进各地知识产权的创造、转化、保护和管理，我国各地方政府也及时制定适合本地区的知识产权战略纲要及知识产权战略实施计划，如《辽宁省知识产权战略纲要》、《天津市知识产权战略纲要》、《成都市 2010 年知识产权战略推进计划》、《广西壮族自治区实施知识产权战略意见》等，分别包含了适合本地实际的知识产权的战略目标、工作重点和具体措施等，它们为国家知识产权战略实施提供了有力支撑，为我国各地文化创意产业的发展提供了必要的支持。

## 第二节　地方文化创意产业政策现状

在文化创意产业政策研究制定方面，我国地方政府积极性较高，政策出台力度高于国家层面，并在战略规划方面走在国家的前面。地方行业政策重点比较集中，动漫软件行业备受各地青睐。

### 一 设立组织、机构，建立文化创意产业管理和协调体制

我国绝大部分省级行政区设立了文化创意产业的领导机构，有文化创意产业领导小组、文化产业发展办公室、文化产业发展领导小组、文化产业体制改革和文化产业发展领导小组、宣传文化工作领导小组等，尽管称谓不一，但职责基本相同，都是各地文化创意产业的管理、协调和服务机构（表 5-1）。此外，许多城市也成立了文化创意产业领导机构，从城市层面推动文化创意产业发展。

2006 年，北京成立了北京市文化创意产业领导小组，市委书记刘淇担任组

长，并设立办公室和文化创意产业促进中心，专门从事推动北京文化创意产业发展的具体工作。2006 年以后，北京主要区县也陆续成立了文化创意产业领导小组，成为推动区县文化创意产业发展的机构。

天津设有天津市现代服务业发展领导小组，兼顾文化创意产业的推动和管理工作。上海于 2010 年成立了上海市文化创意产业推进领导小组，作为推动上海文化创意产业发展的领导机构。重庆于 2006 年成立了重庆市创意产业发展领导小组，专门负责推动和协调重庆文化创意产业发展工作。此外，杭州、洛阳、常州等城市也纷纷成立了文化创意产业领导小组等领导机构。

**表 5-1　各地文化创意产业领导机构**

| 省（自治区、直辖市） | 领导机构 |
|---|---|
| 北京 | 北京市文化创意产业领导小组 |
| 天津 | 天津市现代服务业发展领导小组 |
| 河北 | 河北省文化体制改革和文化产业发展工作领导小组 |
| 山西 | 山西省文化体制改革和文化产业发展领导小组 |
| 辽宁 | 辽宁省文化体制改革工作领导小组 |
| 吉林 | 吉林省文化体制改革和文化产业发展工作领导小组 |
| 黑龙江 | 黑龙江省文化体制改革和文化产业发展工作领导小组 |
| 上海 | 上海市文化创意产业推进领导小组 |
| 江苏 | 江苏省宣传文化工作领导小组 |
| 浙江 | 浙江省文化建设领导小组 |
| 福建 | 福建省文化体制改革工作领导小组 |
| 江西 | 江西省文化体制改革和发展工作领导小组 |
| 山东 | 山东省文化体制改革和文化产业发展工作领导小组 |
| 河南 | 河南省文化产业发展与文化体制改革领导小组 |
| 湖北 | 湖北省文化体制改革与文化产业发展领导小组 |
| 湖南 | 湖南省文化体制改革和文化产业发展领导小组 |
| 广东 | 广东省文化体制改革领导小组 |
| 广西 | 广西壮族自治区文化体制改革与文化产业发展领导小组 |
| 海南 | 海南省文化体制改革与文化产业发展领导小组 |
| 重庆 | 重庆市创意产业发展领导小组 |
| 四川 | 四川省文化体制改革和文化产业发展领导小组 |
| 贵州 | 贵州省文化体制改革和文化产业发展工作领导小组 |
| 云南 | 云南省文化体制改革和文化产业发展领导小组 |
| 西藏 | 西藏自治区文化体制改革和文化产业发展工作领导小组 |
| 陕西 | 陕西省文化体制改革与文化产业发展领导小组 |
| 甘肃 | 甘肃省委文化体制改革工作领导小组 |
| 青海 | 青海省文化体制改革工作领导小组 |
| 宁夏 | 宁夏文化体制改革工作领导小组 |

## 二 制定文化创意产业中长期规划，明确发展重点

全国范围内，浙江、北京、天津、上海、南京、无锡、杭州、深圳、重庆、

成都一省九市制订出台了文化创意产业中长期规划，明确了本地文化创意产业发展的方向与重点（表 5-2），其他省市也都出台了文化产业中长期规划来指导文化创意产业发展，为本地文化创意产业规范化发展提供了重要指导。

从浙江、北京、天津、上海、南京、无锡、杭州、深圳、重庆、成都一省九市的文化创意产业中长期规划可以看出，各地文化创意产业发展的重点根据本地的实际情况而有所不同。例如，北京“十一五”期间发展文化创意产业的主要任务领域包括文艺演出、出版发行和版权贸易、广播影视节目制作和交易、动漫游戏研发制作、广告和会展、古玩和艺术品交易、设计创意、文化旅游、文化体育休闲等九大行业；天津“十二五”期间重点发展文化展演、都市文化旅游、特色商业、时尚休闲等四大行业；上海“十一五”期间重点发展研发设计创意、建筑设计创意、文化艺术创意、时尚消费创意、咨询策划创意等五大领域；浙江重点要做强艺术品业、工业设计、信息软件、动漫游戏、建筑设计和传媒出版等六大行业；杭州“十二五”期间重点发展信息服务业、动漫游戏业、设计服务业、现代传媒业、艺术品业、教育培训业、文化休闲旅游业、文化会展业等八大产业。

**表 5-2　各地文化创意产业战略规划**

| 省市 | 战略规划 | 发展重点 | 目标定位 |
|---|---|---|---|
| 北京 | 《“十一五”时期文化创意产业发展规划》 | 九大行业：文艺演出、出版发行和版权贸易、广播影视节目制作和交易、动漫游戏研发制作、广告和会展、古玩和艺术品交易、设计创意、文化旅游、文化体育休闲 | 全国文化中心，全国文化创意产业主导力量 |
| 天津 | 《创意产业发展“十二五”规划》 | 四大行业：文化展演、都市文化旅游、特色商业、时尚休闲 | 中国北方的创意之都 |
| 上海 | 《创意产业“十一五”发展规划》 | 五大行业：研发设计创意、建筑设计创意、文化艺术创意、时尚消费创意、咨询策划创意 | 国内外有影响力的创意产业中心之一 |
| 南京 | 《文化创意产业“十一五”发展规划纲要》 | 十大行业：发展建筑设计、广播影视、工艺美术、计算机软件设计、动漫游戏、广告设计、时尚设计、表演艺术、出版发行、工业设计 | 东部地区文化智慧创意中心 |
| 无锡 | 《“十一五”创意产业发展规划》 | 五大行业：工业设计、游戏动漫、影视产业、传统工艺、特色旅游和观光农业 | 长三角创意设计中心，中国工业设计名城 |
| 浙江 | 《文化创意产业发展规划》 | 六大行业：艺术品业、工业设计、信息软件、动漫游戏、建筑设计、传媒出版 | 全国发展文化创意产业的领先省份 |
| 杭州 | 《“十二五”文化创意产业发展规划》 | 八大行业：信息服务业、动漫游戏业、设计服务业、现代传媒业、艺术品业、教育培训业、文化休闲旅游业、文化会展业 | 全国文化创意产业中心 |

续表

| 省市 | 战略规划 | 发展重点 | 目标定位 |
| --- | --- | --- | --- |
| 深圳 | 《文化创意产业振兴发展规划（2011—2015年）》 | 十大重点产业：创意设计业、文化软件业、动漫游戏业、新媒体及文化信息服务业、数字出版业、影视演艺业、文化旅游业、非物质文化遗产开发、高端印刷业、高端工艺美术业 | 我国乃至国际上重要的文化创意产业先锋城市、世界知名的“设计之都”和国际时尚创意中心 |
| 重庆 | 《创意产业“十一五”发展规划》 | 六大行业：研发设计、软件设计、建筑设计、文化传媒、咨询策划、时尚消费 | 时尚之都 |
| 成都 | 《文化创意产业发展规划（2009—2012）》 | 七大行业：传媒业、文博旅游、创意设计、演艺娱乐、文学与艺术品原创、动漫游戏、出版发行 | 中国文化创意产业的鼎立之城 |

## 三 确定重点开发行业，以此带动地方文化创意产业发展

尽管我国各地有关文化创意产业的相关政策差别较大，但是政策的行业集中性较强，主要表现在从国家到地方普遍制定针对某一行业的政策，或部分省市集中针对某一行业重点制定扶持政策，如从国家到地方普遍制定动漫行业政策，一些省市选择软件行业作为政策重点。

动漫行业是文化创意产业的一个重要行业，随着我国经济的强劲发展，居民收入日益提高，人们精神消费需求快速扩大，广大民众对动漫产品需求旺盛。在强大需求的拉动下，在现代化科技支撑下，动漫行业发展迅速。各地为适应动漫行业强劲的发展需求，制定了一系列鼓励和保障动漫行业发展的行业政策，主要包括鼓励动漫行业发展的综合政策、动漫企业认定政策、税收优惠政策，以及成立动漫行业组织政策等。在国家引导和地发展实际需求两方面作用下，各地有关动漫行业的行业鼓励政策纷纷出台，目前全国大部分省市都制定了动漫行业政策。截至2011年年底，已制定动漫行业政策的省（自治区、直辖市）包括北京、天津、重庆、江苏、福建、山东、湖南、陕西等。许多副省级城市、省会城市和地级市也纷纷行动，鼓励本地动漫行业发展，已出台动漫行业政策的城市包括石家庄、太原、哈尔滨、南京、苏州、常州、无锡、杭州、福州、厦门、济南、长沙、广州、深圳等（表5-3）。我国动漫行业从国家到地方，已经形成了比较完整的政策支撑框架。

除动漫行业外，软件等行业也受到一些地方的共同关注。2000年以来，国务院印发了《鼓励软件产业和集成电路产业发展若干政策》、《软件企业认定标准及管理办法》、《软件产品管理办法》等政策。2008年，信息产业部又制定了《软件产业“十一五”专项规划》等。在国家政策的带动下，我国各个地方根据发展实际情况，也纷纷制定软件行业的支持政策。截至2011年年底，已经制定

软件行业政策的省（自治区、直辖市）有北京、天津、浙江、陕西、海南等，省级城市和地级市有南京、无锡、宁波、济南、广州、成都等（表5-4）。

**表5-3 各地动漫行业政策**

| 省市 | 政策 |
| --- | --- |
| 北京 | 《北京市关于支持影视动画产业发展的实施办法（试行）》 |
| 天津 | 《天津新技术产业园区加快动漫产业发展的鼓励办法》 |
| 河北 | 《关于推动动漫产业加快发展实施意见》 |
| 石家庄 | 《关于进一步推动石家庄市动漫产业发展的实施意见》 |
| 山西 | |
| 太原 | 《关于鼓励和扶持动漫产业发展的意见》 |
| 辽宁 | |
| 沈阳 | 《促进软件及动漫产业发展和加快电子信息产品制造业发展若干政策措施》 |
| 阜新 | 《阜新市人民政府关于进一步扶持动漫游戏产业发展的意见》 |
| 黑龙江 | |
| 哈尔滨 | 《哈尔滨关于鼓励和扶持动漫产业发展的意见》 |
| 江苏 | 《关于加快动漫产业发展若干意见》 |
| 南京 | 《关于鼓励和扶持动漫产业发展的政策意见》 |
| 苏州 | 《关于扶持动漫产业发展的政策意见》 |
| 常州 | 《常州市政府关于鼓励和扶持动漫产业发展的若干规定》 |
| 无锡 | 《无锡市人民政府关于鼓励和扶持动漫产业发展的若干政策意见》<br>《关于鼓励和扶持动漫产业发展的若干政策意见补充条款的通知》 |
| 张家港 | 《关于鼓励和扶持动漫产业发展的意见》 |
| 浙江 | |
| 杭州 | 《关于鼓励和扶持动漫游戏产业发展的若干意见（试行）》<br>《〈关于鼓励和扶持动漫游戏产业发展的若干意见（试行）〉的实施办法》<br>《关于鼓励和扶持动漫游戏产业发展的补充意见》<br>《杭州市动漫游戏产业发展规划（2006—2010）》 |
| 福建 | 《鼓励和扶持动漫游戏产业发展的若干意见》 |
| 福州 | 《鼓励扶持动漫游戏产业发展的若干政策（试行）》 |
| 厦门 | 《厦门市动漫产业发展资金管理暂行办法》 |
| 江西 | 《关于推动我省动漫产业发展实施意见》 |
| 山东 | 《关于推动我省动漫产业发展的若干意见》 |
| 济南 | 《济南动漫游戏产业发展规划（2008—2012）》 |
| 河南 | |
| 郑州 | 《郑州市扶持动漫产业发展意见实施细则（试行）》 |
| 湖北 | 《关于推动全省动漫产业发展意见的通知》 |
| 湖南 | 《关于鼓励和扶持动漫产业发展若干经济政策的通知》<br>《关于扶持我省动漫产业发展的意见》 |
| 长沙 | 《关于进一步加快动画产业发展若干政策的意见》 |
| 广东 | |
| 广州 | 《关于加快发展广州网络游戏动漫产业的指导意见》<br>《广州市进一步扶持软件和动漫产业发展的若干规定的通知》<br>《广州市人民政府关于加快软件和动漫产业发展的意见》<br>《广州市重点软件和动漫企业认定管理暂行办法》<br>《广州市软件和动漫产业发展资金管理暂行办法》 |

续表

| 省市 | 政策 |
|---|---|
| 深圳 | 《关于扶持动漫游戏产业发展的若干意见》 |
| 江门 | 《江门市关于鼓励和扶持动漫游戏产业发展若干意见》 |
| 重庆 | 《重庆市鼓励和扶持动漫产业发展实施办法》 |
| 四川 | 《四川省动漫游戏产业发展规划指南（2005—2010）》 |
| 贵州 | 《关于推动我省动漫产业发展意见》 |
| 陕西 | 《关于鼓励和推动我省动漫产业发展实施意见》 |

**表 5-4　各地软件行业政策**

| 省市 | 政策 |
|---|---|
| 天津 | 《天津新技术产业园区加快软件与服务外包产业发展的鼓励办法》 |
| 江苏 | |
| 南京 | 《关于进一步加快软件产业发展的意见》 |
| 无锡 | 《关于加快无锡市软件产业发展的若干意见》 |
| 浙江 | 《关于进一步加快软件产业发展的意见》 |
| 宁波 | 《关于进一步加快软件产业发展的意见》 |
| 山东 | |
| 济南 | 《关于进一步加快软件产业发展的意见》 |
| 广东 | |
| 广州 | 《关于加快软件和动漫产业发展的意见》 |
| 海南 | 《海南省鼓励软件产业和电子信息制造业发展政策》 |
| 四川 | |
| 成都 | 《关于进一步加快软件产业发展的意见》 |
| 陕西 | 《关于进一步加快软件产业发展的意见》 |

## 四　设立专项资金，支持文化创意产业发展

专项资金是国家或地方政府设立的用于完成专项工作的财政资金，进行单独核算，专款专用。近年来，根据国家有关支持文化创意产业发展的财税政策，不少省市设立了文化产业发展专项资金和文化创意产业专项资金。这些专项资金一般采用项目补助、贷款贴息、奖励或配套资助等方式，支持各地文化创意产业的发展。

截至 2010 年年底，已设立文化创意产业专项资金的省市有北京、重庆和山西，各省和直辖市的文化创意产业专项资金额度从 2000 万/年到 1 亿元/年不等。此外，宁波、太原等城市也设立了文化创意产业发展专项资金。

我国内地 31 个省级行政区中，北京设立了文化创意产业专项资金，山西和重庆设立了文化产业专项资金和创意产业专项资金，其他省级行政区均设立了文化产业专项资金。此外，各级城市也纷纷设立文化产业发展专项资金，尤其是 2009 年国家《文化产业振兴规划》出台后，各地专项资金出台速度加快，规模提升。此外，上海于 2010 年还设立了文化走出去专项扶持资金。

尽管各地不断加大专项资金的额度，但整体看，各地文化创意产业的财政支出在地区财政总支出中的比重仍然不高，且文化投入政策的引导作用不强。

为弥补专项资金的不足，国家和各地纷纷设立文化产业投资基金。据统计，2009～2010 年，国内共组建了 10 支产业文化投资基金。据文化部的不完全统计，截至 2010 年年底已募集及已设立的文化产业投资基金超过 300 亿元，一个覆盖全国的文化产业金融服务体系正在逐步建立。[①]

2011 年 7 月，我国首支国家级文化产业投资基金——中国文化产业投资基金成立，该基金由财政部、中银国际控股有限公司、中国国际电视总公司和深圳国际文化产业博览交易会有限公司共同发起，目标总规模为 200 亿元。设立中国文化产业投资基金，是应对我国文化创意产业发展中面临的市场活力不足、企业融资困难、投资渠道不畅等问题的重要举措，同时也是中央财政创新支持方式、提高资金使用效益的一种新的尝试。中央财政的参与引导能够促使金融和文化产业的融合，推动文化产业发展。该基金主要以股权投资方式投资新闻出版发行、广播电影电视、文化艺术、网络文化、文化休闲及其细分的文化及相关行业等领域，以引导、示范和带动社会资金投资文化产业，推动文化产业的振兴和发展。

## 第三节　主要城市文化创意产业政策

### 一 北京

#### （一）政策概况

2005 年年底，北京正式提出大力发展文化创意产业的战略目标，指出要将文化创意产业作为首都新的经济增长点和重要支柱来发展。为配合这一目标要求，据不完全统计，2006～2011 年，北京市政府及各区县政府已经制定了 70 余项政策法规（表 5-5），以引导北京文化创意产业的健康稳定发展。这些政策大致可分为产业规划、产业促进、行业发展、分类认定、资金支持、知识产权保护、区县规划和区县政策等八个类别，政策对充分合理集聚和利用北京文化创意产业资源优势，规范行业发展和市场秩序，起到了重要的作用，目前大部分政策的效果已经开始显现。

---

① 参见东南网．2011．文化产业投资基金已达 11 只 弥补专项资金的不足．http：//www.fjsen.com/h/2011－03/30/content_4241869_2.htm［2011－03－31］．

表 5-5　北京文化创意产业相关政策（2006～2011 年）

| 政策类别 | 政策 | 发布时间 |
|---|---|---|
| 产业规划 | 《北京市“十一五”时期文化创意产业发展规划》 | 2007 年 |
| | 《北京市“十一五”时期旅游业及会展业发展规划》 | 2006 年 |
| | 《北京市“十一五”时期出版（版权）业发展规划》 | 2008 年 |
| | 《北京市“十二五”时期会展业发展规划》 | 2011 年 |
| | 《北京市“十二五”时期旅游业发展规划》 | 2011 年 |
| 产业促进 | 《中共北京市委关于发挥文化中心作用，加快建设中国特色社会主义先进文化之都的意见》 | 2011 年 |
| | 《北京市促进文化创意产业发展的若干政策》 | 2006 年 |
| | 《北京市文化创意产业投资指导目录》 | 2006 年 |
| | 《北京市海关关于支持北京市文化创意产业发展的若干措施》 | 2007 年 |
| | 《北京市保护利用工业资源发展文化创意产业指导意见》 | 2007 年 |
| | 《北京市工业促进局创意产业实施计划》 | 2007 年 |
| | 《关于大力推动首都功能核心区文化发展的意见》 | 2010 年 |
| 行业发展 | 《北京市人民政府关于全面推进北京市旅游产业发展的意见》 | 2008 年 |
| | 《北京市关于促进工业旅游发展的指导意见》 | 2008 年 |
| | 《北京市关于支持影视动画产业发展的实施办法（试行）》 | 2009 年 |
| | 《北京市关于支持网络游戏产业发展的实施办法（试行）》 | 2009 年 |
| | 《北京市促进软件和信息服务业发展指导意见》 | 2010 年 |
| | 《北京市促进设计产业发展的指导意见》 | 2010 年 |
| | 《关于促进北京市广告业发展的意见》 | 2011 年 |
| 分类认定 | 《北京市文化创意产业分类标准》 | 2007 年 |
| | 《北京市文化创意产业集聚区认定和管理办法（试行）》 | 2007 年 |
| | 《北京市动漫企业认定管理工作实施方案》 | 2009 年 |
| 资金支持 | 《北京市文化创意产业发展专项资金管理办法（试行）》 | 2006 年 |
| | 《北京市文化创意产业集聚区基础设施专项资金管理办法（试行）》 | 2007 年 |
| | 《北京市文化创意产业贷款贴息管理办法（试行）》 | 2007 年 |
| | 《北京市文化创意产业担保资金管理办法（试行）》 | 2009 年 |
| | 《北京市文化创意产业创业投资引导基金管理暂行办法》 | 2009 年 |
| 知识产权保护 | 《关于实施首都知识产权战略的意见》 | 2009 年 |
| | 《北京市文化创意产业知识产权保护与促进意见》 | 2008 年 |
| | 《北京市展会知识产权保护办法》 | 2007 年 |
| 区县规划 | 《东城区“十一五”时期旅游业发展规划》 | 2006 年 |
| | 《西城区“十二五”时期文化创意产业发展规划》 | 2011 年 |
| | 《宣武区“十一五”时期文化创意产业发展规划》 | 2007 年 |
| | 《朝阳区“十一五”时期文化创意产业发展规划》 | 2007 年 |
| | 《朝阳区“十二五”时期文化创意产业发展规划》 | 2011 年 |
| | 《朝阳区“十二五”时期文化发展规划》 | 2011 年 |
| | 《朝阳区“十二五”时期旅游业发展规划》 | 2011 年 |
| | 《朝阳区“十二五”时期体育休闲产业发展规划》 | 2011 年 |
| | 《海淀区文化创意产业发展规划（2006—2010）》 | 2007 年 |
| | 《海淀园文化创意产业行动计划（2006—2008）》 | 2007 年 |
| | 《海淀区“十二五”时期文化建设与发展规划》 | 2011 年 |

续表

| 政策类别 | 政策 | 发布时间 |
| --- | --- | --- |
| 区县规划 | 《北京市昌平区文化创意产业“十二五”发展规划》 | 2011年 |
| | 《平谷区“十二五”时期文化创意产业发展规划》 | 2011年 |
| | 《延庆县“十二五”旅游业发展规划》 | 2011年 |
| 区县政策 | 《东城区文化强区战略纲要》 | 2008年 |
| | 《东城区关于促进文化创意产业发展的试行办法（2008）》 | 2008年 |
| | 《东城区关于促进文化创意产业发展办法实施细则》 | 2009年 |
| | 《东城区文化创意产业发展指导目录》 | 2009年 |
| | 《东城区文化创意产业专项资金使用管理办法》 | 2009年 |
| | 《东城区文化创意产业示范基地认定管理办法》 | 2009年 |
| | 《东城区关于促进文化创意产业发展的试行办法（2011）》 | 2011年 |
| | 《宣武区文化创意产业发展专项资金管理办法（试行）》 | 2007年 |
| | 《朝阳区文化创意产业聚集区（基地）认定管理办法》 | 2006年 |
| | 《关于促进朝阳区信息服务业发展的指导意见》 | 2011年 |
| | 《海淀区发展文化创意产业行动计划（修订稿）》 | 2007年 |
| | 《海淀区文化创意产业专项资金管理办法》 | 2007年 |
| | 《海淀区知识产权质押贷款贴息管理办法》 | 2008年 |
| | 《促进海淀区文化创意产业发展的投融资意见》 | 2008年 |
| | 《海淀区文化创意产业投资指导目录》 | 2008年 |
| | 《海淀区委区政府关于建设海淀文化强区的若干意见》 | 2009年 |
| | 《海淀区文化发展行动计划（2009—2011年）》 | 2009年 |
| | 《海淀区促进文化发展支持办法》 | 2010年 |
| | 《海淀区文化创意产业集聚区认定和管理办法》 | 2010年 |
| | 《石景山区促进文化创意产业发展的试行办法》 | 2009年 |
| | 《石景山区文化创意产业项目专项资金管理办法（试行）》 | 2011年 |
| | 《顺义区促进文化创意产业发展的若干意见》 | 2010年 |
| | 《顺义区促进文化创意产业发展的若干意见实施细则（试行）》 | 2010年 |
| | 《顺义区文化创意产业集聚区认定和管理办法（试行）》 | 2010年 |
| | 《顺义区促进会展业发展的财政扶持意见》 | 2008年 |
| | 《昌平区促进文化创意产业发展的若干政策》 | 2008年 |
| | 《昌平区文化创意产业发展专项资金管理办法》 | 2009年 |
| | 《昌平区文化创意产业集聚区认定和管理办法》 | 2009年 |
| | 《昌平区文化创意产业集聚区基础设施资金管理办法（试行）》 | 2009年 |
| | 《昌平区文化创意产业贷款贴息管理办法》 | 2009年 |
| | 《昌平区文化创意产业担保资金管理办法（试行）》 | 2009年 |
| | 《大兴区新媒体产业发展专项基金管理办法》 | 2007年 |
| | 《怀柔区促进生产性服务业和文化创意产业发展的若干政策（试行）》 | 2007年 |
| | 《怀柔区促进生产性服务业和文化创意产业专项引导资金使用管理实施细则》 | 2008年 |

从政策分类情况来看，区县政策最多，出台总数达到34项。其次是区县规划，共14项。除区县规划和区县政策外，产业促进、行业发展的政策数量较

多，且集中在市一级，具有较强的推动力；产业规划、资金支持的政策数量次之，反映出北京文化创意产业政策兼顾了环境营造、顶层设计及微观操作等各个层面（图 5-1）。

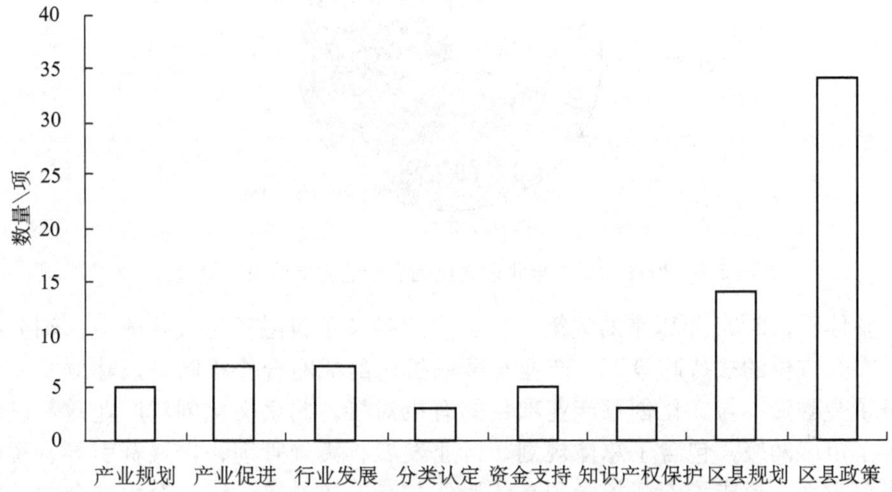


图 5-1　2006～2011 年北京文化创意产业主要政策分类统计

从政策出台时间和对应内容来看（图 5-2），2006 年是政策制定起步年，当年制定政策占 2006～2011 年政策总量的 8%，文化创意产业政策主要集中在产业指导层面，一系列宏观指导及其配套政策从战略推动、产业界定、资金支持、集聚发展等方面对北京文化创意产业予以规范指导，解决了产业起步阶段的认同问题，这一时期产业政策主要集中在市一级。2007 年是政策出台的第一个高峰年，各类政策共计 18 项，占政策总数的 23%。其中市级政策在内容上兼顾宏观战略和实际操作，从宏观战略、园区优惠、行业市场、人才引进等方面入手，及时解决了产业发展政策的配套和落实问题，在这一时期，北京文化创意产业政策体系框架初步建立。2007 年区县级政策集中推出，共计 9 项，重点规划产业发展方式，解决产业的方向性问题。2008 年北京市及各区县政府继续研究制定推动产业发展的政策措施，但政策力度有所减缓，北京市政府制定 4 项政策，各区县政府制定 8 项政策规划。2009 年是政策制定的第二个高峰年，这一年北京市及各区县政府制定政策的数量占 2006～2011 年政策总数的 23%。其中北京市政府制定政策 6 项，主要涉及行业发展、投融资和知识产权保护领域，以落实产业“十一五”规划和促进产业的若干政策为主。各区县政府制定政策规划共 12 项。2010 年，北京市及各区县政府制定政策数量减少，仅占 2006～2010 年政策总数的 10%。2011 年是“十二五”时期的开局之年，包括五年规划在内的各项政策集中出台，是政策出台的第三个高峰年，占 2006～2011 年政策总数的 21%。

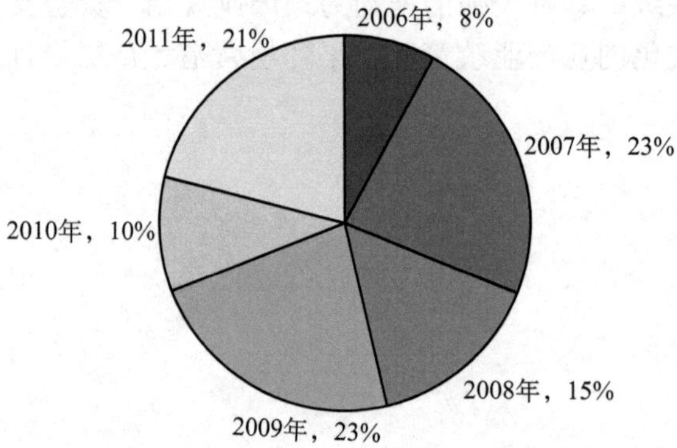


图 5-2 2006～2011 年北京文化创意产业主要政策数量统计

整体看，2008 年以来的政策内容更多的触及了投融资、人才建设、细分行业，在全方位的扶持政策下，产业与金融机构的战略合作机制得以建立，有效促进了金融资本与文化创意产业项目的有机对接。北京文化创意产业政策已经覆盖了市区两级，包含了总体规划、行业发展、集聚管理、投融资引导、税收优惠等方面，形成了宏观指导和具体操作相互支撑的点、线、面相结合的政策体系。

除了具体政策保障，北京还积极完善现代文化市场服务体系。北京产权交易所、国际版权中心及时发布项目信息，帮助企业寻找合作伙伴。而每年一届的中国北京国际文化创意产业博览会已成为国家级的推介平台。

### （二）政策主要内容及特点

#### 1. 实施文化创意产业发展战略

2007 年颁布的《北京市“十一五”时期文化创意产业发展规划》明确提出，要“通过大力发展文化创意产业，进一步提升北京作为全国文化中心和文化创意产业主导力量的影响，增强文化创意产业创造社会财富和就业机会的能力，使文化创意产业成为首都经济的重要支柱，把北京建设成为全国的文艺演出中心、出版发行和版权贸易中心、广播影视节目制作和交易中心、动漫游戏研发制作中心、广告和会展中心、古玩和艺术品交易中心、设计创意中心、文化旅游中心、文化体育休闲中心”。①

2011 年的《中共北京市委关于发挥文化中心作用，加快建设中国特色社会主义先进文化之都的意见》提出了 2020 年目标：“把首都建设成为在国内发挥示范带动作用、在国际上具有重大影响力的著名文化中心城市，成为全国文化

① 参见中央政府门户网站 . 2007. 北京市发布“十一五”时期文化创意产业发展规划 . http：//www.gov.cn/gzdt/2007-09/12/content_746183.htm [2007-09-12] .

精品创作中心、文化创意培育中心、文化人才集聚教育中心、文化要素配置中心、文化信息传播中心、文化交流展示中心，发挥好首都文化中心的表率引领作用、辐射带动作用、提升驱动作用、桥梁纽带作用、荟萃集聚作用。”①

2. 实施集聚化开发策略

政策要求加强文化创意产业集聚区环境整治、基础设施和公共服务平台建设等公共设施工程。鼓励重点文化创意企业承担本行业共性技术研发、市场推广等公共服务平台的建设。对在北京市设立的具有一定规模和重大经济效益的文化创意企业总部，予以资金和土地政策支持。

3. 加大资金支持力度

1）加大资金支持，拓宽融资渠道

政策要求通过安排文化创意产业发展专项资金及集聚区基础设施专项资金等，对符合政府重点支持方向的文化创意产品、服务和项目予以扶持。政府进一步完善中小文化创意企业融资担保机制，鼓励金融机构开展文化创意企业知识产权权利质押业务试点。积极支持符合条件的文化创意企业改制上市。

2）鼓励基础研究，实施优惠税收

在中关村科技园区内新办文化创意企业，被认定为高新技术企业的，企业所得税自获利年度起2年内免征，2年后减按15%税率征收。对单位和个人在北京从事文化创意产业技术转让、开发、咨询等相关服务取得的收入，免征营业税。高校、科研机构服务于文化创意产业的技术转让、开发、咨询和服务所取得的服务收入，暂免征收所得税。②

4. 营造知识产权和人才运作的制度环境②

1）保护知识产权，营造创意环境

北京大力创新知识产权保护和服务体系，研究制定文化创意产业知识产权保护和促进办法；鼓励知识产权评价机构发展，建立健全知识产权信用保证机制；加强文化创意产业版权保护，支持现代著作权保护技术的开发和应用，严厉打击侵权行为，维护著作权人的合法权利；鼓励文化创意产业自主创新形成成果，并对专利申请相关费用予以资金支持。

2）创意人才培养和引进的制度化

鼓励并支持高等院校、职业院校与文化创意企业联合建设文化创意产业人才培养基地。对聘用海内外高层次管理人才、创意人才和营销经纪人才的文化

---

① 参见新华网．2011．中共北京市委 关于发挥文化中心作用加快建设中国特色社会主义先进文化之都的意见．http：//www.bj.xinhuanet.com/bjpd_sdzx/2011-12/26/content_24407010_1.htm［2011-12-26］．

② 参见中央政府门户网站．2006．《北京市促进文化创意产业发展的若干政策》发布．http：//www.gov.cn/jrzg/2006-11/08/content_435832.htm［2006-11-08］．

创意企业，给予人才引进政策扶持。

## 二 上海

### （一）政策概况

上海文化创意产业的发展是由市场、政府及社会中介机构这三股力量共同推进的。在充分发挥市场对文化创意产业的作用的同时，政府从政策层面予以一定的扶持，推动了文化创意产业的发展，使得上海成为国内文化创意产业的另一个增长极，引领着长三角地区文化创意产业的发展。

为促进文化创意产业的发展，从2004年开始上海市各级政府因地制宜，颁布了一系列重要的政策（表5-6）。

**表5-6　上海创意产业相关政策（2005～2011年）**

| 政策类别 | 政策 | 发布时间 |
|---|---|---|
| 产业规划 | 《上海市创意产业“十一五”规划》 | 2006年 |
| | 《2009—2012年上海服务业发展规划》 | 2009年 |
| | 《上海文化文物广播影视发展“十二五”规划》 | 2011年 |
| 产业促进 | 《上海市创意产业发展重点指南》 | 2005年 |
| | 《上海市加快创意产业发展的指导意见》 | 2008年 |
| | 《上海市文化产业投资指导目录》 | 2010年 |
| 行业发展 | 《关于推进上海市农业旅游发展的若干意见》 | 2005年 |
| | 《关于进一步加强上海市旅游行业教育培训工作的若干意见》 | 2008年 |
| | 《上海市新闻出版局支持出版产业发展的若干意见》 | 2009年 |
| | 《关于促进上海市数字出版产业发展若干意见的通知》 | 2011年 |
| | 《关于促进上海电影产业繁荣发展实施意见的通知》 | 2011年 |
| | 《关于促进上海市创意设计业发展的若干意见》 | 2011年 |
| 分类认定 | 《上海市文化科技创意产业基地文化科技创意企业（机构）认定办法（试行）》 | 2005年 |
| | 《上海市创意产业集聚区认定管理办法（试行）》 | 2008年 |
| | 《上海市文化产业园区认定办法（试行）》 | 2008年 |
| | 《上海市文化产业示范基地建设推进办法（试行）》 | 2008年 |
| 资金支持 | 《关于文化体制改革试点中支持文化产业发展若干财税政策实施意见》 | 2005年 |
| | 《上海市文化广播影视管理局关于支持文化企业发展若干税收政策问题的通知》 | 2009年 |
| 知识产权保护 | 《上海知识产权战略纲要（2004—2010年）》 | 2004年 |
| | 《关于上海市实施国家知识产权战略纲要的若干意见》 | 2008年 |
| 人才建设 | 《关于实施2011年度上海青年高端创意人才促进计划的通知》 | 2011年 |
| 区县规划 | 《静安区文化发展规划纲要（2005—2010）》 | 2006年 |
| | 《浦东新区创意产业园区布局规划纲要》 | 2006年 |
| 区县政策 | 《静安区深化完善产业发展政策若干意见》 | 2008年 |
| | 《杨浦区重点发展的创意类企业确认办法》 | 2007年 |
| | 《杨浦区创意产业园区认定办》 | 2009年 |
| | 《嘉定区创意产业集聚区认定意见》 | 2007年 |
| | 《浦东新区张江文化科技创意产业发展基金管理办法（试行）》 | 2005年 |

其中，产业规划主要包括《上海市创意产业“十一五”规划》(2006年)、《2009—2012年上海服务业发展规划》(2009年) 和《上海文化文物广播影视发展“十二五”规划》(2011年)。《上海市创意产业“十一五”规划》提出了“十一五”时期上海创意产业的发展重点，即以涵盖所有产业高端环节的“创意设计”为重点，在研发设计创意、文化传媒创意、建筑设计创意、咨询策划创意和时尚消费创意五大重点领域内，突出“创意设计”的龙头引领和带动作用；在功能布局上，根据产业集聚原则，以现有创意产业集聚区为基础，结合产业结构调整、旧区改造和历史建筑保护，从完善上下游产业链和优化资源配置出发，根据各区的区位优势和产业基础，形成功能定位合理、区域特色明显的创意产业空间布局（上海工业设计协会，2010)；为保证该规划的落实，上海市提出了一系列推进措施。《2009—2012年上海服务业发展规划》将文化及创意产业作为上海服务业发展重点领域之一。

产业促进政策方面，2005年，上海市经济委员会和上海市统计局编制了《上海创意产业发展重点指南》，首次明确了现阶段上海文化创意产业的基本分类和发展重点，确定了上海文化创意产业发展的五大重点行业——研发设计创意、建筑设计创意、文化传媒创意、咨询策划创意和时尚消费创意。2008年出台的《加快创意产业发展的指导意见》从集聚发展、自主创新、产品市场、行业管理、市场准入、知识产权保护、人才集聚、融资渠道、组织领导等九个方面对上海文化创意产业的发展方式提出了具体支持意见。

分类认定政策方面，2005年起，上海市政府先后颁布了《上海市文化科技创意产业基地文化科技创意企业（机构）认定办法（试行)》(2005年)、《上海市创意产业集聚区认定管理办法（试行)》(2008年)、《上海市文化产业园区认定办法（试行)》(2008年)、《上海市文化产业示范基地建设推进办法（试行)》(2008年) 等。其中，《上海市文化科技创意产业基地文化科技创意企业（机构）认定办法（试行)》(2005年) 是为了促进浦东新区文化产业的发展，加快国家文化产业示范基地和上海市文化科技创意产业基地（张江基地）的建设而制定的，适用于注册在张江基地且税收户管在浦东新区的企业（机构)，划定了文化科技创意产业的范围，明确了文化科技创意企业（机构）的认定标准。《上海市创意产业集聚区认定管理办法（试行)》明确了上海市创意产业集聚区的概念，明确了集聚区的认定和管理主体，提出了集聚区认定的11个条件，规定了认定程序，并对集聚区可享受的优惠政策及集聚区的管理和服务予以明确。《上海市文化产业园区认定办法（试行)》则是为引导并促进上海市文化产业园区健康发展，加快形成特色文化产业集群而制定的政策，提出鼓励高等院校发挥智力优势建设文化产业园区，明确了园区认定和管理主体，提出园区认定的五个条件，并对园区的管理和扶持政策予以明确。《上海市文化产业示范基地建设推进办法

(试行)》是为进一步提高园区的示范作用而制定的，将文化产业示范基地分为三类：一是上海市文化产业园区类示范基地，二是上海市骨干文化企业类示范基地，三是上海市特色文化企业类示范基地，分别明确了三类示范基地的标准，凡符合条件的园区和企事业单位均可申报，并提出了基地建设的相关推进措施。

投融资支持政策方面，制定了《关于文化体制改革试点中支持文化产业发展若干财税政策实施意见》(2005 年)，对新办文化企业、试点文化集团的文化产品出口、境外文化劳务收入等活动减免企业所得税、出口退税、营业税、增值税等。

知识产权政策有《上海知识产权战略纲要（2004—2010 年)》(2004 年）和《关于上海市实施国家知识产权战略纲要的若干意见》(2008 年)。其中，《上海知识产权战略纲要（2004—2010 年)》提出了 2004～2010 年上海知识产权战略的总目标，即以举办“2010 年中国·上海世博会”和实施科教兴市主战略为契机，经过七年时间的努力，逐步建立适应社会主义市场经济体制要求、符合市场经济规律和国际规则、科学有效的知识产权工作机制，初步形成以人才高地为支撑的城市知识产权创新体系，不断完善行政与司法并行运作的知识产权保护体系，努力形成全社会共享的知识产权公共服务体系，并在专利、商标、版权和集成电路布图设计等领域提出了分类目标；为实现这些战略目标，提出以激发创新能力、有效保护知识产权、加强知识产权管理与服务、集聚知识产权人才为重点，大力推进知识产权战略；最后提出制定和实施知识产权战略行动推进计划，建立知识产权战略评估制度。[①]

人才建设方面，出台了《关于实施 2011 年度上海青年高端创意人才促进计划的通知》(2011 年)，这项政策是上海被联合国教科文组织授予“创意城市网络——设计之都”称号后，为挖掘、培养和造就一批青年高端创意人才而制定的。该政策提出成立创意人才计划推进工作领导小组，并明确了创意人才计划发展对象范围和要求、青年高端创意人才的选拔程序，明确了青年高端创意人才的相关扶持政策。

区县规划方面，静安区出台了《上海市静安区文化发展规划纲要（2005—2010)》(2006 年)，浦东新区出台了《浦东新区创意产业园区布局规划纲要》(2006 年)。

区县政策方面，静安区、杨浦区、嘉定区和浦东新区都制定了针对各自区县文化创意产业的扶持政策。其中，静安区出台了《静安区深化完善产业发展

---

① 参见中国保护知识产权网 .2004. 上海知识产权战略纲要（2004—2010 年）.http://www.ipr.gov.cn/zfxxarticle/govinfo/govzcfb/200412/155424_1.html [2004-12-11].

政策若干意见》，杨浦区出台了《杨浦区重点发展的创意类企业确认办法》和《杨浦区创意产业园区认定办法》，嘉定区出台了《嘉定区创意产业集聚区认定意见》，浦东新区则制定了《浦东新区张江文化科技创意产业发展基金管理办法（试行）》。

### （二）政策主要内容及特点

#### 1. 集聚化发展策略

建设文化创意产业园区是推动文化创意产业发展的主要途径。文化创意产业园区也是文化创意企业和人才的集聚地和文化创意成果的展示窗口。为了更好地鼓励上海文化创意产业的发展、加快产业的集聚，2008 年 6 月，上海在《上海创意产业“十一五”发展规划》的基础上出台了《上海市创意产业集聚区认定管理办法（试行）》，对文化创意产业集聚区的认定条件和认定程序作了明确的规定。其中，各区县也制定了有关的政策规定。例如，2005 年浦东新区就根据《浦东新区扶持文化发展的若干意见（试行）》的有关规定，制定了《上海市文化科技创意产业基地文化科技创意企业（机构）认定办法（试行）》。为了进一步规范文化创意产业集聚区的管理，促进文化创意产业健康有序发展，2009 年 6 月，上海下发了《关于进一步规范上海创意产业集聚区内商铺建设、经营活动，妥善解决相关民事纠纷的会议纪要》。文化创意产业的空间集聚可实现基础设施共享、促进企业间的知识交流和技术溢出、降低企业间交易成本，同时有利于形成自己的特色和定位，培育出品牌。针对上海拥有大量老洋房、老厂房、老仓库等历史建筑的实际情况，上海采取了将历史建筑保护和文化创意产业发展相结合的发展思路。文化创意产业集聚于历史建筑，可以体现出城市发展在不同时期的独特风格、艺术特色和科学价值。为此，在文化创意产业园区建设中的一项重要政策是实行“三个不变”的开发方式，即老厂房、老仓库、老大楼的房屋产权关系不变、房屋建筑结构不变、土地性质不变，这使园区建设有了突破性进展。通过改造，历史建筑成为创意设计类企业十分乐意进驻的场所，这些企业也为这些历史建筑注入新的产业元素，同时保护了城市的历史风格。

#### 2. 鼓励中介机构参与文化创意产业发展

近年来，上海先后成立了上海创意产业中心、上海设计中心、上海时尚联合会、上海创意产业研究所等一批社会中介组织，形成了“政府引导、市场运作、中介服务”的运作机制。上海创意产业中心主要通过建立一些公共服务平台协助政府有关部门推进文化创意产业发展。目前，上海已经建立了包括信息服务、展示交易、国际交流、教育培训、研发设计、知识产权保护等在内的多个服务平台。

3. 积极探索文化创意产业投融资体制创新，强化资金支持

2010年上海出台了《上海市金融支持文化产业发展繁荣的实施意见》，提出引导金融机构对符合《上海市文化产业投资指导目录》导向、列入国家或市文化发展规划的文化产业项目、列入国家或市重大文艺创作项目的重点项目，以及列入《国家文化出口重点企业名录》的文化企业优先给予信贷支持。金融机构将根据文化创意产业的特点再造信贷审批流程，适当提高对中小文化创意企业不良贷款的风险容忍度。直接融资方面，该意见支持金融机构在“符合监管要求的前提下投资文化企业债券和股权，参与面向文化创意产业的股权投资基金”。此外，有关部门还推动风险投资基金和股权投资基金与文化企业对接，进一步开放，支持外资、民资等各类资本在政策许可范围内投资文化创意产业。[①] 针对中小规模的企业融资担保问题，2010年7月，上海还出台了《关于上海市加快融资性担保行业发展进一步支持和服务中小企业融资的若干意见》，通过加强与融资性担保公司的合作，扩大对中小企业融资的担保贷款规模。

## 三 深圳

### (一) 政策概况

作为改革开放的前沿阵地，深圳经历了20多年的高速发展后，传统的经济增长模式已难以为继。土地、资源、人口、城市环境等给深圳发展带来了巨大的压力。因此，发展低能耗、高产出的文化创意产业，为深圳经济实现结构转型、保持又好又快发展提供了契机。

为此，深圳在2003年提出了“文化立市”的发展战略，成立了文化产业专门的组织部门——深圳市文化产业发展办公室，并在2004年推出《深圳市实施文化立市战略发展纲要》，明确提出建设“创意设计之都”的目标，提出要把文化创意产业发展为深圳继高科技、金融、物流之后的第四大支柱产业，并进一步明确要求加快推进“钢琴之城”、“图书馆之城”、“创意设计之都”和“动漫基地”建设，积极培育传媒印刷、创意设计、动漫游戏、影视音像、文化旅游等文化创意产业，提高文化创意产业竞争力。在设计方面，深圳有着独特的专家、网络和市场优势，并吸引了许多设计创意的资本和人才。凭借设计方面的突出优势，深圳于2008年获得联合国教科文组织“设计之都”的称号。为了更好地促进创意设计业的发展，2009年，深圳通过立法形式将每年12月7日确定

① 参见上海中小企业网．2010．上海市金融支持文化产业发展繁荣的实施意见．http://www.1128.org/html/zchb/rzjzjsqzc/jrzc/2010/11/doc64861.shtml [2010-07-19]．

为“创意设计日”。同年，深圳颁布了《关于促进创意设计业发展的若干意见》，提出将创意设计业打造成为深圳文化创意产业支柱行业，增速高于深圳GDP增速和文化创意产业平均增速的具体目标。2011年9月，深圳成立了由300家文化创意企业组成的深圳市文化创意产业协会，该协会为积极推动深圳有关文化创意产业振兴规划及其政策的落实，服务企业发展，进一步将深圳建设成“全国文化产业领头羊”提供了保障。深圳文化创意产业相关政策如表5-7所示。

**表5-7　深圳文化创意产业相关政策（2005～2011年）**

| 政策类别 | 政策 | 发布时间 |
|---|---|---|
| 产业规划 | 《深圳市文化产业发展“十一五”规划（2006—2010）》 | 2007年 |
| | 《深圳市文化产业发展规划纲要（2007—2020）》 | 2008年 |
| | 《2009—2011深圳市非物质文化遗产保护工作方案》 | 2009年 |
| | 《中国（深圳）国际文化产业博览交易会发展规划（2010—2020）》 | 2010年 |
| | 《深圳文化创意产业振兴发展规划（2011—2015）》 | 2011年 |
| 产业促进 | 《关于大力发展文化产业的决定》 | 2005年 |
| | 《深圳市鼓励三旧改造建设文化产业园区（基地）若干措施（试行）》 | 2008年 |
| | 《关于加快文化产业发展若干规定》 | 2008年 |
| | 《关于建设文化产业园区（基地）的实施意见》 | 2008年 |
| | 《深圳市文化产业促进条例》 | 2008年 |
| | 《关于支持和促进深圳文化产权交易所发展的若干意见》 | 2010年 |
| 行业发展 | 《关于扶持我市动漫游戏产业发展的若干意见》 | 2008年 |
| | 《关于促进创意设计业发展的若干意见》 | 2009年 |
| | 《关于进一步优化办展环境促进我市会展业发展若干措施》 | 2010年 |
| 分类认定 | 《深圳市重点文化企业认定和考核管理暂行办法》 | 2007年 |
| | 《深圳市文化产业园区和基地认定管理办法（试行）》 | 2008年 |
| 资金支持 | 《深圳市文化产业发展专项资金申报指南》 | 2007年 |
| | 《深圳市文化产业发展专项资金管理暂行办法》 | 2008年 |
| | 《深圳市会展业财政资助专项资金管理办法》 | 2010年 |
| 知识产权保护 | 《深圳市知识产权战略纲要（2006—2010年）》 | 2005年 |
| | 《深圳市平面设计作品版权保护办法》 | 2007年 |
| | 《大芬油画村美术作品版权交易法律指导》 | 2007年 |
| | 《深圳市数字作品备案规定》 | 2008年 |
| | 《关于整合产权交易机构加快产权交易市场发展的实施方案》 | 2009年 |
| | 《深圳市贯彻落实国家知识产权战略纲要的实施意见（2009—2010）》 | 2009年 |
| | 《深圳市互联网软件知识产权保护若干规定》 | 2009年 |
| | 《展会知识产权保护办法》 | 2011年 |

注：以上为不完全统计

## （二）政策主要内容及特点

### 1. 集聚化开发策略

深圳出台了《深圳市文化产业园区和基地认定管理办法（试行）》、《深圳市人民政府关于印发深圳市鼓励三旧改造建设文化产业园区（基地）若干措施（试行）通知》、《关于建设文化产业园区（基地）的实施意见》等政策，来落实规划，推动深圳文化创意产业园区和基地建设。为更好地推动文化创意产业的发展，深圳将文化创意产业基地划分为三类，第一类是依托现有大型文化企业（集团）或机构设立的文化产业园区（基地）和动漫游戏、创意设计等专业性园区（基地），即企业示范园区（基地）；第二类是具有孵化器功能和文化企业集聚物理空间的孵化园区（基地），包括创意产业园区（基地）等；第三类是具有一定规模，从事文化产业行业培训、人才培养、产业研究的教学和培训园区（基地）。通过加强这三类园区（基地）的建设，深圳力争进一步提高文化产业增加值占GDP的比重和对国民经济的贡献率，使每个园区（基地）的文化产品产值和盈利水平居全国前列，进一步提高文化创意产品的出口创汇和国际竞争力。[①] 结合深圳“三旧”（旧工业区、旧村、旧城区）改造的实际情况，特制定鼓励“三旧”改造建设文化产业园区（基地）的土地政策、财税政策、平台政策、金融政策、人才政策、奖励政策、保障措施等配套政策措施。对“三旧”改造建设文化产业园区（基地）符合工业区升级改造的，还可享受《关于工业区升级改造的若干意见》规定的扶持政策。

2. 加大投融资扶持力度，建立制度化的资金支持机制

为了营造良好的环境，深圳积极探索文化投融资体制改革，加大政府扶持力度，设立文化产业发展专项基金。针对缺乏对中小文化创意企业的金融政策的问题，2004年深圳制定了《深圳市民营及中小企业发展专项资金管理暂行办法》，对贴息贷款作了规定，在一定程度上缓解了民营中小文化创意企业融资难的问题。2005年深圳民营及中小企业发展专项资金正式启动，这在某种实践层面上为中小文化创意企业的发展提供了契机。深圳还酝酿了一系列扶持文化创意产业发展的金融政策法规，出台了《关于鼓励社会资本建立文化产业投资基金的意见》等专项配套政策，加大力度解决集聚区建设用地及文化创意产业融资难问题。与此同时，政府还制定了针对文化企业改制上市的扶持和奖励政策。2009年2月，深圳出台了《关于扶持深圳市中小企业改制上市的若干措施》，通过设立深圳上市培养工作机构，协调解决深圳中小企业改制上市的各种问题。2009年11月，深圳市政府出台了《关于整合产权交易机构加快产权交易市场发展的实施方案》，根据方案，深圳将组建联合产权交易所，建设深圳统一的综合性产权交易市场，文化产权交易所作为联合产权交易所一个重要业务板块，实现了与中国（深圳）国际文化产业博览交易会文化产权交易资源的配套服务及功能互补。

---

① 参见深圳市中小企业服务中心．2005．关于建设文化产业基地的实施意见．http://www.szsmb.gov.cn/content.asp?id=18741［2005-12-28］．

3. 有效推进知识产权保护工作，营造产业发展的制度环境

深圳市委、市政府专门制定了《深圳市知识产权战略纲要（2006—2010）》、《深圳市贯彻落实国家知识产权战略纲要的实施意见（2009—2010）》，从大力提升自主知识产权创造能力、加强保护和管理机制体制建设等方面提出深圳的实际落实措施，以全面推进知识产权强市建设。2007 年深圳率先出台地方性指标体系，即《深圳市知识产权指标体系》。为了加强对知识产权的保护力度，2007 年深圳先后出台了《深圳平面设计作品版权保护办法》、《大芬油画村美术作品版权交易法律指导》、《深圳海关知识产权保护工作规范》、《深圳市展会知识产权保护办法》等一系列知识产权法规、规章和规范性文件，积极推动行业自律机制的建立和会展知识产权保护的自律发展。2008 年，深圳市知识产权局出台了《深圳市数字作品备案规定》，促进版权产业的发展，加强对作品著作权的保护，便于著作权人维护其合法权益。2009 年，深圳颁布了《深圳市互联网软件知识产权保护若干规定》，加强对互联网软件侵权行为的打击力度。这些措施提高了知识产权保护水平和自主创新能力，为文化创意产业的发展提供了法律保障。

## 四 杭州

### （一）政策概况

杭州从 2005 年开始逐步建立清晰的文化创意产业发展战略。2005 年 3 月，杭州确立了打造“一名城、四强市”的目标，出台了《杭州市加快现代服务业发展规划》，把文化产业范围拓展到教育、科技、体育、卫生服务等社会事业领域。[①] 2007 年 7 月，杭州市委十届二次全会提出了打造全国文化创意产业中心的奋斗目标。2008 年 7 月，杭州市委十届四次全会提出了构建“3＋1”现代产业体系和实施“软实力”提升战略的重大部署，进一步确立了全国文化创意产业的战略地位，并明确了以“文化创意产业”替代八大门类现代服务业中的“文化产业”。2010 年 5 月，国务院正式批准实施《长江三角洲地区区域规划》，其中提出了将“建设全国文化创意中心”确定为杭州城市发展功能定位的重要内容之一。自此，杭州打造全国文化创意中心的发展目标实现升级，从地方战略升级为国家级战略。

为了促进杭州文化创意产业的发展，充分实现政府、企业、市场的有效互动，杭州市政府成立了专门负责文化创意产业发展的管理机构——杭州市文化创意产业办公室。杭州 13 个区、县（市）也相应成立了文化创意产业办公室。

---

① 参见杭州网．2005．杭州市加快现代服务业发展规划（摘要）．http：//news.sohu.com/20050327/n224875777.shtml［2005-03-27］．

同时，为了鼓励并促进杭州文化创意产业的发展，杭州出台了一系列的政策，这些政策包括综合性政策及具体专项政策，如表5-8所示。

**表 5-8 杭州创意产业相关政策（2005～2011年）**

| 政策类别 | 政策 | 发布时间 |
|---|---|---|
| 产业规划 | 《浙江省文化创意产业发展规划》 | 2008年 |
| | 《浙江省文化产业发展规划（2010—2015）》 | 2011年 |
| | 《杭州市文化创意产业发展规划（2009—2015年）》 | 2009年 |
| | 《杭州大旅游产业发展规划（2006—2020年）》 | 2005年 |
| | 《杭州市动漫游戏产业发展规划（2006—2010）》 | 2005年 |
| | 《杭州市艺术品产业五年发展规划（2008—2012年）》 | 2008年 |
| 产业促进 | 《关于加快发展杭州文化产业的若干意见》 | 2001年 |
| | 《关于进一步推进杭州大文化产业发展的若干意见》 | 2005年 |
| | 《浙江省文化产业项目投资指南》 | 2006年 |
| | 《关于打造全国文化创意产业中心的若干意见》 | 2008年 |
| | 《关于加快文化创意产业园区建设的若干意见》 | 2008年 |
| | 《关于利用工业厂房发展文化创意产业的实施意见》 | 2009年 |
| | 《关于加强杭州市重点文化创意企业（集团）培育工作的实施意见》 | 2010年 |
| 行业发展 | 《关于鼓励和扶持动漫游戏产业发展的若干意见（试行）》 | 2005年 |
| | 《关于鼓励和扶持动漫游戏产业发展的若干意见（试行）的实施方法》 | 2006年 |
| | 《关于加快信息服务与软件业发展的若干意见》 | 2006年 |
| | 《关于鼓励和扶持动漫游戏产业的补充意见》 | 2007年 |
| | 《关于加快杭州旅游业发展的若干意见》 | 2008年 |
| | 《关于进一步鼓励和扶持动漫游戏产业发展的补充意见》 | 2010年 |
| | 《关于推进电影院线建设加快电影产业发展的实施意见》 | 2010年 |
| | 《关于促进工业设计产业发展的若干意见》 | 2010年 |
| 分类认定 | 《关于做好文化创意产业统计调查工作的通知》 | 2008年 |
| | 《杭州市文化创意产业八大重点行业统计分类》 | 2008年 |
| | 《杭州市文化创意产业统计调查制度（试行）》 | 2008年 |
| | 《杭州市文化创意产业园区认定和管理办法》 | 2010年 |
| | 《杭州市文化创意产业特色楼宇认定和管理办法（试行）》 | 2010年 |
| 资金支持 | 《关于加快文化产业发展若干经济政策的意见》 | 2001年 |
| | 《关于统筹财税政策扶持文化创意产业发展的意见》 | 2008年 |
| | 《关于鼓励为文化创意企业提供融资服务的若干意见（试行）》 | 2008年 |
| | 《关于鼓励为文化创意企业提供融资担保的实施办法（试行）》 | 2008年 |
| | 《杭州市非公有资本投资文化创意产业指导目录》 | 2008年 |
| | 《关于加快推进我市文创企业创业板上市工作的实施意见》 | 2009年 |
| | 《杭州市文化创意产业专项资金管理办法》 | 2010年 |
| | 《关于鼓励为文化创意企业提供融资服务的实施意见》 | 2010年 |
| | 《关于建设创新型人才建设队伍的若干意见》 | 2006年 |
| | 《中国杰出女装设计师发现计划》 | 2007年 |
| | 《关于实施杭州市"万名大学生创业实训工程"的指导意见》 | 2008年 |
| | 《青年文艺家发现计划》 | 2008年 |
| | 《杭州市文化创意产业大学生实训基地认定管理办法（试行）》 | 2009年 |
| | 《杭州市文化创意产业大学生创业孵化基地认定管理办法（试行）》 | 2009年 |

注：以上为不完全统计

（二）政策主要内容及特点

1. 集聚化开发策略

杭州坚持把文化创意产业园区当做发展文化创意产业的主平台，为了充分发挥文化创意产业园区的集聚效应和品牌效应，杭州出台了《关于加快文化创意产业园区建设的若干意见》、《关于利用工业厂房发展文化创意产业的实施意见》、《杭州市文化创意产业园区认定和管理办法》、《杭州市文化创意产业特色楼宇认定和管理办法（试行）》等一系列政策措施，开展市级文化创意产业基地认定工作，按有关规定对被认定的基地给予扶持，鼓励盘活工业资源、历史建筑等存量房产，对用于建设文化创意产业基地或项目的新增用地，符合条件的可给予优先安排，涉及用地指标的可在各级开发区和招商引资切块指标中解决，在符合城市规划的前提下，鼓励企业租用现有物业从事文化创意产业经营。

2. 资金支持

1）给予文化创意企业投融资及担保支持

2008年以来，杭州先后出台了《关于鼓励为文化创意企业提供融资服务的若干意见（试行）》、《关于鼓励为文化创意企业提供融资担保的实施办法（试行）》、《关于加快推进我市文创企业创业板上市工作的实施意见》、《关于鼓励为文化创意企业提供融资服务的实施意见》等政策文件，通过实行风险补偿、贷款贴息、担保费补助、担保代偿补助等政策，支持和引导金融机构、担保机构、产权交易机构及相关中介机构为文化创意企业提供融资及担保服务。

杭州鼓励文化创意企业改制上市，在上市培育期内，将按有关规定给予文化创意企业奖励、税收优惠等方面的政策扶持。为了进一步建立文化创意产业融资工作机制，杭州市文化创意产业办公室还与中国银行浙江省分行等金融机构签署了文化创意产业融资服务战略合作协议。

2）切实推动财政税收优惠政策的落实

为了充分发挥政府的引导作用，2008年以来，杭州在梳理整合相关政策的基础上先后出台了《关于统筹财税政策扶持文化创意产业发展的意见》、《杭州市非公有资本投资文化创意产业指导目录》、《关于鼓励为文化创意企业提供融资服务的若干意见（试行）》、《杭州市文化创意产业专项资金管理办法》等政策文件，设立了文化创意产业发展专项资金。自2008年起，杭州市文化创意产业专项资金规模提高到每年1.52亿元，并根据实际需要逐年递增，主要用于重点项目建设、园区建设、产业孵化、动漫产业发展、人才培养、理论研究等方面的资助、贴息与奖励。在杭州市科技计划相关专项中安排一块用于扶持文化创意类公共服务平台建设、关键技术攻关和孵化器建设等。将高新技术文化创意企业纳入市级高新技术企业认定范畴，凡经认定的企业可享受财政扶持等优惠政策。杭州文化创意产业园区、企业除可享受国家、省现行税收优惠政策外，还可根据规定享受地方税种的减免扶持。[①]

3. 积极引进和培育文化创意产业高层次人才

杭州把文化创意产业人才纳入《关于加强高层次人才引进工作的若干意见》、《关于建设创新型人才队伍的若干意见》等文件的适用范围之中，形成包括住房、子女入学、落户等在内的创意人才引进“一揽子”政策，使政策惠及创意团队的每一位成员；建立3000万元专项资金，实施“青年文艺家发现计划”，加大高层次文化人才培育引进力度，引进人才可按规定享受落户、住房、子女入学等方面优惠政策；实施“中国杰出女装设计师发现计划”，选派设计师到意大利欧洲设计学院和美国纽约时装学院留学；实施《杭州市文化创意产业大学生创业孵化基地认定管理办法（试行）》和《杭州市文化创意产业大学生实训基地认定管理办法（试行）》，积极推动文化创意产业大学生创业实训工作，培育文化创意产业大学生创业孵化基地和创业实训基地。借助以上政策，杭州已经逐步形成了“引进与培养、引人与引智、借名与借势”相结合的文化创意人才建设机制，为文化创意产业发展提供了人才保障。

## 五 南京

### （一）政策概况

近年来，南京先后发布实施了多项促进文化创意产业发展的政策和规划，政策支撑体系基本形成，对文化创意产业发展起到了推动作用。

2006年以来，南京市政府先后发布了《关于加快发展南京文化产业的意见》、《关于加快文化产业发展若干经济政策的意见》、《关于加快发展文化创意产业的政策意见》、《南京市文化创意产业“十一五”发展规划纲要》、《南京市文化产业发展“十一五”规划纲要》、《南京市文化产业发展倍增计划（2009—2011年）》，从总体上制定了发展文化创意产业的指导思想和基本原则，规划了总体目标和主要发展任务，为南京文化创意产业发展确定了总体思路。

此后，南京又出台了具体行业的发展规划，如《关于加快南京会展业发展的若干意见》、《南京市动漫产业发展规划（2008—2012年）》、《关于进一步推进动漫产业园区建设的若干意见》、《南京市进一步推进软件产业发展的若干政策意见》、《关于鼓励和扶持动漫产业发展的政策意见（修订稿）》、《关于进一步促进软件和信息服务业发展的工作意见》、《关于加快旅游产业发展的意见》等，

---

① 参见创意天堂.2010.关于印发《杭州市文化创意产业专项资金管理办法》的通知.http://www.0571ci.com/html/detial/info/2011-01/info_4232.html [2010-12-31].

形成了指导文化创意产业发展的比较系统的政策环境。

与此同时，为给文化创意产业营造良好的发展环境，南京推出了支持中小企业发展的相关政策和文化创意产业投融资政策，如《南京市人民政府关于当前支持中小企业发展的意见》、《南京市人民政府关于扶持中小企业发展的若干意见》、《关于支持扩大内需做好当前信贷工作的指导意见》等，为文化创意中小企业的发展创造了良好的条件（表5-9）。

**表5-9 南京文化创意产业相关政策（2006～2011年）**

| 政策类别 | 政策 | 发布时间 |
|---|---|---|
| 产业规划 | 《南京市文化创意产业“十一五”发展规划纲要》 | 2006年 |
| | 《江苏省“十一五”旅游发展专项规划》 | 2007年 |
| | 《江苏省知识产权“十一五”发展规划》 | 2007年 |
| | 《南京市文化创意产业“十一五”发展规划纲要》 | 2007年 |
| | 《南京市文化产业发展“十一五”规划纲要》 | 2007年 |
| | 《南京市动漫产业发展规划（2008—2012年）》 | 2007年 |
| | 《南京市文化产业发展倍增计划（2009—2011年）》 | 2009年 |
| | 《南京市文化产业发展“十二五”规划纲要》 | 2011年 |
| 产业促进 | 《关于加快发展南京文化产业的意见》 | 2006年 |
| | 《关于加快推进文化产业园建设的政策意见》 | 2006年 |
| | 《关于加快都市型产业园区建设的若干意见》 | 2006年 |
| | 《南京市文化产业发展倍增计划（2009—2011年）》 | 2007年 |
| | 《关于进一步推进动漫产业园区建设的若干意见》 | 2007年 |
| 行业发展 | 《关于加快南京会展业发展的若干意见》 | 2007年 |
| | 《南京市展览业管理办法》 | 2007年 |
| | 《南京市进一步推进软件产业发展的若干政策意见》 | 2008年 |
| | 《关于鼓励和扶持动漫产业发展的政策意见（修订稿）》 | 2009年 |
| | 《关于进一步促进软件和信息服务业发展的工作意见》 | 2010年 |
| | 《关于加快旅游产业发展的意见》 | 2011年 |
| 分类认定 | 《南京市都市型产业园区、企业认定标准》 | 2006年 |
| 资金支持 | 《关于加快文化产业发展若干经济政策的意见》 | 2006年 |
| | 《南京市加快都市型产业园区建设财政补助和奖励资金管理办法（试行）》 | 2006年 |
| | 《南京市文化产业发展专项资金管理暂行办法（修订）》 | 2008年 |
| | 《南京市软件人才引进与培训专项资金管理暂行办法》 | 2008年 |

（二）政策内容及特点

1. 确立“文化南京”战略，实施产业规划

2005年12月，南京市委十一届十三次全会把“文化南京”战略确定为构建和谐南京的五大发展战略之一，把文化产业确定为五大新兴产业之一，通过“文化南京”战略的实施，发挥文化提高城市综合竞争力的核心作用，发挥文化资源优势对经济社会全面发展的巨大贡献力。具体体现在三个方面，一是“让文化成为城市发展的持久推动力，成为提高人的素质、实现社会全面进步的基

础”，二是“让文化建设成为推进‘三个文明’协调发展的重要支点”，三是“让文化品牌成为南京走向世界的‘名片’”。为此，南京于2006年出台了《南京市文化创意产业“十一五”发展规划纲要》，推动“文化南京”建设进程。

2. 选择优势行业重点支持开发

2007年以来，南京先后出台了《关于加快南京会展业发展的若干意见》、《南京市展览业管理办法》、《南京市进一步推进软件产业发展的若干政策意见》、《关于鼓励和扶持动漫产业发展的政策意见（修订稿）》、《关于进一步促进软件和信息服务业发展的工作意见》、《关于加快旅游产业发展的意见》等针对不同行业的文化创意产业政策，这些政策都不同程度地推动了相关行业的发展。

3. 实施集聚化开发策略

在政府扶持和政策引导下，南京文化创意产业园迅速发展。文化创意产业园依托南京特色文化，定位鲜明，错位发展，主要分为综合创意产业园（基地）、当代艺术创意园、网络游戏与动漫创意产业园、影视创作基地、传统书画艺术创意基地、民间工艺创意市集等10个类别。2006年，南京出台了《南京关于加快推进文化产业园建设的政策意见》，提出了关于文化产业园的类型、建设目标、组织管理、认定程序和政策支持等方面的意见，为南京文化创意产业园的快速发展提供了政策支持，加快形成文化创意产业园的集聚效应和规模优势。2007年，南京出台了《关于进一步推进动漫产业园区建设的若干意见》，针对动漫产业园区提供了配套的政策支持，明确提出“一个基地、多个园区、整体规划、错位发展”，有效改善了南京动漫园区简单重复建设、无序竞争的现象。

## 第四节　香港和台湾文化创意产业政策

### 一　香港文化创意产业及政策

#### （一）香港文化创意产业概况

香港是亚洲创意中心之一。20世纪90年代末，香港社会开始关注文化创意产业的发展，当时，香港遭受金融风暴的打击，经济滑坡，产业结构过分狭窄、结构性失业等问题全都暴露出来，香港特区政府急于寻找经济出路。英国工党成功推动创意产业的模式，正好成为香港特区政府的仿效对象。2001年和2003年，香港特区政府行政首脑的施政报告先后强调文化创意产业的重要性，指出“创意产业是知识经济体系中的重要环节”，预示文化创意产业开始成为政府未来的重点政策议题之一。[①]

在2009～2010年施政报告中，香港特区政府确认发展香港享有明显优势的六项产业，即文化及创意产业、医疗产业、教育产业、创新科技产业、检测及认证产业和环保产业，认为这六项优势产业有助于香港经济更加多元化和可持续地发展。[①]

根据香港统计局资料，2010年香港私营部门的文化及创意产业增加值为776.83亿港元，比2009年增加了22.8%，占香港本地生产总值的4.6%；就业人数为18.94万人，比2009年提高了0.6%，占香港总就业人数的5.4%。同期，香港名义GDP增幅为9.8%，总就业人数增幅为0.5%（香港统计局，2012）。这些数据说明，香港文化及创意产业总体增长速度快，具有明显的发展优势和潜力，是香港经济中一支重要的力量。

### （二）香港文化创意产业政策[②]

#### 1. 设立政府专责机构推动文化创意产业整体发展

2009年6月，香港商务及经济发展局成立“创意香港办公室”，提供文化创意产业的相关补助与活动推广服务，致力于将香港发展为亚洲创意之都。创意香港办公室是以推动文化创意产业发展为目标的政府机构，重点工作是牵头、倡导和推动香港创意经济的发展。创意香港办公室统筹政府在文化创意产业方面的政策和工作，把政府用做推动和加快香港文化创意产业发展的资源集中起来，并与业界紧密合作，推动文化创意产业的发展。

为推动香港文化创意产业发展，创意香港办公室制定了七个策略方向，即培育创意人才，让他们成为发展本地文化创意经济的中流砥柱；促进文化创意企业成立和发展；制造对创新和创意的需求，并扩大文化创意产业的本地市场规模；在中国内地和海外推广本地文化创意产业，协助业界开拓外地市场；在社会上营造文化创意氛围；在本地凝聚创意产业群组，以产生协作效应和促进交流；促使香港成为亚洲创意之都。

#### 2. 政府以财政资助方式积极支持文化创意企业发展

财政支持方面，香港特区政府设立了“设计智优计划”和“创意智优计划”，专门支持设计和创意项目。

1）设立“设计智优计划”资助设计创意企业

“设计智优计划”设立于2004年，旨在加强对设计与创新的支持，使香港成为中华区的优质设计中心。该计划包含创新中心内的“设计创业培育计划”

① 参见台湾“行政院文建会”.2011台湾文化创意产业发展年报.

② 参见香港商务及经济发展局通讯及科技科官网．愿景与使命．http：//www.createhk.gov.hk/text_only/tc/about_vision.htm.［2012-03-01］

和“设计支援计划”。其中，“设计支援计划”下设四项资助计划，即“一般设计支援计划”、“专业持续进修计划”、“设计研究计划”和“设计业与商界合作计划”。2011年，为理顺有关文化创意产业的资助安排，并使资源运用得更佳协调，“设计智优计划”项目和“创意智优计划”合并，“设计智优计划”下仍保留“设计业与商界合作计划”及“设计创业培育计划”项目，用“设计智优计划”所余资金资助。其中，“设计业与商界合作计划”的资助对象为本地设计公司、学术机构和中小企业，每个中小企业所得的资助额上限为10万港元，在该限额内最多可提交四个项目的申请。这个上限适用于所有中小企业，不论中小企业何时参与这项计划，例如，若某中小企曾就此计划获拨款资助3万港元，其仍可提交最多3个项目的申请，直至余下的7万港元用完为止。

“设计智优计划”资助有严格的准入标准和程序，《设计业与商界合作计划指南》明确规定了资助申请程序、评审程序、拨款协议及拨款程序等。其明确指出，所有向设计业与商界合作计划申请资助的设计元素，必须由需要设计支持的中小企业和提供设计支持的设计公司/学术机构合作进行；资助以拨款形式发放，最高金额为核准项目总成本的50%或10万港元，以较低者为准；资助设有限制，每个中小企申请者的资助上限为10万港元，可分别用于最多4个项目。

2）设立“创意智优计划”资助文化创意企业

为推动和促进香港文化创意产业的发展，将香港建设为亚洲创意之都，2009年，香港特区政府成立了为数3亿港元的“创意智优计划”，旨在资助有利于香港文化创意产业发展的项目，由创意香港办公室负责管理。自2011年开始，“创意智优计划”同时接受与设计有关的资助申请。

为保证“创意智优计划”的资助效率，创意香港办公室制定了《创意智优计划申请指南》，明确规定了该计划的资助形式、申请资格、申请详情、评审程序、项目协议及拨款程序等。其中明确指出，拨款资助实额相当于扣除项目进行期间的预计收入，以及其他机构为项目提供的赞助或资助后的余额；拨款资助将于各主要阶段，或根据拨款获批时所定的其他条件，分期发放给获资助的申请机构；最后一期的资助款项，只会在项目完成且政府对总结报告满意后予以发放。

3）成立电影发展基金和电影贷款保证基金支持电影产业发展

电影发展基金是为香港电影业长远发展提供财政资助的项目。2007年7月，香港特区政府向电影发展基金注资3亿港元，扩大基金的适用范围，以资助中低成本的电影制作。这项安排的目的是推动更多商业资金投资电影拍摄，引发更多与电影有关的活动，增加就业机会，协助电影业复苏和进一步发展。

电影贷款保证基金能够协助本地公司向香港贷款机构申请贷款作电影制作之用，并完善本地电影的融资架构。

4）其他措施

香港特区政府还设立了其他专项资助计划，如创新及科技基金、艺术发展基金（支持文化交流）等，用以资助文化创意产业的发展。

## 二 台湾文化创意产业及政策①

### （一）台湾文化创意产业概况

根据台湾“文化建设委员会”（简称“文建会”）文化创意产业发展年报资料，2009年，在金融风暴冲击下，台湾文化创意产业营业额呈现6.5%的负增长，台湾文化创意产业受到总体经济环境的影响。因此，台湾行政主管部门于2009年提出《创意台湾——文化创意产业发展方案》，适时给予台湾文化创意产业系统性的辅导与协助，这一政策在2010年展现了显著的成果。2010年，台湾文化创意产业营业额较2009年增长16.1%，达到6616亿元新台币，为历年最高。文化创意产业营业额较GDP展现了更强的成长力量，占GDP比重为4.9%，较2009年提高了0.3%。2010年，台湾文化创意产业的从业人数为17万人左右，比2009年增加3.6%。

台湾文化创意产业营业额中，以满足内需的内销为主，外销仅占有9.7%。产品设计行业是所有文化创意产业行业中唯一一个外销营业额高于内销营业额的行业，这得益于台湾最为擅长的制造业，遍布全球市场的销售网带动了台湾产品外观设计的发展。

2010年，在台湾文化创意产业四大领域中，包含广播电视和广告等行业的媒体类，占文化创意产业营业额过半份额，达到54.7%，紧随其后的是设计类（21.9%）、艺文类（16.7%）。

台湾文化创意厂商有5万多家，2006～2010年的厂商数量没有明显变化，2010年比2006年减少了3000多家，但平均每家厂商营业额增加200万元新台币，达到1000万元新台币左右，说明厂商的创收能力在提高。

2010年，“文化创意产业发展法”通过并实施，使台湾文化创意产业有了法律基础，资金、研发、流通、租税、人才等多方面的奖励与辅助措施，是台湾文化创意产业营业额得以扩大的重要驱动要素。

### （二）台湾文化创意产业政策②

台湾相关主管部门自2003年起，每年进行台湾文化创意产业发展年报编撰

---

① 参见台湾“行政院文建会”.2011台湾文化创意产业发展年报.

② 参见台湾“行政院文建会”.2011台湾文化创意产业发展年报.

工作。台湾自2009年起将文化创意产业列为六大新兴产业之一，并发布《创意台湾——文化创意产业发展方案》作为主要推动策略，给予台湾文化创意产业系统性的辅导与协助。

1. 设立文化创意产业专责机构推动产业发展

2010年4月，台湾成立推动文化创意产业的单一专责单位——文化创意产业专案办公室，其功能有二：一是作为跨部会资源整合的行政机构与相关主管部门的参议机构；二是作为专业的产业智库与咨询辅导团队。对内，该机构负责统合协调产业相关公私部门资源；对外，以扶助文化创意十五大产业为目的，通过实体的行动服务点与虚拟的文化创意产业推动服务网，从政策宣传、产业推广、咨询辅导、产学研究、投融资机制、资金推注、情报搜集、人才培育、产学合作、市场拓展、接轨国际等层面，规划并推行相关措施，逐步改善台湾文化创意产业的发展环境，提升产业的价值与能量，推动台湾成为亚太文化创意产业汇聚中心。

2. 制定"文化创意产业发展法"强势推动文化创意产业发展

为了实质性推动文化创意产业发展，建构具有丰富文化及创意内涵的社会环境，开发市场，台湾相关主管部门于2010年制定并颁布"文化创意产业发展法"，将文化创意产业定义为"源自创意或文化积累，透过智慧财产之形成及运用，具有创造财富与就业机会之潜力，并促进全民美学素养，使国民生活环境提升之产业"。

在该定义下，台湾文化创意产业的类别由此前的13类扩增至"15＋1"类。15类按照产业关联性可归纳为四大领域，分别是艺文类、媒体类、设计类和数字内容。这四类产业的主管部门分别属于文化、经济、新闻与行政主管部门。除这15类外，还有1项为"经中央主管机关指定之产业"。

在"文化创意产业发展法"的要求下，台湾"文建会"通过租税优惠、创投审核机制等各式奖励、补助措施，或以强化文化创意产业创新研发、保障智慧财产权、产业群聚推动及成立文化创意产业发展研究院等内容，提升文化创意产业的创新能量。

3. 实施行业重点突破的开发策略

2009年，台湾行政主管部门通过《创意台湾——文化创意产业发展方案》，将工艺产业、电视内容产业、电影产业、流行音乐产业、数位内容产业和设计产业列为六大旗舰产业，这六大旗舰产业是台湾现有文化创意产业中发展较为成熟、较具产值潜力、产业关联效益较高的产业。台湾相关主管部门针对这六大产业的需求及发展特性制定了各自的旗舰计划，予以重点带动，以发挥这六大产业的领头羊效益。

"工艺产业旗舰计划"的目标有四个：第一，发挥台湾工艺创新育成机制及功能，强化产业研发设计与技术能力，链接台湾与世界工艺时代脉动，建立台湾工艺永续发展平台；第二，推动产业群聚与异业媒合，发展合纵连横的“现代工艺产业网络”及具可塑性的“现代工艺创新研发联盟”，达成推动“产业群聚”与“产业媒合任务”；第三，推动永续的地方工艺产业辅导机制，达成文化资本积累、文化资源加值应用，以微型化之产业发展促进地方观光与经济发展的任务；第四，打造示范性的台湾工艺文化园区。

“电视内容产业旗舰计划”是由台湾新闻主管部门推动的，自 2010 年至 2014 年，为期五年，在产业的创制、生产、行销及拓展国际市场方面，提供财务、人力、法规、市场、行销等支持，并就产业趋势进行调查，培育电视产业专业人才，以提升电视节目的产能。该旗舰计划的目标有两个：第一，强化现行节目产制辅导，优先扶植兼具海内外市场销售力且能够带动数位产制技术创新的电视节目，以带动数位电视节目之产能及数位制作技术交流，提高台湾节目进入国际市场的能力；第二，针对台湾本土及亚太市场需求，培训产业数位化、全球化所需的编、导、演及技术、后期制作、企划、行销等专业人才，并特别加强培育具有编写电视节目原创剧本或改编他人著作写作潜力的人才，以增进剧本故事之深度及精彩度，并提升电视戏剧节目的内容品质。

“电影产业旗舰计划”由台湾新闻主管部门拟定，分阶段扶植及审慎配置整体资源，包括以扩展华语电影市场为愿景，提供业者所需的资金援助及政策性协调以进入中国内地市场，并通过提供市场咨询、创意开发、行销平台等计划，策略性协助业者解决开拓华语市场所面临的问题。此外，该旗舰计划还对台湾电影工业发展与人才培训进行辅导，期望塑造优质环境，作为将台湾电影产业推向海内外发展的坚实基础。该旗舰计划的目标有五个：第一，辅导本地影片制作及协助业者筹资，提升影片质量；第二，改革各项辅导措施，塑造优质电影基础环境；第三，加强本地影片在海内外的行销，提升本地影片的观影人数；第四，把握两岸开放契机，辅导业者开拓中国内地市场；第五，迎合数位科技发展，提升电影工业水平。

“流行音乐产业旗舰计划”由台湾新闻主管部门拟定，目标有三个：第一，创新——创新产制与行销能力，维持台湾流行音乐在华语市场的龙头地位；第二，领先——在日本、韩国等亚洲地区取得流行音乐发展的领先优势；第三，提升——开拓国际市场，在欧美发达地区提升台湾流行音乐的专业形象与品牌知名度。

“数位内容产业发展行动计划”由台湾财经咨询主管部门拟定，希冀通过硬件、软件、内容、系统平台及网络五合一整合推动策略，强化创意、文化、数位、科技及智慧财产的多元运用，加速台湾数位内容产业的价值链形成及跨业整合平台机制的建立，进而衍生出数位汇流创新营运模式，积极带动台湾数位内容产业的转型与升级，加速提升台湾创意国际形象与国际市场地位。该计划的目标是将台湾发展为全球数位内容产业发展的典范，并成为娱乐及多媒体创新应用的先进地区。

“设计产业旗舰计划”以“使台湾成为亚太地区具有知识运筹能力的创意设计重镇”为愿景，发展目标包括提高设计服务业营业额、提升设计服务业竞争力、运用设计美学协助产业提升附加值、建设设计产业园区、推动设计作品获得一定数量的国际大奖及办理世界设计大会等方面的具体内容。

4. 建立多元资金支持机制

首先，为文化创意产业研发生产及行销推广提供资金补助。为扶植优质及具有潜力的文化创意产业从业者，构建文化创意产业完整的产业链，台湾“文建会”于2010年11月修正公布了《行政院文化建设委员会文化创意产业补助作业要点》，将对文化创意产业的资金补助额度类别区分为研发生产组、品牌行销组及市场拓展组，补助上限分别为150万元新台币、200万元新台币、500万元新台币，扶持文化创意产业的发展。

其次，提供创业圆梦资金，协助创意产业化。依据2010年颁布的《行政院文化建设委员会文创产业创业圆梦计划补助作业要点》，通过文化创意概念征集与选秀方式，每年选出具有产业化潜力的公司予以补助。到2011年，该政策已促成设立52家文化创意公司，创造112个就业岗位。

最后，建立文化创意产业融资与投资机制。为协助文化创意产业从业者解决营运资金问题并扶植产业发展，台湾“文建会”根据“文化创意产业发展法”规定，自2010年年底起规划办理《加强投资文化创意产业实施方案》和《文化创意产业优惠贷款计划》。其中，《加强投资文化创意产业实施方案》是由“文建会”协调行政主管部门相关发展基金通过的，划拨100亿元新台币由“文建会”加强投资文化创意事业，并制定资金的使用管理办法。《文化创意产业优惠贷款计划》于2010年12月发布，期望能够通过融资咨询辅导、优惠融资（利息补贴）、推荐信用保证等措施，扫除对文化创意产业融资的各种障碍，协助文化创意企业取得发展所需资金。

5. 实施人才培育政策

台湾“文建会”实施了“青年艺术家展才计划”，旨在培植青年艺术家，为其提供支持系统及发展平台，为青年艺术家施展才华提供机会。

“青年艺术家展才计划”包括“策办国际大奖及大展”、“青年艺术家作品购藏及流通”及“建置音乐创作与行销平台”三项子计划。其中，由台湾交响乐团策划承办的“建置音乐创作与行销平台”旨在促使台湾音乐文化积极成长、催生音乐类原创作品，并结合音乐文化园区，举办作曲家与演奏家的工作坊，除推广与展演新作品以外，更能让青年作曲家通过与交响乐团的工作与交流，提升作品的艺术性。

6. 相关主管部门搭建中介平台促进合作交流

台湾“文建会”借由媒合台湾原创者与行销团队，以大带小，化零为整，以达成综合效益。媒合计划重点在于建立创作者与市场之间的沟通渠道，并鼓励创新整合中介平台，于2010年12月办理媒合工作坊，促进文化创意产业的合作交流。

此外，台湾“文建会”通过举办国际文化创意产业博览会，为文化创意产业从业者提供展现创意能量的平台；同时以台湾文化创意精品形象持续拓展海外市场。

# 第六章 国内主要文化创意产业政策解读

## 第一节 《中共中央关于深化文化体制改革 推动社会主义文化大发展大繁荣若干重大问题的决定》解读

### 一 政策背景

当前，我国已经进入全面建设小康社会的关键时期和深化改革开放、加快转变经济发展方式的攻坚时期。对于文化创意产业来说，当前的重要任务是要加快文化体制改革，破除文化生产力发展的体制机制障碍。

当今世界正处在大发展大变革大调整时期，各种思想文化交流交融交锋更加频繁，文化在综合国力竞争中的地位和作用更加凸显。近年来，中华文化在国际上的影响越来越大。但是，总体上看，中华文化走出去还存在很多障碍，在国际上的影响力还相当有限，我国文化创意产业的实力和竞争力更是与日趋激烈的国际竞争不相称。通过加快推进文化改革发展，在借鉴吸收世界一切文明成果的基础上尽快壮大我国文化创意产业，推动中华文化走出去，提高中华文化国际竞争力和影响力，是当今文化发展的紧迫课题。

与此同时，随着人民生活水平提高，人们的精神文化需求日益增强，人们精神文化需求的多样性多层次多方面要求日益突出。只有同步推进公益性文化事业和文化创意产业又好又快发展，推动社会主义文化大发展大繁荣，推动中华文化走向世界，才能满足各族人民群众的精神文化新期待，抓住和用好我国发展的重要历史机遇期，创造出社会主义先进文化繁荣发展、民族精神力量充分发挥、人民精神世界极大丰富、中华民族以巍然英姿屹立于世界民族之林的良好局面。

正是在这种时代要求下，在国内外发展新形势下，2011 年 10 月，党的十七届六中全会重点研究深化文化体制改革、推动社会主义文化大发展大繁荣问题，并通过了《中共中央关于深化文化体制改革 推动社会主义文化大发展大繁荣若干重大问题的决定》[1]，为我国文化创意产业掀开了新的篇章。

---

① 参见中央政府门户网站 .2011. 中央关于深化文化体制改革若干重大问题的决定 .http://www.gov.cn/jrzg/2011-10/25/content_1978202.htm [2011-10-25].

## 二 政策主要内容

（一）充分认识推进文化改革发展的重要性和紧迫性

该决定在分析国际国内政治经济形势、充分分析机遇和挑战的基础上，指出我国文化领域正在发生广泛而深刻的变革，推动文化大发展大繁荣既具备许多有利条件，也面临一系列新情况新问题。我国文化发展同经济社会发展和人民日益增长的精神文化需求还不完全适应，突出矛盾和问题主要是一些地方和单位对文化建设重要性、必要性、紧迫性认识不够，文化在推动全民族文明素质提高中的作用亟待加强；舆论引导能力需要提高，网络建设和管理亟待加强和改进；有影响的精品力作还不够多，文化产品创作生产引导力度需要加大；公共文化服务体系不健全，城乡、区域文化发展不平衡；文化产业规模不大、结构不合理，束缚文化生产力发展的体制机制问题尚未根本解决；文化走出去较为薄弱，中华文化国际影响力需要进一步增强；文化人才队伍建设急需加强。推进文化改革发展，必须抓紧解决这些矛盾和问题。

（二）提出建设社会主义文化强国的目标

该决定是指导中国文化改革发展、开创中国特色社会主义文化建设新局面、建设社会主义文化强国的纲领性文件，该决定的一大亮点是提出建设文化强国的长远战略。

为推进建设社会主义文化强国进程，该决定提出了文化改革发展的具体目标，即到 2020 年，社会主义核心价值体系建设深入推进，良好思想道德风尚进一步弘扬，公民素质明显提高；适应人民需要的文化产品更加丰富，精品力作不断涌现；文化事业全面繁荣，覆盖全社会的公共文化服务体系基本建立，努力实现基本公共文化服务均等化；文化产业成为国民经济支柱性产业，整体实力和国际竞争力显著增强，公有制为主体、多种所有制共同发展的文化产业格局全面形成；文化管理体制和文化产品生产经营机制充满活力、富有效率，以民族文化为主体、吸收外来有益文化、推动中华文化走向世界的文化开放格局进一步完善；高素质文化人才队伍发展壮大，文化繁荣发展的人才保障更加有力。全党全国要为实现这些目标共同努力，不断提高文化建设科学化水平，为把我国建设成为社会主义文化强国打下坚实基础。

（三）推进社会主义核心价值体系建设

该决定指出，社会主义核心价值体系是兴国之魂，是社会主义先进文化的精髓，决定着中国特色社会主义发展方向，必须强化教育引导，增进社会共识，创新方式方法，健全制度保障，把社会主义核心价值体系融入国民教育、精神文明建设和党的建设全过程，贯穿改革开放和社会主义现代化建设各领域，体现到精神文化产品创作生产传播各方面，坚持用社会主义核心价值体系引领社会思潮，在全党全社会形成统一指导思想、共同理想信念、强大精神力量、基本道德规范。

为此，该决定要求必须坚持马克思主义指导地位，坚定中国特色社会主义共同理想，弘扬以爱国主义为核心的民族精神和以改革创新为核心的时代精神，树立和践行社会主义荣辱观。

（四）全面贯彻“二为”方向和“双百”方针，为人民提供更好更多的精神食粮

该决定要求，创作生产更多无愧于历史、无愧于时代、无愧于人民的优秀作品，这是文化繁荣发展的重要标志。文化发展必须全面贯彻为人民服务、为社会主义服务的方向和百花齐放、百家争鸣的方针，立足发展先进文化、建设和谐文化，激发文化创作生产活力，提高文化产品质量，发挥文化引领风尚、教育人民、服务社会、推动发展的作用。

为此，必须坚持正确创作方向，繁荣发展哲学社会科学，加强和改进新闻舆论工作，推出更多优秀文艺作品，发展健康向上的网络文化，完善文化产品评价体系和激励机制。

（五）大力发展公益性文化事业

该决定指出，满足人民基本文化需求是社会主义文化建设的基本任务，必须坚持政府主导，按照公益性、基本性、均等性、便利性的要求，加强文化基础设施建设，完善公共文化服务网络，让群众广泛享有免费或优惠的基本公共文化服务。

为此，该决定提出要从构建公共文化服务体系、发展现代传播体系、建设优秀传统文化传承体系、加快城乡文化一体化发展四个方面入手，使公益性文化事业逐渐满足人民基本文化需求。

（六）推动文化产业成为国民经济支柱性产业

该决定再次明确了推动文化产业成为国民经济支柱性产业，指出发展文化产业是社会主义市场经济条件下满足人民多样化精神文化需求的重要途径，必须坚持社会主义先进文化前进方向，坚持把社会效益放在首位，社会效益和经济效益相统一，按照全面协调可持续的要求，推动文化产业跨越式发展，使之

成为新的经济增长点、经济结构战略性调整的重要支点、转变经济发展方式的重要着力点，为推动科学发展提供重要支撑。

为此，该决定提出要从构建现代文化产业体系，形成公有制为主体、多种所有制共同发展的文化产业格局，推进文化科技创新和扩大文化消费四个方面制定具体措施，推动文化产业逐步成为国民经济的支柱产业。

（七）进一步深化改革开放，加快构建有利于文化繁荣发展的体制机制

该决定指出，文化引领时代风气之先，是最需要创新的领域，必须把握正确方向，加快推进文化体制改革，建立健全党委领导、政府管理、行业自律、社会监督、企事业单位依法运营的文化管理体制和富有活力的文化产品生产经营机制，发挥市场在文化资源配置中的积极作用，创新文化走出去模式，为文化繁荣发展提供强大动力。

该决定从深化国有文化单位改革、健全现代文化市场体系、创新文化管理体制、完善政策保障机制、推动中华文化走向世界和积极吸收借鉴国外优秀文化成果六个方面指出了下一步深化文化体制改革的方向。

（八）建设宏大文化人才队伍

推动社会主义文化大发展大繁荣，队伍是基础，人才是关键。该决定从造就高层次领军人物和高素质文化人才队伍、加强基层文化人才队伍建设、加强职业道德建设和作风建设三个方面指出了人才建设的方向，为社会主义文化大发展大繁荣提供有力人才支撑。

（九）加强和改进党对文化工作的领导，提高推进文化改革发展科学化水平

加强和改进党对文化工作的领导，是推进文化改革发展的根本保证。该决定指出，必须从战略和全局出发，把握文化发展规律，健全领导体制机制，改进工作方式方法，增强领导文化建设本领，要求切实担负起推进文化改革发展的政治责任，加强文化领域领导班子和党组织建设，健全共同推进文化建设工作机制，发挥人民群众文化创造积极性。

## 三 政策影响

该决定是继十六大明确提出“积极发展文化事业和文化产业”的战略决策，以及2005年年底出台《关于深化文化体制改革的若干意见》、《国民经济和社会发展第十二个五年规划纲要》从加快推进公益性文化事业单位改革、深入推进

经营性文化单位转企改制、加快推进文化管理体制改革等方面对文化体制改革做出全面部署以来，中共中央对文化体制改革所作的又一次国家层面重要战略部署，标志着中国共产党对文化建设的认识达到了新的高度，高层在文化理论创新与实践方面正逐渐走向成熟。

该决定意味着融合文化和科技于一身的文化创意产业在文化产业体系中处于前沿和高端地位，是中国文化建设乃至全面建设小康社会的一支重要“方面军”。而十七届六中全会的四类具体部署为这支“方面军”实现跨越式发展提供了契机。

### （一）构建现代文化产业体系有助于发挥文化创意产业的高端优势

第一，该决定对优化文化产业布局、发挥东中西部地区各自优势，以及发掘城市文化资源、发展特色文化产业、建设特色文化城市的系列部署，有利于文化创意产业发挥自身适应性强、能够对接多元地域文化的特点。

第二，该决定加大对拥有自主知识产权、弘扬民族优秀文化的产业支持力度，打造知名品牌的部署，有利于突出创意作为文化创意产业价值源头的地位。这为更多民族文化创意产品和服务打入国际市场提供了保障。

第三，该决定要求的加强文化产业基地规划和建设，发展文化产业集群，提高文化产业规模化、集约化、专业化水平，以及规划建设各具特色的文化创业创意园区，支持中小文化企业发展，正是从近年来文化创意产业集聚区建设中借鉴的经验，将其上升为政策导向后，有利于文化创意产业集聚区本身更好更快发展。

第四，该决定推动文化产业与旅游、体育、信息、物流、建筑等产业融合发展，增加相关产业文化含量，延伸文化产业链，提高附加值的部署，基本对应了文化创意产业的跨界融合特性，将对文化创意产业发展起到积极推动作用。

### （二）公有制为主体、多种所有制共同发展的文化产业格局有利于改善文化创意企业的成长环境

首先，文化创意企业的类型从所有制角度看，多为非公有制企业，该决定加强和改进对非公有制文化企业的服务和管理，引导其自觉履行社会责任，既改善了文化创意企业的成长环境，也有利于提高文化创意企业的社会效益。

其次，该决定提出在国家许可范围内，引导社会资本以多种形式投资文化创意产业，在投资核准、信用贷款、土地使用、税收优惠、上市融资、发行债券、对外贸易和申请专项资金等方面给予支持，营造公平参与市场竞争、同等

受到法律保护的体制和法制环境，明显改善了文化创意企业的融资环境和经营环境，有利于促进文化创意企业的成长壮大。

（三）推动文化科技创新顺应了文化创意产业的发展机理

第一，该决定提出的科技创新是文化发展的重要引擎，在文化创意产业发展中能够得到完美印证。文化创意来源于文化，科技支撑实现创意，推动文化创意产业的发展机理就是文化与科技融合。该决定对此命题的充分肯定，将保证文化创意产业的平稳运行。

第二，该决定部署的科技带动战略的深入实施和自主创新能力的增强及核心技术、关键技术、共性技术攻关，有利于更多文化创意通过产业化运作转化为换取“真金白银”的产品和服务。

第三，该决定提出的以先进技术支撑文化装备、软件、系统研制和自主发展，提高我国出版、印刷、传媒、影视、演艺、网络、动漫等领域技术装备水平，能够显著增强文化创意产品和服务的表现力、感染力，间接提升文化创意产业的赢利能力。

第四，该决定部署的以企业为主体、市场为导向、产学研相结合的文化技术创新体系和产学研战略联盟及公共服务平台建设，从根本上保证了文化创意产业可持续发展所需的不竭动力。

（四）扩大文化消费为文化创意产业开辟了更为广阔的市场

首先，该决定提出的创新商业模式，拓展了大众文化消费市场，开发了特色文化消费，扩大了文化服务消费，提供了个性化、分众化的文化产品和服务，培育了新的文化消费增长点，顺应了文化创意产业的消费者需求特点。

其次，该决定要求的提高基层文化消费水平，引导文化企业投资兴建更多适合群众需求的文化消费场所，鼓励出版适应群众购买能力的图书报刊，鼓励在商业演出和电影放映中安排一定数量的低价场次或门票，鼓励网络文化运营商开发更多低收费业务等措施，能够显著扩大文化创意产品和服务的消费者群体，同时也对文化创意产业发展提出了原则性要求，即把社会效益放在首位、社会效益和经济效益相统一。

## 第二节　《文化产业振兴规划》解读

### 一　政策背景

2008 年发生的国际金融危机，凸显了文化产业的特殊优势和特殊功能，也给文化产业带来了新的机遇和条件，为创新体制机制、优化产业结构、逆势快速发展带来了契机。同时，文化产业也在应对国际金融危机中发挥了调整结构、扩大内需、增加就业、推动发展的重要作用。加快振兴文化产业会拉动其他相关产业发展，为“保增长、扩内需、调结构、促改革、惠民生”做出积极贡献。在此背景下，2009 年 7 月 22 日，国务院常务会议审议通过了《文化产业振兴规划》。[①]《文化产业振兴规划》（简称《振兴规划》）是国际金融危机期间继钢铁、汽车、纺织等十大产业振兴规划后出台的又一个重要的产业振兴规划，标志着文化创意产业已经上升为国家的战略性产业。

## 二 政策主要内容

### （一）规划目标

《振兴规划》提出了我国文化产业的未来发展目标，即完成经营性文化单位转企改制，文化市场主体进一步完善，活力进一步增强，文化产业规模不断扩大，推动经济社会发展的功能和作用得到较好发挥。

### （二）发展重点

#### 1. 重点发展产业

在文化产业发展重点上，《振兴规划》将文化创意与影视制作、出版发行、印刷复制、广告、演艺娱乐、文化会展、数字内容和动漫等，作为文化产业发展的九大重点产业，提出要加大扶持力度，完善产业政策体系，实现跨越式发展。在文化产业重点发展方向上，要着重发展文化科技、音乐制作、艺术创作、动漫游戏等产业，增强影响力和带动力，拉动相关服务业和制造业的发展。其中，影视制作业要提升影片、电视剧和电视节目的生产能力，扩大影视制作、发行、播映和后产品开发，满足多种媒体、多种终端对影视数字内容的需求。出版业要推动产业结构调整和升级，加快从主要依赖传统纸介质出版物向多种介质形态出版物的数字出版产业转型。出版物发行业要积极开展跨地区、跨行业、跨所有制经营，形成若干大型发行集团，提高整体实力和竞争力。印刷复制业要发展高新技术印刷、特色印刷，建成若干各具特色、技术先进的印刷复制基地。演艺业要加快形成一批大型演艺集团，加强演出网络建设。动漫业要着力打造深受观众喜爱的国际化动漫形象和品牌，成为文化产业的重要增长点。

---

① 参见中央政府门户网站．2009.《文化产业振兴规划》全文发布．http：//www.gov.cn/jrzg/2009-09/26/content_1427394.htm [2009-09-26]．

2. 产业支持方式

在产业支持方式上，《振兴规划》提出实施以重大项目带动战略、培育骨干文化企业和加快文化产业园区和基地建设等，推动文化产业发展。在培育骨干文化企业方式上，提出在重点文化产业中选择一批成长性好、竞争力强的文化企业或企业集团，加大政策扶持力度，推动跨地区、跨行业联合或重组，尽快壮大企业规模，提高集约化经营水平，促进文化领域资源整合和结构调整。在加快文化产业园区和基地建设中，特别提出要建设若干辐射全国的区域文化产品物流中心，建设一批文化创意、影视制作、出版发行、印刷复制、演艺娱乐和动漫等产业示范基地，支持和加快发展具有地域和民族特色的文化产业群，这对保护和提升我国民族特色文化，利用民族特色文化发展文化创意产业开拓了空间。

3. 扩大文化消费

《振兴规划》提出要不断适应当前城乡居民消费结构的新变化和审美的新需求，创新文化产品和服务，提高文化消费意识，培育新的消费热点；加强原创性作品的创作，打造一批具有核心竞争力的知名文化品牌；努力降低成本，提供价格合理、丰富多样的精神文化产品和服务；加快建设具有自主知识产权、科技含量高、富有中国文化特色的主题公园；开发与文化结合的教育培训、健身、旅游、休闲等服务性消费，带动相关产业发展。

4. 建设现代文化市场体系

《振兴规划》指出要建立健全门类齐全的文化产品市场和文化要素市场，促进文化产品和生产要素的合理流动；重点建设传输快捷、覆盖广泛的文化传播渠道；发展文艺演出院线，推动主要城市演出场所连锁经营；支持全国文化票务网络建设；推进有线电视网络整合，鼓励通过并购、重组等方式，进行广电网络的区域整合和跨地区经营；推进电影院线、数字电影院线的跨地区整合及数字影院的建设和改造；支持国有出版发行企业以资本为纽带实行跨地区兼并重组；鼓励非公有资本进入文化创意、影视制作、演艺娱乐、动漫等领域；支持优先选用拥有自主知识产权、产品质量水平高的文化设备及产品。

5. 鼓励发展文化产业新型业态

《振兴规划》还将扩大消费和建设现代文化市场体系作为发展文化产业的突破口，鼓励发展文化产业新型业态。发展新兴的文化业态实质上就是推动文化与科技的融合。在这方面《振兴规划》作了比较详尽的论述，从具体内容上来看，总的目标是采用数字、网络等高新技术，大力推动文化产业升级，包括发展广播电视方面的新业态，如移动多媒体广播电视（CMMB）、网络广播电视、数字广播电视、手机广播电视，也包括对传统产业的改造和升级，如有线电视网络方面的下一代广播电视项目（NGB）现在已经启动。还有一些出版方面的新兴业态，同时在音乐、电影、流动演出等方面都要求加快关键技术设备的改造更新，研发核心技术。这是新兴文化业态背后技术支撑的问题。

6. 扩大对外文化贸易

《振兴规划》要求在对外文化贸易当中坚持以企业为主体，推动中华文化走出去，特别强调以企业为中心，重点扶持体现民族特色的文化产品和服务的出口，同时明确提出要抓好国际营销网络的建设，鼓励文化企业到境外设立研发生产基地，生产和开发适合当地文化消费特点的文化产品，真正使中华文化走出去，扩大影响力。

## 三 政策实施的保障措施

《振兴规划》提出的一些政策措施和保障条件非常具体，不仅有规划的目标，还有规划的重点任务，同时还有相应的政策措施和保障条件，主要有以下几方面。

### （一）降低准入门槛

对于降低准入门槛的问题，2005 年国务院已经下发了相关文件，对非公有资本进入文化产业有了一些明确的政策规定。《振兴规划》中最主要的亮点就是鼓励民营资本、外资进入政策许可的文化产业领域，特别是参与国有文化企业的股份制改造，最终目的是形成以公有制为主体、多种所有制共同发展的文化产业发展格局。

### （二）加大政府投入

现在中央财政和部分地方财政都已经设立了文化产业发展的专项资金，《振兴规划》中明确提出中央财政要明显增加专项资金的规模，主要是以贷款贴息、项目补贴、资本金注入等方式来促进文化产业发展。这方面也需要进一步细化。

### （三）落实税收政策

《振兴规划》指出要贯彻落实《国务院办公厅关于印发文化体制改革中经营性文化事业单位转制为企业和支持文化企业发展两个规定的通知》中的相关税收优惠政策，研究确定文化产业支撑技术的具体范围，加大税收扶持力度，支持文化产业发展。

### （四）加大金融支持

《振兴规划》鼓励银行业金融机构加大对文化企业的金融支持力度；倡导鼓

励担保和再担保机构大力开发支持文化产业发展、文化企业“走出去”的贷款担保业务品种；支持有条件的文化企业进入主板、创业板上市融资，鼓励已上市文化企业通过公开增发、定向增发等再融资方式进行并购和重组，迅速做大做强；支持符合条件的文化企业发行企业债券。

（五）设立中国文化产业投资基金

中国文化产业投资基金由中央财政注资引导，吸收国有骨干文化企业、大型国有企业和金融机构认购。该基金的组建筹备已经取得实质性进展，国家发展和改革委员会已批复核准中国文化产业投资基金管理有限公司的设立方案。该公司由中银国际控股有限公司、中国国际电视总公司及深圳国际文化产业博览交易会有限公司共同组建，担任中国文化产业投资基金的管理人。中国文化产业投资基金将成为我国首支以“中国”冠名的大型文化产业投资基金，致力于发挥中央财政资金的引导示范和杠杆作用，带动社会资本投资文化产业，完善文化产业投融资机制，推动我国文化产业的振兴和发展，为加快转变经济发展方式做出贡献。

（六）培养文化产业人才

随着文化产业发展速度不断加快，文化产业的影响面越来越大，但是现在发展文化产业所面临的一个非常突出的问题是人才的极度匮乏，特别是懂经营、善管理的文化人才极少，《振兴规划》提出要着力加强领军人物和各类专门人才的培养，继续办好经营管理人才培训班，培养一批熟悉市场经济规律、懂经营、善管理的人才；吸引财经、金融、科技等领域的优秀人才进入文化产业领域；注重海外文化创意、研发、管理等高端人才的引进，为我国文化产业发展提供强有力的人才保障。

（七）加强立法工作

《振兴规划》指出，要进一步完善法律体系，依法加强对文化产业发展的规范管理；完善国家知识产权保护体系，严厉打击各类盗版侵权行为，促进国家文化创新能力建设。

（八）深化文化体制改革

《振兴规划》指出要紧紧抓住转企改制、重塑市场主体这个中心环节，加快推进出版发行单位转企改制和兼并重组，加快电影制片、发行、放映单位和文艺院团转企改制，抓好党报党刊发行体制和广播电视节目制播分离改革；大力推动行政管理体制改革和政府职能转变，建立统一高效的文化市场综合执法机构。

### 四 政策的影响

《振兴规划》的出台标志着我国政府对文化产业的地位和作用，以及发展途径的认识在不断提升，为带动全社会关注、推动文化资源整合、培育新型市场主体提供了必要的政策支撑，营造了良好的发展环境。

《振兴规划》全面强调了文化产业的发展，并明确了文化创意是和出版发行、影视制作并列的一个概念，从概念上明确了文化创意和文化产业的关系。《振兴规划》对我国未来文化产业和文化创意产业的发展具有深远的战略意义。

《振兴规划》的实施将对我国文化发展和经济社会发展产生重大影响，将有助于转变经济发展方式，调整经济结构；有助于扩大内需，增加就业，积极应对金融危机产生的重大影响；有助于繁荣社会主义文化，更好地满足人民群众的文化需求；有助于推动中华文化走出去，提升国家文化软实力。

为落实《振兴规划》，文化部于2009年11月制定了《关于加快文化产业发展的指导意见》，明确文化系统加快文化产业发展的指导思想、基本原则、主要目标、发展方向、发展重点和主要任务，提出具体的保障措施。该意见采取一系列有针对性的新举措新办法，有利于解决文化产业发展中面临的瓶颈问题、突出问题。

为落实《振兴规划》提出的金融支持文化产业，中共中央宣传部、中国人民银行、财政部、文化部、国家广播电影电视总局、新闻出版总署、中国银行业监督管理委员会、中国证券监督管理委员会和中国保险监督管理委员会联合发布了《关于金融支持文化产业振兴和发展繁荣的指导意见》(银发〔2010〕94号)，从鼓励银行业金融机构开发适合文化产业特点的信贷产品、完善授信模式、加强和改进对文化企业的金融服务等方面提出了监管要求。

此外，主要省市也在地方层面相继制定各地的振兴规划或落实意见，推动各地文化产业和文化创意产业的发展繁荣。

## 第三节 《文化部“十二五”时期文化产业倍增计划》解读

### 一 政策背景

目前，我国文化产业整体发展水平还不高，活力和创造力还不强，区域布局不尽合理，政策体系还不完善，离国民经济支柱性产业的要求还有很大的距离。为全面贯彻落实党的十七届五中、六中全会精神，推动文化产业成为国民经济支柱性产业，加快建设社会主义文化强国，根据《中共中央关于深化文化体制改革　推动社会主义文化大发展大繁荣若干重大问题的决定》、《中华人民共和国国民经济和社会发展第十二个五年规划纲要》和《国家“十二五”时期文化改革发展规划纲要》，文化部于2012年2月28日发布了《文化部“十二五”时期文化产业倍增计划》[①]（简称《倍增计划》），作为“十二五”时期指导和调整我国文化创意产业的一部专项规划。

## 二 政策主要内容

### （一）规划目标

《倍增计划》要求，“十二五”期间，文化部门管理的文化产业的增加值年均现价增长速度高于20%，2015年比2010年至少翻一番，实现倍增；文化原创能力进一步提高，文化产品和服务更加丰富，文化产业成为满足人民多样化精神文化需求、提高人民生活幸福指数的重要途径；文化产业就业容量大、形式灵活的优点得到充分发挥，成为吸纳就业效果显著的产业之一；文化消费保持快速增长态势，占城乡居民消费的比重不断提高，成为国家扩大内需的重要组成部分。

### （二）发展重点

1. “抓大”不“放小”，培育壮大市场主体

《倍增计划》指出，推动文化产业成为国民经济支柱性产业，一个内在的要求是大力发展文化企业、培育合格市场主体。《倍增计划》提出，要形成以公有制为主体、多种所有制共同发展的文化产业格局，塑造培育文化市场主体，提高文化产业活力和竞争力。

一方面要“抓大”，培育骨干文化企业。《倍增计划》要求，培育一批核心竞争力强的国有或国有控股大型文化企业或企业集团，在发展产业和繁荣市场方面发挥主导作用；鼓励有实力的文化企业以资本为纽带，实行跨地区、跨行业、跨所有制、跨媒体兼并重组，形成一批有影响、有品牌、有竞争力的企业或企业集团，打造一批具有较强国际竞争力的“文化航母”。另一方面不“放小”，《倍增计划》明确提出要扶持中小文化企业，通过政府采购、信贷支持、加强服务等多种形式扶持中小文化企业发展，形成富有活力的中小企业群体。

---

① 参见文化部官网．2012．文化部发布《文化部“十二五”时期文化产业倍增计划》．http：//www.ccnt.gov.cn/xxfbnew2011/xwzx/lmsj/201202/t20120228231555.html［2012－02－29］．

2. 转变发展方式，变量的扩张为质的提升

《倍增计划》提出，要推动文化产业结构调整，提升文化生产的品质和效益，加快由注重数量扩张的规模增长转变为更加注重质量效益的内涵提高；鼓励集聚发展，建设10家左右高起点、规模化、代表国家水准和未来发展方向的国家级文化产业示范园区和一批集聚效应明显的文化产业示范基地，培育100个左右特色鲜明、主导产业突出的特色文化产业集群和一大批特色文化产业乡镇；促进产业融合，促进文化与旅游、体育、信息、物流、工业、建筑、会展、商贸、休闲等行业融合，提高国民经济的文化附加值；打造文化品牌，培育300家左右品牌文化企业，打造10个左右社会影响大、综合效益高的文化会展和节庆活动；加强引导调控，防止盲目投资、盲目跟风，造成资源浪费。

3. 东中西部"差异化"，发展特色产业群

《倍增计划》提出，实施差异化区域文化产业发展战略，加强分类指导，努力形成文化产业东中西部优势互补、相互拉动、共同发展的局面。《倍增计划》提出支持东部地区加快发展动漫游戏、创意设计、网络文化、数字文化服务等行业，培育科技型文化产业集群；引导中西部地区及限制开发的主体功能区，依托当地丰富的文化资源，重点发展演艺、文化旅游、艺术品、工艺美术、节庆会展等文化产业，走特色化、差异化、集聚化发展之路。

《倍增计划》指出，要统筹城乡文化产业发展，发掘城市文化资源，发展特色文化产业，建设特色文化城市；鼓励资源型城市合理利用其闲置旧厂房、废弃工业设施等，发展创意设计、演艺、会展、文化旅游等文化产业项目；鼓励发展农村手工艺品、民间演出和乡村文化旅游，培育打造一批特色文化产业乡镇和文化产业特色村。

《倍增计划》指出，要培育区域性特色文化产业群，发展壮大一批特色明显、集聚度高的特色文化产业基地，打造一批特色文化产品和服务，培育一批民族演艺、文化旅游、工艺美术等文化产业集群，着力推进藏羌彝文化产业走廊等重大项目，增强特色文化产业群发展的聚集力、辐射力和竞争力。

4. 扩大文化消费，增加文化产业发展内生动力

基于"扩大文化消费是扩大内需重要组成部分"的判断，《倍增计划》提出，要努力增加文化消费总量，提高文化消费水平，增强文化产业发展的内生动力。

一是培育文化消费习惯，提出要鼓励实施文化消费补贴制度，引导城乡居民文化消费，有条件的地方要为困难群众和农民工文化消费提供适当补贴；鼓励在商业演出中安排一定数量的低价场次或门票，鼓励网络文化运营商开发更多低收费业务。二是改善文化消费条件，提出要引导文化企业投资兴建更多适合群众需求的文化消费场所，支持社会力量兴办各类文化设施，鼓励机关、学

校和部队的文化设施面向社会开放等。三是促进文化消费升级，提出要大力开发适宜互联网、移动终端等载体的网络文化产品，促进动漫游戏、网络音乐娱乐等数字文化内容的消费等。

5. 九大重点项目带动产业总体素质提升

“实施重大项目带动战略”是引人注目的板块。《倍增计划》以专栏的形式，明确了九项重点工程：特色文化产业发展工程（着力推动特色文化城市和特色文化产业示范区建设），文艺演出院线建设工程（推动主要城市演出场所连锁经营，实现演艺产业规模化、集约化和高科技化），文化产业公共平台建设工程，国家数字文化产业创新工程（加快文化企业数字化网络化信息化进程），国产动漫振兴工程（大力发展网络动漫、手机动漫等新媒体动漫），国家动漫产业公共技术服务平台建设（推动动漫领域自主创新的关键技术研发），文化产业投融资体系建设推进工程（建设文化产业投融资公共服务平台），文化产业项目服务工程，藏羌彝文化产业走廊。

《倍增计划》还提出要加强引导，始终坚持正确的文化产品创作生产方向，推进文化科技创新、健全投融资体系、强化人才支撑、推动文化产业“走出去”，从多个层面促进文化产业健康、强劲发展。

6. 重点突破，11 个重点行业快速发展力促“倍增”

《倍增计划》提出，要以重点行业的快速发展实现倍增目标，形成各行业百花齐放、共同繁荣的良好局面，推动文化产业跨越式发展。《倍增计划》以专栏形式明确了“十二五”期间的 11 个重点行业及其发展目标。

（1）演艺业。提出要建设 10 家左右覆盖全国主要城市的全国性或跨区域的文艺演出院线，形成 1～2 个国际知名的演艺产业集聚区，为实现从演艺大国到演艺强国的跨越奠定基础。

（2）娱乐业。提出要打造 5～10 家具有较大产业规模和较强竞争实力的娱乐业品牌，使国产娱乐设备、国产原创娱乐内容占据国内市场 60%以上的份额。

（3）动漫业。提出力争到 2015 年，动漫业增加值超 300 亿元，着力打造 5～10个在国际上具有较强竞争力和影响力的国产动漫品牌和骨干动漫企业。

（4）游戏业。提出到 2015 年，游戏业市场收入规模达到 2000 亿元。

（5）文化旅游业。提出要使文化旅游成为文化产业和旅游产业新的经济增长点和重要支撑。

（6）艺术品业。提出到 2015 年，艺术品市场交易总额达 2000 亿。

（7）工艺美术业。提出到 2015 年，全国工艺美术业增加值超过 6000 亿元，出口额超过 200 亿美元。

（8）文化会展业。提出要形成 3～5 个覆盖全国并具有国际影响力的文化会展。

（9）创意设计业。提出要举办1～2个具有国际影响力的创意设计展会和赛事活动，打造3～5个世界知名的“设计之都”。

（10）网络文化业。提出要提高网络文化产品的原创能力和文化品位，进一步增强网络文化核心竞争力。

（11）数字文化服务业。提出要形成一批采用数字技术提供制作、传播、营销、推广等服务的文化服务企业，为文化产业和高新技术融合发展提供支撑。

### 三 政策实施的保障措施

为保障顺利实施，《倍增计划》制定了六大措施保障，明确了加大政府投入、完善政策法规体系、深化文化体制改革、规范文化市场秩序、加强产业公共服务、加强组织实施等六个方面的保障，加强对文化产业发展的政策保障和体制机制保障，全面创造有利于文化产业跨越式发展的良好环境。

## 第四节 《北京市促进文化创意产业发展的若干政策》解读

### 一 政策背景

2006年1月，中共中央国务院发布了《关于深化文化体制改革的若干意见》，提出了文化体制改革的基本框架，即形成以民族文化为主体，吸收外来有益文化，推动中华文化走向世界的文化开放格局，进一步提升文化事业和文化产业的国际影响力和竞争力；明确划分了文化事业和文化产业的范围；首次允许转制为企业的文化单位可以吸收部分社会资本，进行投资主体多元化的股份制改革；提出要合理配置文化资源，盘活存量，优化增量，大力提高文化产业规模化、集约化、专业化水平等。

在《关于深化文化体制改革的若干意见》出台前后，北京文化创意产业已经有所发展，2006年出台的《北京市国民经济和社会发展“十一五”规划》提出“推动文化创意产业加快发展，使之成为首都经济的支柱产业”。这是北京首次以专项规划的形式明确支持文化创意产业发展。

在此背景下，为落实《关于深化文化体制改革的若干意见》，加快发展北京文化创意产业，2006年，北京市文化创意产业领导小组办公室发布了针对文化创意产业的第一项专门性政策——《北京市促进文化创意产业发展的若干政策》，直接推动了北京文化创意产业迅速发展，也成为此后北京文化创意产业一系列重要政策措施的指导性文件。

## 二 政策主要内容

《北京市促进文化创意产业发展的若干政策》从市场准入、自主创新、知识产权保护、资金支持、市场需求、资源配置、智力支撑、组织协调八大方面，制定了促进北京文化创意产业发展的扶持政策。

（一）放宽市场准入，完善准入机制

《北京市促进文化创意产业发展的若干政策》要求制定和发布《北京市文化创意产业投资指导目录》，明确鼓励、允许、限制和禁止投资的项目，进一步放宽市场准入条件和领域，鼓励非公有资本及海外资本进入文化创意产业；要求深化文化体制改革，推进经营性文化事业单位转制为文化创意企业，增强产业活力和竞争力；转变政府职能，强化市场主体地位，积极营造有利于文化创意产业发展的公开、公平、公正的市场环境；鼓励企事业单位及个体创意人员，利用一切符合文化创意产业生产规律的经营方式和组织形式，发展文化创意产业，规定凡符合条件的文化创意产业各类经营主体均可享受本政策。

（二）支持创意研发，鼓励自主创新

《北京市促进文化创意产业发展的若干政策》制定了详细具体的支持创意研发和自主创新的政策，包括创意企业和个人的税收减免措施、创意企业加速设备折旧政策、鼓励设立企业技术中心等措施。具体措施包括，规定在中关村科技园区内新办的文化创意企业被认定为高新技术企业的，企业所得税自获利年度起2年内免征，2年后减按15%税率征收；对单位和个人在本市从事文化创意产业技术转让、技术开发业务和与之相关的技术咨询、技术服务取得的收入，免征营业税，高等学校、科研机构服务于文化创意产业的技术转让、技术开发、技术咨询和技术服务所取得的技术性服务收入，暂免征收所得税；加大对企业自主创新投入的所得税前抵扣力度，允许企业按当年实际发生的技术开发费用的150%抵扣当年应纳税所得额，当年抵扣不足部分，可按税法规定在5年内结转抵扣；允许企业加速研究开发仪器设备的折旧；支持和引导有条件的文化创意单位设立市级企业技术中心或工程技术中心，对符合条件的，积极推荐申报国家级企业技术中心、国家工程技术中心或国家工程研究中心，承担国家重大科技专项、国家科技计划重点项目、国家重大技术装备研究开发项目和重大引进技术消化吸收再创新项目。

（三）保护知识产权，营造创意环境

《北京市促进文化创意产业发展的若干政策》要求创新知识产权保护和服务

体系，研究制定文化创意产业知识产权保护和促进办法，并鼓励知识产权评价机构发展，建立健全知识产权信用保证机制；提出要建立版权资源信息中心和版权国际交易中心，构建版权授权体系，加强文化创意产业版权保护，支持现代著作权保护技术的开发和应用，严厉打击侵权行为，维护著作权人的合法权利；鼓励文化创意产业自主创新形成的成果及时申请、注册相关权利，文化创意企业申请专利的费用，可从北京市专利申请资助资金中给予支持；并提出要保护和推广本市文化创意产业著名商标，制定文化创意产业商标管理办法。

（四）加大资金支持，拓宽融资渠道

《北京市促进文化创意产业发展的若干政策》规定自 2006 年起，北京市政府每年安排 5 亿元文化创意产业发展专项资金，采取贷款贴息、项目补贴、政府重点采购、后期赎买和后期奖励等方式，对符合政府重点支持方向的文化创意产品、服务和项目予以扶持；同时，政府分三年投入 5 亿元文化创意产业集聚区基础设施专项资金；承诺进一步完善中小企业融资担保机制，支持和引导担保机构为本市中小企业特别是中小文化创意企业、中小高新技术企业的融资提供担保，并鼓励金融机构开展文化创意企业知识产权权利质押业务试点；承诺为文化创意企业在国内外资本市场融资创造条件，积极支持符合条件的文化创意企业改制上市。

（五）拉动市场需求，促进内外贸易

《北京市促进文化创意产业发展的若干政策》要求扩大对文化创意产品和服务的政府采购范围；鼓励和支持文化创意产品和服务出口业务，对具有自主知识产权和自主品牌的文化创意产品和服务的出口，按照国家税法规定享受出口退（免）税政策，对在境外提供文化劳务取得的境外收入不征营业税、免征企业所得税；规定北京市政府对文化创意产品和服务出口业绩突出的企业予以奖励；要求培育辐射国内外的文化创意产业营销网络体系；要求改善文化消费环境，促进消费结构升级，通过统筹规划，支持和引导经营性文化设施的建设，通过鼓励经营性文化设施打破分割，发展电影院线和剧院院线，并发展书报刊、影视产品、音像制品、电子出版物、艺术品、演出剧目的现代市场营销系统。

（六）优化资源配置，推动产业升级

《北京市促进文化创意产业发展的若干政策》规定北京市政府要认定一批文化创意产业集聚区和一批重点文化创意企业，政府在文化创意产业集聚区基础设施专项资金中安排资金予以支持，鼓励重点文化创意企业承担本行业共性技术研发、市场推广等公共服务平台的建设，对经认定的涉及文化创意产业发展全局性、可持续性的重大项目，政府在财政专项资金中安排资金予以支持；鼓励国际著名文化创意、制作、经纪、营销机构，利用其人才、技术、资金和营销渠道，与本市有条件的文化创意企业合作，开展文化创意活动，生产制作科技含量高、资金密集型的出口文化产品和服务，开展国际营销，通过提高本市文化创意产业的竞争力，扩大优秀民族文化的国际影响力；鼓励盘活存量房地资源，如工业厂房、仓储用房、可利用的传统四合院区域、传统商业街和历史文化保护街区等，用于文化创意产业经营；在本市设立的具有一定规模和重大经济效益的文化创意企业总部，对其境外管理服务、研究开发、投资和资产处置所获得收益的所得税地方留成部分，财政资金予以支持，在规划新城内选址建设的，政府在土地供应方面予以优先支持。

### （七）实施人才兴业，强化智力支撑

《北京市促进文化创意产业发展的若干政策》提出支持高等院校、职业院校与文化创意企业联合建设文化创意产业人才培养基地，加快培养、培训文化创意研发设计、经营管理、营销经纪人才；以经费资助等方式鼓励高等院校、研究机构和企业开展文化创意人才的国际交流；对聘用海内外高层次的管理人才、创意人才和营销经纪人才的文化创意企业，参照《北京市吸引高级人才奖励管理规定》予以奖励。此外，北京市政府设立文化创意奖，对为发展文化创意产业做出突出贡献的集体和个人给予表彰和奖励。

### （八）完善统筹机制，加强组织协调

《北京市促进文化创意产业发展的若干政策》提出建立健全文化创意产业发展推进机制，成立北京市文化创意产业促进中心；提出对文化创意产业集聚区、重点文化创意企业、文化创意产业人才培养基地实行认定制度，经认定后，享受本文件规定的有关优惠政策；要求建立健全文化创意产业统计制度及统计指标体系，及时准确地跟踪监测和分析研究本市文化创意产业发展状况。

## 三 政策对文化创意产业的影响

### （一）《北京市促进文化创意产业发展的若干政策》带动一系列政策措施出台

据《北京市促进文化创意产业发展的若干政策》，北京相继出台了《北京市文化创意产业投资指导目录》（2006 年）、《北京市文化创意产业发展专项资金管理办法》（2006 年）、《北京市文化创意产业集聚区基础设施专项资金管理办法》（2006 年）、《北京市文化创意产业集聚区认定和管理办法》（2006 年）、《北京市

文化创意产业分类标准》（2006年）、《北京市文化创意产业贷款贴息管理办法》（2008年）、《北京市文化创意产业担保资金管理办法》（2009年）、《北京市文化创意产业创业投资引导基金管理暂行办法》（2009年）、《北京市关于支持影视动画产业发展的实施办法》（2009年）、《北京市关于支持网络游戏产业发展的实施办法》（2009年）、北京市海关《支持北京市文化创意产业发展的若干措施》（2006年）、《北京市文化创意产业知识产权保护与促进意见》（2008年）、《北京市保护利用工业资源发展文化创意产业指导意见》（2007年）等一系列政策措施。

《北京市促进文化创意产业发展的若干政策》和后续的一系列政策措施，共同构成北京促进文化创意产业发展的政策体系。

### （二）《北京市促进文化创意产业发展的若干政策》执行效果显著

#### 1. 市场准入

根据《北京市促进文化创意产业发展的若干政策》制定的《北京市文化创意产业投资指导目录》，将北京文化创意产业九大行业按投资准入程度分为鼓励类、允许类、限制类和禁止类四项，鼓励非公资本和海外资本进入文化创意产业。

#### 2. 知识产权保护

2007年4月，东城区政府与中国版权保护中心签订了《战略合作意向书》，制定保护知识产权措施，建立版权国际交易中心。2008年，北京知识产权局制定并发布《北京市文化创意产业知识产权保护与促进意见》，加大了北京文化创意产业知识产权保护力度。

#### 3. 资金支持

政策对北京文化创意产业的资金支持主要体现在提供直接的资金补助、促进产业与金融资本对接、建立融资信息平台、为企业融资提供担保等方面。随着北京文化创意产业的日趋成熟，这些投融资服务模式也日益常规化，组合优势日益显现。

1）政府公共资金稳定支持创意产业发展

从2006年起，北京市政府每年安排5亿元文化创意产业发展专项资金，扶持发展文化创意产业。到2011年5月，北京市财政已累计投入25亿元，支持各类文化创意产业项目600个，带动了大量社会投资。[①] 北京建立了市级文化创意产业集聚区基础设施发展专项资金，支持市级集聚区的基础设施和公共服务平

① 参见新华网．2011．25亿专款力挺北京文化创意企业上层楼．http：//news.xinhuanet.com/local/2011-05/16/c_121421744.htm［2011-05-16］．

台建设，有力地推进了集聚区的发展。

北京市财政的公共资金带动了各区县的财政投入，各区县根据各自发展情况建立了本区县文化创意产业专项资金。东城区、朝阳区和怀柔区自2008年起分别设立5000万元/年、3000万元/年和6000万元/年的专项资金，海淀区和石景山区自2009年起分别设立1亿元/年的专项资金，昌平区自2009年起设立3000万元/年的专项资金，用以支持文化创意产业发展。据统计，到2009年6月为止，北京16个区县级的文化创意产业发展专项资金总额已达到3.9个亿。

2）政府搭桥，银企合作深入发展

北京金融机构自2007年开始对文化创意产业设立专项授信，到2010年，全市针对文化创意产业的授信银行已有四家。截至2011年3月底，北京银行、中国工商银行、中国农业银行、交通银行四家签约银行累计安排贷款项目2189个，资金208.1亿元。针对文化企业特别是中小文化企业融资难的问题，北京建立完善了包括贷款贴息、融资担保、创投基金等在内的融资服务体系，累计为122个项目成功融资10.7亿元。[①]

3）发挥投融资服务平台的功能，吸引社会资本发展文化创意产业

为解决文化创意产业投融资领域存在的投资方与项目方信息不对称问题，2007年11月，北京依托北京产权交易所建立文化创意产业投融资服务平台，汇聚文化创意企业资源和金融资源，为社会资本参与投资提供专业化服务。

4）建立文化创意产业贷款担保工作机制，为企业融资提供最后担保

2009年3月，《北京市文化创意产业担保资金管理实施办法（试行）》发布，旨在建立文化创意产业担保资金和工作机制，重点支持文化创意企业的创作、生产和营销等环节。担保资金来源于北京市文化创意产业发展专项资金，《北京市文化创意产业担保资金管理实施办法（试行）》将担保与再担保机制结合起来，通过对合作担保机构的再担保费进行补贴、对担保业务进行补助等方式，引导担保机构为符合北京文化创意产业发展总体规划和相关政策的项目提供担保服务。

4. 资源配置

2006年，《北京市文化创意产业集聚区认定和管理办法》颁布，到2011年年底，已认定的集聚区达30个，集聚区发展规范。此外，工业遗产再利用成为北京文化创意产业发展的一个途径，文化创意产业的发展改变了对工业厂房利用的“卖地—搬迁—拆房子”传统模式，通过挖掘提升再利用，使其快速融入新兴文化创意产业，这成为北京解决城市功能调整与文脉保护之间矛盾的一种

---

① 参见人民网．2011．新华调查：北京文化创意产业“领跑”全国奥秘何在．http：//society.people.com.cn/GB/136657/15907929.html［2011-10-15］．

新思路。

5. 组织协调

1）成立北京市文化创意产业促进中心

北京市委宣传部于2006年11月成立北京市文化创意产业促进中心，其为文化创意产业领导小组及办公室专门从事推动文化创意产业发展的常设机构。目前，该中心是北京文化创意产业的主要推进机构。该中心的主要职能如下。①推进文化创意产业知识产权保护；建立公共技术服务、文化创意产权交易平台，建立文化创意产业发展中介服务平台。②协调区县政府、相关部门推进本地区、本行业文化创意产业的发展；跟踪国内外文化创意产业的最新动态，组织开展创意产业展览和国际交流活动，协助创意个人及企业加强与国外政府和组织的联系，推进文化交流和文化产品出口。③协调相关部门落实《北京市促进文化创意产业发展的若干政策》、《北京市文化创意产业集聚园区认定和管理办法（试行）》等政策，承担对全市文化创意产业集聚区、文化创意产业人才培训基地的认定及其相关考核、统计和日常工作。④实施《北京市文化创意产业发展专项资金管理办法（试行）》及其管理细则。

2）建立文化创意产业统计制度和统计指标体系

2006年，北京市统计局发布《北京市文化创意产业分类标准》，将北京文化创意产业划分为九大类别：文化艺术，新闻出版，广播、电视、电影，软件、网络及计算机服务，广告会展，艺术品交易，设计服务，旅游、休闲娱乐，其他辅助服务，为北京文化创意产业的统计分析提供了依据，为监测文化创意产业运行态势提供了基本条件。

## 第五节 《浙江省文化创意产业发展规划》解读

### 一 政策背景

当前，浙江正处在社会结构转型、产业结构升级、城市功能转换的关键阶段，加快发展文化创意产业，对引领产业向高端发展、实现产业结构优化升级，提升中心城市能级、推进新型城市化进程，集聚创新要素、建设创新型省份，创建文化大省、发展社会主义先进文化等，都具有重要的推动作用。

2007年，浙江省第十二次党代会报告中提出，“要把发展服务业作为新的经济增长点和结构调整的战略重点，尤其要大力发展金融、创意、信息、咨询、物流、旅游、会展、电子商务等现代服务业”。2008年6月召开的浙江省委工作会议提出了建设文化产业发展体系的任务，并且提出了“大力发展文化创意产业”的要求，明确在加快建设创新型省份和文化大省的进程中要把发展文化创意产业作为一项重大工作来抓，文化创意产业在浙江经济社会发展全局中的战略地位凸显。在此背景下，为加快文化创意产业发展，优化发展结构和布局，浙江于2008年出台了《浙江省文化创意产业发展规划》。

## 二　政策主要内容

### （一）文化创意产业分类

《浙江省文化创意产业发展规划》将文化创意产业定义为“以知识产权的形成和应用为载体，将具有一定文化内涵的创新创意，通过科技的支撑作用和市场化运作可以被产业化的活动的总和”。

《浙江省文化创意产业发展规划》在综合研究国内外文化创意产业分类的基础上，将浙江文化创意产业分为产业设计、信息软件、建筑景观、文化传媒、咨询策划、创意农业6个大类11个行业，涉及38个国民经济行业小类。这种分类方法从浙江经济社会发展的实际情况出发，进一步突出了文化创意产业的核心层次和发展重点。

### （二）对浙江文化创意产业发展定位

《浙江省文化创意产业发展规划》对浙江文化创意产业在全国进行规划定位，提出培育打造“六大全国性基地”：全国领先的艺术品创作、展示和交易基地，全国一流的以日用轻工产品设计为特色的工业设计基地，全国领先的以行业应用、工业控制、商务网站为特色的信息软件基地，全国领先的以动漫游戏、影视制作为特色的数字娱乐基地，全国一流的以园林设计、建筑装饰为特色的建筑景观设计基地，全国一流的以文化开发、数字技术为特色的传媒出版基地。

### （三）明确文化创意产业发展重点

《浙江省文化创意产业发展规划》立足浙江文化创意产业的发展基础，充分发挥比较优势，提出着力做强做大六大优势行业，培育扶持发展五大潜力行业。

1. 重点做强六大行业

1）艺术品业

《浙江省文化创意产业发展规划》指出，要依托中国美术学院、浙江大学和西泠印社集团有限公司等机构，挖掘民间工艺及作品，积极发展书画、雕塑、篆印、陶艺等各类艺术品创作，加快培育美术经纪、美术出版、艺术品展示、艺术品拍卖、艺术品鉴赏等中介服务机构，推进艺术品的商品化经营和产业化生产；办好杭州西湖艺术博览会、浙江民间工艺品博览会等文化展会，培育传统文化和艺术品牌；加快发展和规范艺术品交易市场，加强艺术品经纪、艺术品市场管理等中介专业人才的培养和引进，扶持西泠印社集团有限公司进一步做强做大，鼓励发展画廊、艺术品经纪公司、艺术事务所、艺术收藏品市场、艺术拍卖行等各类主体，加强行业认证监管，建立健全信用评审和奖惩机制。

2）工业设计

该规划指出，要依托专业院校、科研院所和骨干企业，围绕区域特色产业发展，以工业设计园、行业设计中心、生产力促进中心、企业技术中心等研发机构为主要载体，加大财政和金融政策对 R&D、企业研发和工业设计的投入，有效整合和引进各类设计资源，鼓励发展高等级研发实验室、专业化工业设计公司和以院所为依托的工业设计室，支持骨干企业设立专业化工业设计部门；以环杭州湾、温台沿海和浙中城镇群为依托，重点扶持发展服装、通信、汽车、机械、船舶、家电、家具、鞋类、厨具等优势制造领域的工业设计产业，突出培育时尚服装、日用轻工等设计品牌，推进“浙江制造”向“浙江创造”转变。

3）信息软件

该规划指出，要以杭州国家软件产业基地、宁波信息科技产业园等为主要平台，加强与浙江大学、宁波大学等高等院校、科研院所的合作，大力培育和引进高端软件信息技术人才，着力突破共性基础软件及软件核心技术，重点推进面向行业应用和产业升级的嵌入式软件、软件出口与服务外包、行业应用软件、网络传输服务、数字内容与网络增值服务的发展，进一步优化软件与信息产业结构，提高产业国际化程度；努力建成以杭州、宁波等主要城市为依托的全国性软件产业基地、信息服务基地、服务外包基地和电子商务基地，产业规模稳居全国前五位，总体发展水平继续走在全国前列。

4）动漫游戏

该规划指出，要坚持自主创新和引进品牌相结合，民族文化和现代时尚相结合，创意内容和数字科技相结合，以杭州高新区国家动画产业基地、西湖区数字娱乐产业园和宁波动漫基地等为载体，完善教育培训、产业孵化、展示交流、技术支撑等公共服务平台，集聚美术原创、数字加工等专业创意人才，培育漫画、动画、游戏、衍生品开发等各类动漫游戏企业，建立和完善包括人才培训、生产创作、市场运营等主要环节的产业体系，使浙江成为国内具有重要影响力的动漫游戏产业中心。

5）建筑设计

该规划指出，要推进建筑景观设计领域的市场化进程，加快管理体制和运作机制改革，推广和完善招投标制度，支持规划设计院所做大做强，扶持建筑景观设计公司（室）发展，引进国际建筑设计机构，形成良性竞争的市场格局；

加快城市建筑景观设计产业与国际接轨，创新理念，拓展领域，提升水平，在区域市场竞争中形成特色竞争优势；加强专业人才的培养和引进，鼓励相关高校院所参与市场竞争。

6）传媒出版

该规划指出，要深化体制机制改革，推进广播影视业的市场化、产业化进程，支持浙江日报报业集团、浙江广播电视集团、浙江出版联合集团等龙头企业发展成为跨地区、跨行业、多媒体的大型文化传媒集团；加大对广播影视制作的扶持力度，做大做强省级国有控股影视集团，建设横店影视产业试验区等一批知名影视拍摄基地，培育一批民营影视制作企业，创作一批广播影视精品；创新广播影视经营模式，大力开发广播影视衍生产品市场；大力发展数字电视产业，将华数数字电视有限公司打造成为全省数字电视拓展的主平台；推进现代出版业的集团化、多元化、特色化发展，培育浙江日报报业集团、浙江出版联合集团、杭州日报集团等一批具有全国性影响力的龙头企业，鼓励图书、报纸、期刊、电子、音像、网络等领域多元化经营，大力实施精品工程，进一步做强品牌文化产品，全面提升新闻出版业在全国的地位和影响力。

2. 扶持发展五类行业

1）广告策划

该规划指出，要大力发展广播影视广告、报刊广告、户外广告和新媒体广告，扶持发展网络广告等新兴广告业态；加强专业人才培养和引进，不断提高从业人员整体素质，提高广告产品中的科技含量和创意水平，以创意设计提升产业竞争优势；支持企业做大做强，促进多元化发展，加强市场研究、营销企划、广告创意、媒介投放、效果评估、产品展示等产业链之间的分工协作，打造一批具有国内外影响力的综合性广告企业；扶持专业人才自主创业发展，鼓励引进国内外知名广告公司，提高专业化服务水平；健全广告协会功能，加强行业交流与自律，建立完善广告监管体系，提高广告的公信力，促进广告业健康发展。

2）咨询服务

该规划指出，要结合经济社会发展转型升级进程，引导和鼓励咨询服务创新，重点发展市场调研和策划、企业咨询、商务策划、金融咨询等咨询活动；依托高等院校和科研院所，积极开展与北京、上海、香港等地专业院所及国际咨询企业的人才交流和合作，努力培养和打造一支优秀的咨询从业队伍；鼓励民营资本和外资进入咨询领域，扶持发展一批省内有潜力的咨询企业。

3）文化会展

该规划指出，要结合产业结构的优化调整，抓住2010年上海世博会和2011年杭州世界休闲博览会、2011年杭州西湖国际博览会等重大会展活动举办契机，在进一步扩大中国国际动漫节、义乌文化产品交易博览会、宁波“浙江投资贸易洽谈会”等会展影响力的基础上，支持创建一批全国性乃至国际性的知名会展品牌；大力发展主题创意、活动策划、展馆设计、宣传招展等，为会展举办方和参展方提供的专业策划服务，支持有条件的高等院校发展相关专业和学科，建立会展业人才培训和交流平台，增强文化会展的行业竞争力。

4）教育培训

该规划指出，要加快教育强省建设步伐，进一步提升素质教育水平，强化职业技能教育和培训，推进素质教育和职业教育的协调发展；强化杭州的全省教育培训中心地位，大力发展新兴网络教育、继续教育、职业技能教育、社会文化生活教育和考试辅导教育等，大力培育信息软件、工业设计、工艺美术、艺术创作、广告策划等专业技术人才。

5）创意农业

该规划指出，要结合农业区域布局和资源特点，充分挖掘嘉湖平原和金衢盆地特色农业产区、浙北-浙东南蔬菜优势产业带、浙东花卉园艺区、杭嘉湖传统蚕区及浙东山体绿茶产区的生产、经济、生态、文化、艺术等功能，引导扶持发展创意农业；作好农业规划设计工作，积极建设供居民休闲、娱乐、体验的农业生态园区；开发利用农区良好的自然资源和生态环境，大力发展休闲观光农业；结合各具风貌特色的田园乡村和民俗文化，注入流行时尚、工艺美术和艺术创作元素，建设一批艺术村落和创意农庄；加强对农业废弃物的功能转化和再生利用，将构思与构造相结合，积极制作实用品或农业工艺品。

### （四）对文化创意产业的空间布局进行谋划

《浙江省文化创意产业发展规划》根据文化创意产业发展特点和国内外发展经验，结合浙江实际，指出浙江文化创意产业的发展应当以重要的省域或区域中心城市为主要依托，以文化创意产业集聚区为主要载体，形成“四大创意城市、六大省级文化创意产业集聚区、一批文化创意产业园”的主体发展架构。

#### 1. 重点培育两大综合性创意城市

从国外看，文化创意产业也源于并繁荣于中心城市，如伦敦、纽约、新加坡等。城市是文化创意产业发展的自然土壤和重要依托，创意则是现代城市功能的重要组成和竞争力的核心体现。建设创意城市，将创意理念、创意思维和创意活动贯穿于生产生活中，成为文化创意产业最为集聚和发达的地区，是提升城市核心竞争力的必然要求，也是文化创意产业发展的内在特点。因此，《浙江省文化创意产业发展规划》提出重点培育两大综合性创意城市——杭州和宁波。

1）杭州

杭州应立足省会城市、全省现代服务业发展中心和科技创新中心等地位，充分发挥科教人才、产业支撑、人居环境、文化底蕴等优势条件，重点发展信息软件、工业设计、动漫游戏、建筑设计、艺术品业、创意农业、传媒出版、文化会展等创意行业，培育增强文化创意产业的综合性竞争能力，成为引领文化创意产业发展的前沿基地和主平台、长江三角洲文化创意产业发展的战略高地和全国文化创意产业的中心之一。

2）宁波

宁波应发挥全省重要工业中心和国际化港口城市优势，突出服务于电子信息、服装、家电、汽车及零部件、模具、会展等优势产业的提升发展，重点培育软件信息、工业设计、动漫游戏、文化会展等创意行业，力争形成综合竞争优势，软件信息实力达到全国主要城市前列，工业设计尤其是服装设计能力居全省前沿，成为省内重要的文化创意产业中心。

2. 构筑十大省级文化创意产业集聚区

产业集群化是现代产业发展的重要趋势。文化创意产业的创新性和产业融合性，决定了其发展过程中需要创意人才的互动交流和创意企业的地理集聚。因此，《浙江省文化创意产业发展规划》特别提出构建浙江的文化创意产业集聚区，发挥集聚区在产业发展中的集聚、孵化和推动作用，将集聚区作为发展文化创意产业的有效载体。

《浙江省文化创意产业发展规划》从产业基础、发展空间、资源优势等实际发展条件出发，指出近期应重点扶持构建十个集聚效应明显、整体规模较大的标志性文化创意集聚区。这十个集聚区是杭州的环西湖文化创意产业圈、环西溪文化创意产业圈、沿运河文化创意产业带、沿钱塘江文化创意产业带，宁波的大学科技园文化创意产业集聚区，温州生态园文化创意产业集聚区，湖州的南浔文化创意产业集聚区，嘉兴的环南湖文化创意产业带，以及金华的义乌国际商贸城文化创意产业集聚区、东阳文化创意产业集聚区。

3. 集聚发展31个文化创意产业园区

浙江通过依托大专院校、依靠国家级开发区和科技园、规划建设功能新区等途径，集聚发展一批特色优势明显、辐射能力较强的文化创意产业园区，为众多文化创意企业提供孵化、创业、成长空间；近期重点对原则上满足总建筑面积在3万平方米以上、年营业收入超3亿元的文化创意园区进行扶持，进一步完善人才、技术、信息、融资、孵化等服务平台。

这31个文化创意产业园区的分布如下：杭州12个，宁波2个，温州1个，湖州1个，嘉兴3个，绍兴2个，金华1个，衢州2个，舟山1个，台州1个，丽水5个。

### （五）制定实施的措施

为保证内容的落实，《浙江省文化创意产业发展规划》制定了实施举措，包括强化组织领导、构建政策体系、注重产权保护、推动社会参与、建设人才队伍等。

在强化组织领导中，《浙江省文化创意产业发展规划》指出浙江省文化创意产业领导小组办公室统筹指导和协调全省文化创意产业集聚区及文化创意产业园区的建设和发展，其负责对文化创意产业集聚区和文化创意产业园区、重点文化创意企业、文化创意人才培养基地等进行认定，经认定后的集聚区、园区、企业、基地等享受有关优惠政策。该规划指出要加强产业发展的分析研究和跟踪监测，及时准确掌握文化创意产业发展状况。

在构建政策体系中强调财税政策和投融资政策对文化创意产业的支持。在财政支持方面，《浙江省文化创意产业发展规划》提出要创造条件设立文化创意产业发展基金、服务业扶持专项经费、科技创新发展专项资金等相关资金对文化创意产业中的重点企业及项目给予倾斜扶持；提出建立财政性资金采购自主创新产品制度，把具有自主知识产权的文化创意产品纳入政府采购自主创新产品目录。在融资服务方面，该规划提出鼓励商业银行重点支持中小文化创意企业，支持社会力量建立风险投资和担保公司为中小文化创意企业提供融资服务。

## 三 政策对文化创意产业的影响

《浙江省文化创意产业发展规划》有助于浙江文化创意产业抓住发展机遇，促使其后来居上，抢占高地，对推动浙江文化创意产业发展走在全国前列，使浙江成为具有较强辐射和影响力的文化创意产业发展先行区具有重要的意义。

目前，浙江已形成以杭州、宁波、温州等中心城市为主的文化创意产业集聚地，尤其是杭州，文化创意产业呈现出百花齐放态势，形成了西湖数字娱乐产业园、西湖创意谷、之江文化创意园等十大文化创意产业园。2008 年，围绕“打造全国文化创意产业中心”的战略目标，杭州成立了每年 1.52 亿元的文化创意产业专项资金，并着力发展信息服务业、动漫游戏业、设计服务业、现代传媒业等八大行业。

从杭州文化创意产业的发展情况看，2011 年，杭州文化创意产业实现增加值 843.30 亿元，按可比价计算增长 14.3%，占全市 GDP 比重的 12.03%。文化创意产业对杭州经济的贡献率稳步提升，对社会的贡献不断加大，特别是在吸纳就业、提升城市竞争力方面的功能日益显现。

# 第七章 中外文化创意产业政策比较

## 第一节 战略规划比较

### 一 战略规划的提出时间

文化创意产业已经成为当今世界经济文化发展的重要潮流，特别是在经济较发达国家和地区，发展文化创意产业成了转变和提升产业结构的战略举措，由此推动了文化创意产业在全球的勃兴。文化创意产业与越来越广泛的制造业部门联系起来，致力于发挥创新、信息、知识与文化在全球经济发展中的核心作用。

在中外诸多文化创意产业政策中，战略规划类政策充当了急先锋的角色，各个国家和地区基本都是在确立了文化创意产业的国家战略地位后，才迎来了文化创意产业的空前繁荣。美国、欧盟各国，以及澳大利亚、日本、韩国、加拿大、新西兰、新加坡乃至马来西亚等国家，都先后把文化创意产业上升到国家战略高度来发展，形成了全球文化创意产业蓬勃发展的总体态势。

从战略规划的提出时间来看，文化创意产业源于欧洲，兴盛于美国，并从西到东、由北至南，迅速遍及全球，产业本身还夹带着文化兴盛与扩张的诉求。文化创意产业国家战略被提出的深层原因基本都是产业结构调整和经济发展方式转变的倒逼，同时也是文化与经济发展的联系日益密切的必然结果。

作为最早提出“创意产业”的国家，英国文化创意产业发展历程具有代表性。曾经是“世界工厂”的英国，后来丧失了制造业大国的地位。1997 年 5 月，为调整产业结构，解决就业问题，英国首相布莱尔提议并推动成立了“创意产业特别工作组”。这个特别工作组深入分析英国文化创意产业的现状，制定发展战略，提出把发展文化创意产业作为振兴英国经济的重要手段。1998 年，英国政府出台了《英国创意产业路径文件》，正式将文化创意产业上升到了国家战略高度。

其实在英国提出文化创意产业国家战略的前后，许多经济较发达的国家和地区已经在文化创意产业领域进行了一定的探索和实践，只不过没有在国家层面明确提出“文化创意产业”这一概念。例如，澳大利亚于1994年就发布了第一个国家文化发展战略，力推文化创意产业，试图构建一个创意国度；日本于1995年开启了“文化立国”战略的初步设想，1996年正式确立“文化立国”战略，还提出要把21世纪作为日本依靠本国文化资源与文化优势开始新一轮发展的世纪；从表面来看，美国文化创意产业似乎是“无为而治”，没有一个明确的国家战略，事实上美国版权保护文化创意产业发展得更早，并且在20世纪末就已经创造了诸多文化创意产业领域的著名品牌和产品，只不过由于偏重营造产业发展环境和鼓励自由竞争，国家意志表现得不够强烈。

尽管各个国家和地区提出文化创意产业国家战略的时间不一，学界也对具体时间点存在一些分歧，但是从历史和经济发展的宏观视角来看，大多集中在20世纪末21世纪初。不同国家和地区广泛而集中地提出文化创意产业国家战略，既反映了经济全球化的深刻影响，又体现出了全球经济发展的内在演变趋势。在全球范围内，如此多的国家不约而同地关注和发展文化创意产业，足见文化创意产业对经济发展的深远影响。

作为全球最重要的经济体之一，我国自然脱离不了文化创意产业发展的国际大趋势。得益于较高的国际化程度，我国的香港、澳门、台湾优先察觉并进入全球创意浪潮。20世纪90年代末，香港社会就开始关注文化创意产业的发展，为应对东南亚金融风暴，缓解产业结构过分狭窄、结构性失业等问题，2001年和2003年，香港特区政府行政首脑两度在施政报告中强调文化创意产业的重要性，并通过建基金、推计划来刺激文化创意产业发展。台湾则稍晚于香港，为应对传统产业转型的需求与全球化的趋势，在2002年的“挑战2008重点发展计划”中提出了文化创意产业发展计划，将文化创意产业作为核心产业，着重通过项目实施和资金投入加快其发展。

上海和北京是我国内地文化创意产业的先行者，通过学术论坛和学者呼吁，逐步在全社会形成了文化创意产业的发展共识。从国家层面来看，文化创意产业是渐进式步入国家战略和决策视野的。2007年，党的十七大报告明确提出要“推动社会主义文化大发展大繁荣”，“激发全民族文化创造活力，提高国家文化软实力”，逐步将文化创意产业作为一项国家战略实施。特别是2009年的国家《文化产业振兴规划》首次在国家战略规划中提出发展文化创意产业，表明国家已将政策目光进一步指向文化创意产业，将文化创意产业的发展提高到了国家战略高度。由此，各地不断推出文化创意产业发展规划，掀起了一股文化创意产业发展热潮。

总的来说，我国国家层面文化创意产业战略规划的提出略晚于较发达国家和地区，而且在国家层面更加关注“大文化”，其中文化产业概念的内涵外延远远大于文化创意产业，更具针对性的文化创意产业国家战略规划尚未出台。与此同时，我国对文化产业和文化创意产业的理解存在模糊和偏差，出于对已有文化创意产业结构布局和产业基础的考虑，部分地方政府，特别是一些经济较发达的省份和城市则倾向于发展文化创意产业，借助五年计划制定了文化创意产业发展规划，这些规划有一部分出现在“十一五”初期，大部分则集中在“十二五”初期的2011年前后。

## 二 战略规划的制定层面

战略规划分为国家产业战略规划和地区产业战略规划。国家产业战略规划是在全国范围内，按照地域分工合作的原则组织全国文化创意产业的发展与布局，以便在全国范围内形成聚集与分散相结合的产业体系，既能够最大限度地发挥各地区的优势，又能够构建分工协作的机制。地区产业战略规划包括区域、省级、城市文化创意产业的战略规划，是在一定区域范围、一省或一市范围内组织文化创意产业的发展与布局。

战略规划具有前瞻性和引领性，制定战略规划的部门层级越高，战略规划所能发挥的效能就越大。在国家层面出台战略规划，会深刻影响整个产业的发展，甚至会在深层次影响经济的发展。

纵观国际文化创意产业发展历程，各国在发展初期所制定的战略规划发挥了重要作用。从这些国家战略规划的制定层面来看，绝大部分出自国家层面，着眼的是经济文化的长远发展。为了制定和落实国家文化创意产业战略规划，各国还纷纷设立了相应的机构。

在英国，1997年由首相布莱尔直接推动成立了“创意产业特别工作组”，并亲自担任该工作组主席，将文化创意产业作为国家重要产业加以重点支持。在这一特设机构的推动下，制定的各项战略规划得到了有效落实。①

在日本，2003年内阁设立了知识产权战略本部，专门负责包括文化创意产业在内的知识产权服务战略，制定并发布“知识产权推进计划”，有力推动了日本文化创意产业的发展。

在韩国，1994年由文化观光部首次设立文化产业局，主管文化创意产业；1999年文化观光部、产业资源部等通力合作，设立各自下属的游戏综合支援中心、游戏技术开发支援中心等，将发展文化创意产业提高到了国家意志的高度，实现了文化创意产业由事业性质向产业性质的转变，在国家层面，通过制定五年计划构建文化创意产业发展的总体战略。

---

① 参见 DCMS. 2011. Full December 2010 Creative Industries Economic Estimates，http：//www.culture.gov.uk/images/research/CIEE_Full_Release_Dec2010.pdf［2011-01-02］.

文化创意产业具有跨界特性，同时涉及多个产业、多个政府部门。从国际经验来看，成立文化创意产业高级别的统一协调部门是十分必要的，有利于实现文化创意产业在更高层面的统筹发展，而且在国家层面提出的战略规划更能体现国家意志，有利于增强战略规划实施的广度和力度。

我国目前还没有国家级的文化创意产业协调机构。与文化创意关系密切的文化部，往往把更多的精力投放在公共文化服务体系的构建上，产业化发展的动力不足。而与产业关系密切的国家发展和改革委员会，虽然具有一定的产业协调职能，但是文化创意产业跨界特性在实践指导层面限制了其产业协调职能的发挥。

在国家层面，党的中央全会发挥了对文化创意产业事实上的决策和统筹职能，尽管中央提得更多的是文化大发展大繁荣，但其中文化的概念外延有很大一部分就是文化创意产业。在中央全会研究、讨论的基础上，国务院先后发布了《国家“十一五”时期文化发展规划纲要》、《文化产业振兴规划》、《国家“十二五”时期文化改革发展规划纲要》等，可以视为与文化创意产业关联度较高的国家级战略规划。特别是党的十七届六中全会对文化发展作了全面部署，掀起了全国范围内文化发展的热潮，为文化创意产业带来了新的发展机遇。同时，我国文化创意产业的战略规划明显区分为国家和地方两个层面，部分地方政府借助五年计划制定了文化创意产业发展规划，构成了对国家层面战略规划的有机补充。

## 三 战略规划的核心内容

尽管各国在文化创意产业战略规划的提出时间和制定层面上有一定的趋同性，但是仔细分析其战略规划的核心内容，仍然有一定的差别。

英国的文化创意产业国家战略注重发掘文化对经济的影响，一是重视出口，实施积极的文化创意产业国际贸易策略，成立四大专责机构全力推动文化创意产品和服务的出口；二是开展跨越部门的整合协作，强化地方政府对当地文化创意产业发展的权力，建立起服务于文化创意产业发展的强有力的组织保障；三是善于调动社会力量参与，不仅用大量资金资助艺术机构和艺术家，发现和培育创意人才，还鼓励私人投资文化创意产业，加强商业和艺术组织间的合作。

日本依据产业演进规律，充分发挥本国文化创意产业优势和资源禀赋，立足于依靠“出口导向”战略和“文化立国”战略成长起来的服装设计业、动漫产业，结合高新技术的发展，不断提升旅游业，将其上升到“休闲产业”层面，逐步构建了以动漫产业为核心，时尚、设计会展为平台的国际流行文化策源地。从中观规划角度，为把“文化立国”战略落到实处，日本政府还通过战略会议、恳谈会、幕僚会议、审议会等形式，研究商讨具体对策，推动文化创意产业发展。

与上述国家不同，美国的文化创意产业发展战略非常重视自由竞争和市场作用，采取鼓励自由竞争的策略刺激产业发展，其发展战略从表面上看实行的是“无为而治”，但政府宽松的文化创意产业发展政策、有效的知识产权保护政策和文化扶持政策反而凸显了政府作为良好产业环境营造者的核心作用，有利于激发产业自身活力，也有利于文化创意产业的可持续发展。

各国发展文化创意产业的战略规划之所以存在明显差别，与各自产业和经济发展实际密切相关，更为重要的是，作为国家意志的体现，与政府干预产业发展的方式有直接关系。西方国家普遍倾向于产业环境的营造，以中国为代表的亚洲国家和地区则普遍强调政府对产业本身强有力的刺激作用。

我国文化创意产业的国家战略带有明显的政府强力推动色彩，与国外文化创意产业战略内容相比，有几个明显的特点。首先是不断强化文化创意产业的战略地位和市场属性，连续出台的多个国家层面的战略规划，已经将文化创意产业上升到了国家战略的高度，通过持续的文化体制改革，逐步剥离了原来文化创意产业中的意识形态属性，形成了比较清晰的公益性文化事业和经营性文化产业的界定和发展思路。其次是找到了战略规划的落脚点，开始关注文化创意产业发展的核心问题，越来越重视知识产权保护、投融资体系建设等文化创意产业发展的关键问题，对重点行业的支持力度不断加大，形成了一系列针对性较强的文化创意产业政策。最后是保持了战略规划的高度一致和有效执行，除了中央全会和专项战略规划外，从中央到地方的五年规划在战略内容上一脉贯通，形成了全国范围内发展文化创意产业的共识和热情，政府的高度关注和政策的集成，保障了战略规划的有效实施。此外，在不断强调国家文化软实力的背景下，我国文化创意产业发展战略越来越重视文化输出和对外贸易，重点扶持体现民族特色的文化产品和服务的出口。

## 四　战略规划的宏观影响

战略规划是统领性规划，制定出来后，其他的产业开发策略和行业发展规划应当根据战略规划进行修编。因此，战略规划具有全局性、方向性和预见性的特点，解决事关产业发展的战略问题，时间跨度长，地域空间广阔，同时其影响也最为深远。

在国家战略的推动下，文化创意产业已成为英国第一大产业，成功推动了英国文化的出口，有效抵补了货物贸易逆差，文化创意产业出口占英国出口额的比重早在2009年就已经突破了10%，而且文化创意产业还吸纳了英国5%以上的就业。2011年的数据显示，英国共有10.7万家文化创意公司和10.9万家文化创意商业企业，分别占英国公司总数的5.13%和商业企业总数的4.27%，足见英国文化创意产业的繁荣。① 此外，英国还形成了五个创意城市，分别是伦敦、格拉斯哥、曼彻斯特、布拉德福德和爱丁堡，其中三个城市已经加入联合国教科文组织创意城市网络，形成了全球影响。

虽然起步晚于英国，美国的文化创意产业同样在突飞猛进地发展，甚至还发出了“资本的时代已经过去，创意的时代已经来临”的感慨。美国国际知识产权联盟在连续10年发布的报告中称：“美国版权产业在对GDP的贡献和就业水平两方面，已经持续超过美国经济的其余部分，而且在美国出口增长中也扮演着日益突出的角色。”文化创意产业已经成为美国经济中较大的出口部门之一，联合国《2010创意经济报告》指出，2008年美国文化创意产品出口额达到350亿美元，占世界的8%。

受益于20世纪90年代的“文化立国”战略，日本已经成为亚洲文化创意产业最为发达的国家。日本政府一直积极发展文化创意产业，尤其是漫画、动画、电影、音乐、游戏、网络游戏、生活娱乐等数字内容类文化创意产业，其不仅带动了日本国内经济发展，同时也提升了日本的国际竞争力。游戏和动画片是日本出口海外文化创意产品的两支重要力量。此外，漫画通过向海外出版社出售版权，已在亚洲、美国、欧洲等地区广泛翻译出版，如《灌篮高手》、《龙珠》等已成为全世界畅销书。文化创意产业正在成为日本除汽车产业之外，既具有拉动国内经济增长，又具有国际竞争力的又一支柱产业（林乃森，2011）。

战略规划同样对我国文化创意产业产生了重要影响，尽管由于起步略晚，我国文化创意产业的经济总量和GDP占比不是很大，但是增速十分明显。《中国文化产业年度发展报告2012》显示，2011年我国文化产业总产值超过3.9万亿元，占GDP比重将首次超过3%，2004年以来年均增速超过20%，快速发展的文化产业对国民经济增长的贡献不断上升。数据反映的仅仅是经济数量上的增长，对于处于“调结构、转方式”关键时期的中国来说，文化创意产业的发展成就远远超出了数字本身的意义。当前，由文化创意产业国家战略引发的文化发展热潮席卷全国，北京、上海、深圳等先行地区的文化创意产业已经成长为支柱产业，产业的关联拉动效应越来越强，成功实现了产业的转型升级，一些重点城市也在积极发展文化创意产业，中西部地区也对文化创意产业表现出了浓厚的兴趣，《文化部“十二五”时期文化产业倍增计划》所描绘的“五年倍增”和“支柱性产业”蓝图正在逐步演变为现实。未来，随着我国文化创意产业国家战略的进一步明晰，文化创意产业将产生更加宏大而深远的影响。

---

① 参见DCMS. 2011. Creative Industries Economic Estimates—December 2011. http://www.culture.gov.uk/publications/8682.aspx [2011-12-07].

# 第二节　开发策略比较

## 一 产业分类认定政策

产业分类认定政策尽管与普通的政策条文有所区别，但是清晰的产业门类划分是产业统计和运行监测的基础，因而产业分类认定政策可以看做文化创意产业政策体系的重要构成内容之一。

不同国家和地区因经济社会发展水平不同，工业化、城市化、现代化发展进程不同，细分的产业结构不同，加之历史文化背景的差异，对文化创意产业的称谓和分类有所不同（表 7-1）。

表 7-1　不同国家和地区对文化创意产业的称谓和分类

| 国家或地区 | 产业称谓 | 分类 |
|---|---|---|
| 英国 | 创意产业 | 13 类。广告、建筑、美术和古董市场、手工艺、设计、时尚、电影、互动休闲软件、音乐、表演艺术、出版、软件与电脑服务、电视和广播等 |
| 美国 | 版权产业 | 4 大类。核心版权产业：报刊图书出版业、影视业、戏剧创作演出业、广告业、计算机软件开发业等；部分版权产业：服装、纺织品与鞋类、珠宝与钱币、家用物品、陶瓷与玻璃、玩具和游戏、建筑、工程、测量等；交叉版权产业：计算机、电视机、收音机、录像机、电子游戏设备等；边缘版权产业：为发行版权产品的一般批发与零售、大众运输服务、电信与因特网服务 |
| 澳大利亚 | 数字内容产业 | 16 类。电影、广播、书籍、音像、杂志出版、游戏出版、付费电视、在线广播、新媒体、在线服务、电子商务、广告、建筑设计、健康和教育、视觉艺术、表演艺术等 |
| 日本 | 内容产业 | 3 大类。内容制造业：个人电脑及网络、电视、多媒体系统建构、数位影像处理、数位影像讯号发送、录影软件、音乐录制、书籍杂志、新闻、汽车导航等 10 类；休闲产业：学习休闲、鉴赏休闲、运动设施、学校及补习班、比赛演出售票、国内旅游、电子游戏、音乐伴唱等 8 类；时尚产业：时尚设计、化妆品等 2 类 |
| 韩国 | 文化产业 | 17 类。影视、广播、音像、游戏、动画、卡通形象、演出、文物、美术、广告、出版印刷、创意性设计、工艺品、传统服装、传统食品、多媒体影像软件、网络等 |
| 中国内地 | 文化产业 | 9 大类、24 中类和 80 小类。9 大类又被组合出三个层面，即核心层（新闻服务，出版发行和版权服务，广播、电视、电影服务，文化艺术服务）、外围层（网络文化服务，文化休闲娱乐服务，其他文化服务）、相关层（文化用品、设备及相关文化产品的生产，文化用品、设备及相关文化产品的销售） |
| 中国香港 | 创意产业 | 11 类。设计、建筑、广告、出版、音乐、电影、计算机软件、数码娱乐、演艺、广播、古董与艺术品买卖等 |

续表

| 国家或地区 | 产业称谓 | 分类 |
| --- | --- | --- |
| 中国台湾 | 文化创意产业 | 10类。视觉与艺术产业、音乐与表演艺术产业、文化展演设施产业、工艺产业、电影产业、广播电视产业、出版产业、设计产业、设计品牌时尚产业、建筑设计产业等 |

注：北京、上海等地与文化产业并存的称谓还有文化创意产业和创意产业

英国最早提出“创意产业”的概念，以就业人数多或参与人数多、产值大或成长潜力大、原创性高或创新性高三个原则作为标准。英国文化创意产业的产业范畴包括广告、建筑、美术和古董市场、手工艺、设计、时尚、电影、互动休闲软件、音乐、表演艺术、出版、软件与电脑服务、电视和广播等13个门类。

美国是全球版权产业最为发达的国家，版权产业已经成为当今美国最大、最富有活力，并能够带来巨大经济收益的产业，美国把文化创意产业相关的产业称为“版权产业”，并把9个门类的产业类别划分为核心版权产业、交叉版权产业、部分版权产业和边缘版权产业，与其他国家和地区的产业称谓和分类具有较大差异。

澳大利亚本身缺乏独特的艺术与文化气息，这样的条件与背景使澳大利亚在发展文化创意产业时，偏重以内容为导向，并结合数字技术的广泛应用，因此澳大利亚的文化创意产业以数字内容产业为主。

日本与澳大利亚有很大的相似之处，称文化创意产业为内容产业，是指“可以给人的精神带来享受的‘信息’，可以进行经济经营的‘财产’”，更强调文化产品中的创意因素，即发挥“人”的创造力制作形成的、有形的商品及其衍生产品。

韩国与我国相似，都称文化创意产业为文化产业，产业细分类别上也有较多相同之处，只不过我国在文化创意产业的称谓和分类上较为复杂。在国家层面，我国第一个系统的分类标准是2004年国家统计局推出的《文化产业分类标准》，该标准将文化及相关产业划分为四层：第一层为文化服务和相关文化服务（根据重要性划分），第二层为9个大类（根据部门管理需要和文化活动的特点划分），第三层为24个中类（依照产业链和上下层分类的关系划分），第四层为80个小类（按第三层所包括的行业类别，即具体活动类别划分）。主要涉及文化产品制作和销售、文化传播服务、文化休闲娱乐服务、文化用品生产和销售、文化设备生产和销售、相关文化产品制作和销售等六类文化活动。

在地方层面，受经济制度差异的影响，我国的香港、澳门、台湾与内地差别较大。例如，香港沿用国际上比较流行的“创意产业”的称谓，具体包括11个产业类别；台湾则比较重视文化的作用，直接称“文化创意产业”，包含10个类别；内地以北京、上海较为特殊，两地文化创意产业发展领先于全国，因

而在全国普遍认同“文化产业”时，北京一直坚持“文化创意产业”的称谓，上海在2011年之前使用“创意产业”的国际称谓，2011年开始，有意将“文化产业”和“创意产业”合并，统称为“文化创意产业”，浙江、深圳、成都等省市也称“文化创意产业”，天津、重庆等地则称“创意产业”。北京、上海和浙江等省市还各自制定自己的统计分类标准，与全国标准有一定差异。我国其他地区对文化创意产业的称谓以“文化产业”为主，承袭了国家层面的称谓。事实上，通过比较发现，同样是文化创意产业，台湾和北京、浙江的分类不尽相同；同样是创意产业，香港和上海的分类差异也较大。这些都与当地文化创意产业基本情况及创意活动特点密切相关。目前，业界对文化产业、文化创意产业、创意产业之间差异的讨论尚未达成共识，实际操作层面也难以达成统一的称谓和分类标准。

## 二 产业整体促进政策

从产业整体促进政策来看，不同国家和地区在发展文化创意产业时有明显的侧重点，而且东西方的产业促进政策有一定差异，特别是西方国家与我国的差别较大。

英国文化创意产业政策主张通过知识产权的开发和运用，帮助文化创意企业充分挖掘自身经济潜力，并通过各地政府与企业间的大力合作，以伙伴关系来推动文化创意产业发展。在宏观政策上，英国重点支持创意出口推广、教育及技能培训，协助企业融资，强化税务和规章监管，保护知识产权，加大地方推动文化创意产业发展的自主权等。

与英国不同，美国政府促进文化创意产业发展的政策的首要特点是规范和营造产业发展的宽松环境，尤其推崇自由竞争，政府干预程度非常低；其次，美国非常重视知识产权的保护和立法，版权保护法律体系十分健全；最后，美国注重文化外交，坚持实施积极的文化扩张战略，形成了一系列具有全球影响力的文化产品和品牌。

韩国的文化创意产业政策总体上偏重发展外向型文化产品，开拓海外市场，提高国际竞争力，具体表现为坚持协助建设一批文化创意产业园区，形成集约化、规模化的产业经营模式。为此，韩国政府成立专项基金，建立激励机制，促进企业自主研发，提高企业创新能力，并鼓励企业将全球化意识融入自身发展战略中，促进文化创意产业发展的政策细化到了文化创意企业经营模式及具体项目运作模式的规划中。

可以看出，西方国家更加重视文化创意产业发展环境的营造，关注创意本身（包括知识产权在内）、创意人才、创意企业的个体发展，所有政策的基调是创造宽松良好的产业环境，强调政策的协同效应，努力促使文化创意产业以产品、品牌的方式在全球范围内传播。日本、韩国，以及包括我国在内的亚洲国家充分吸收了西方国家产业促进政策的优点，在知识产权、对外贸易等方面都采取了积极的政策措施，同时也反映出比较强烈的政府规制特点，特别是在资金支持方式、集聚发展方式等方面，政府通过政策发挥主导作用，在产业发展的初期，这种政策促进方式有其积极意义，有利于产业快速发展。

具体到我国文化创意产业的整体促进政策，体现在如下几个方面。一是注重资源整合，非常明确地提出要加强文化资源的整合和结构调整，特别提出跨地区、跨行业、跨所有制的发展，推动文化资源向优势企业适度集中。二是关注新兴文化业态的培育，甚至将文化创意产业本身作为战略性新兴产业，重视文化创新和高新技术的应用。发展新兴文化业态实质上就是推动文化与科技融合，促进文化创意产业的升级。三是强化重点示范，引导建设区域性特色文化创意产业群，具体体现在推动文化创意产业基地建设、实施重大项目带动战略和培育文化创意产业骨干企业三个方面，这是确保短期内实现文化创意产业突破性发展的有效手段。四是财政资金支持力度比较大，提出中央财政要明显增加专项资金的规模，主要方式有贷款贴息、项目补贴、资本金注入等，试图通过财政的杠杆作用来促进文化创意产业发展。

## 三 细分行业促进政策

从文化创意产业分类来看，不同国家和地区对文化创意产业细分行业的范畴界定不同，因而在产业整体促进政策的框架内，细分行业的促进政策各有特点，其中美国的版权产业和日本的动漫产业最具代表性。

在美国，虽然版权产业在一定程度上可以代表整个文化创意产业的范畴，但是仔细分析可以发现，其有关版权产业的促进政策主要还是关注于真正和文化版权密切相关的核心版权。以立法的形式保障和推动行业发展，是美国的一大特色。美国先后通过了一系列版权保护法规，形成了全球保护范围最广泛、相关规定最详尽的法律系统。随着互联网、数字技术的进步，版权产业迎来了国际化、数字化的新时代，为适应这一变化，美国还推出了包括数据库保护在内的众多数字化版权保护法案。不断完善的版权保护制度，为美国版权产业的繁荣提供了法律保障，也推动美国成为世界最大的版权产品出口国。当前，美国正在积极推动国际版权保护与合作，为美国版权产品和版权产业在海外谋求更好的保护。

作为动漫大国，日本为了促进动漫产业发展，制定了一系列具体的行业促进政策。在政府支持下，日本成立了知识产权保护的财团法人，专门保护日本动画片及其衍生产品的知识产权，维护动漫产业最核心的竞争力。日本注重运用政策杠杆推动动漫发展，曾利用“文化无偿资金”，从动漫制作商手中购买动画片的播放版权，并无偿地提供给其他国家电视台播放，在产生依赖以后转为从免费到低价位再到正常价位出口，这一政策不仅培养了大量“哈日青年”，出口了日本文化，同时也取得了良好的经济效益。除此之外，人才战略和分级制度也是两大政策亮点。其人才战略重视培养具有创意和数字化处理能力的实践性人才。由于动漫受日本全民喜爱，所以无论是漫画的出版，还是动画的播出，都实行分级制，拓展了动漫受众范围。①

总的来说，与数字内容相关的细分行业受到各国普遍重视。例如，英国力推文化创意产业的数字化发展，提出了所谓的“多媒体革命”；澳大利亚甚至将文化创意产业定性为数字内容产业，强调信息技术在文化创意产业中的作用；韩国热衷发展电子游戏产业，形成了电子竞技游戏发展热潮。我国也不例外，此处以我国动漫和网游两个行业为例，着重分析我国在细分行业促进政策上的主要特点。

对于动漫产业，近些年在国家文化创意产业宏观政策和规划的引导下，各相关部委纷纷制定文化创意专项产业政策与发展规划。动漫产业几乎是文化创意产业各行业中政策发布最为密集的，而且政策措施日趋具体化，涉及播放与管理体系、管理方法与体制、税务扶持、奖励措施、基地建设、专项基金设立等各方面。近八年来，我国动画片年产量已经从3000多分钟发展到26万多分钟，约占世界总量的1/3，我国动漫市场不再充斥日本动漫形象，本土“明星”已占一席之地（熊建，2012）。对于网游产业，政策基调是推进与监管并行。在一系列政策措施推动我国网游产业迅猛发展的同时，与网游相伴产生的沉迷游戏、未成年保护、私服、网络攻击等问题愈演愈烈，监管成为网游主管部门的工作重点，文化部专门制定了《网络游戏管理办法》，同时还提高了网游产业的进入门槛，加强了网络游戏的前置审批和进口审批管理，以及网络游戏的动态审查监管。由此可见，动漫和网游两个细分行业，明显采取的是“一保一压”，“保压”之间反映了我国文化创意产业细分行业政策的针对性和灵活性。

## 四 集聚发展政策

作为新兴业态的文化创意产业，其较强的产业融合性决定了发展过程中需要整合各种资源，因此集群化发展趋势非常明显。很多国家和地区都在积极采

---

① 参见中国动画网．2010．动漫产业政策之中日比较．http：//www.cu-market.com.cn/hgjj/2010-11-26/15540569.html[2010-11-26]．

取有力的集聚发展措施，促使创意型人才和企业在空间上集聚，建立一系列各具特色的文化创意产业集聚区。

英国政府在文化创意产业集聚区不同发展阶段发挥了不同的推动作用，通过提供价格低廉、数量充足、使用便利的设施为初期发展的集聚区注入活力；中期则以放宽经营限制作为主要的政策推力；在集聚区发展成熟后，进一步加大对闲置楼房的开发利用，完善集聚区的配套服务设施。为此，一些城市还成立专门的服务机构推动集聚区持续发展，负责制定和实施推动文化创意产业集聚区发展的相关政策。这些政策和政府行为，促成了英国各具特色的文化创意产业集聚区的形成。伦敦是英国文化创意产业的中心，英国1/3的演艺公司、70％的唱片公司、90％的音乐活动、5％的广播与电影收入、46％的广告从业人员、85％的服装及其他各类产品设计师都集中在伦敦；格拉斯哥集中了大量的英国软件企业，这里的文化创意产业突出了与软件和电子产品结合的特点；曼彻斯特已成为英国西北地区的文化创意产业集聚地，拥有众多英国知名的高等教育、文化和媒体制作机构；布拉德福德是新媒体公司的重要集聚地，也是越来越多的电影、媒体、数字等企业的创业中心（向勇和李天昀，2011）。

澳大利亚的昆士兰模式是国际文化创意产业集聚发展的典范。由当地政府和教育界共同发起建立的布里斯班创意集聚区，是澳大利亚第一个文化创意产业园区。除昆士兰州政府和昆士兰科技大学之外，昆士兰模式中的投资者还包括文化创意产业集聚区有限公司和与之相关的企业中心、澳大利亚创意产业与创新国家重点研究中心、大洋洲互动设计合作研究中心、专业戏剧演出公司等产业界和学术研究界的机构。昆士兰模式是政府、教育界、产业界、研究机构等共同参与和推动的结果，具有比较典型的官产学研相结合特点，通过校区、园区、社区三位一体的发展机制，很好地把创新和产业化连接在了一起。

日本文化创意产业的集聚发展体现出了较强的政府主导作用，各地政府通过对企业加以“指导、引导和规范”来打造创意城市。东京因其特殊的地理、文化和经济位置，集聚和发展了大量以数字内容为主的文化创意企业；京都基于其深厚的文化底蕴，依靠日本漫画起源地和东映的太秦电影村等条件形成了以动漫、电影和文化旅游为主的特色；名古屋依靠日本中部地区所集聚的汽车企业及与其配套的大量零部件厂商，集聚发展了工业设计和数字化文化创意产业。文化创意产业的发展密切结合并带动城市的经济建设和创意城市建设，同时每个城市都基于自身特色建设和发展文化创意产业和创意城市，形成城市的优势产业并以此为核心形成产业集聚和产业集群，这是日本发展文化创意产业的一大特点（林乃森，2011）。

由发达国家和地区的经验可见，走集群化道路是文化创意产业快速发展的途径之一，因为文化创意产业不仅是个人和单个企业的行为，还需要集体的互动和企业的地理集聚。文化创意产业集群的特征是创意人群生活和工作结合、文化产品生产和消费结合，有多样化的宽松环境，有独特的本地人文特征，形成文化企业、非营利机构和个体艺术家集聚和互动。这些都需要政策的有力推动。

近几年，我国文化创意产业集群化的趋势已非常明显，各地都相继涌现出一批产业集群，凭借其灵活的运作机制、强大的集聚和辐射功能、完整的产业业态等成为文化创意产业发展的亮点。不论是政府规划扶持的各类园区，还是民间自发形成的产业集聚区，都离不开政策的影响。我国政府推动文化创意产业集群化发展一般具有以下特点：在政策层面，相继推出一批具有可操作性、针对文化创意产业集聚区的政策；在发展模式上，形成与旧厂房改造利用、与历史建筑保护相结合等的建设文化创意产业聚集区的发展路径；在推进机制上，形成以政府引导、市场运作、其他方参与服务的运行机制；通过多种形式的国内外文化创意产业交流，促进文化创意产业集群的发展（李兴伟和张京成，2007）。从各地不断攀升的文化创意产业集聚区数量和发展模式来看，北京、上海、深圳等地如此，香港、台湾等也不例外。例如，香港特区政府为推行区域性资讯科技和信息服务，启动了香港数码港计划，目的是在短时间内吸引专门从事资讯科技应用及服务的公司和专业人才汇聚于香港；台湾提出“规划设置文化创意产业园区计划”，将建立多个创意文化园区，作为台湾文化创意产业发展的重点示范基地与信息交流平台。

## 五 国际贸易促进政策

文化创意产业对外贸易不仅能拉动国家经济增长，更能传播本国文化和历史，还能输出本国价值观念，因而实施国际贸易策略，几乎是每个致力于发展文化创意产业的国家和地区必然采取的重要措施，世界主要发达国家和地区近年来都不遗余力地扶持和鼓励本地文化创意产品出口，其中英国、美国、日本、韩国等国家力度最大。

在英国，成立于1998年的创意产业输出推广顾问团通过研究政策对文化创意产品出口的促进作用，为文化创意产业的发展提供广泛的咨询建议，并为不同部门间协调文化创意产业出口政策提供专业意见，对国际市场的开拓发挥了重要作用，不仅加强了产业与政府之间的合作关系，对文化创意产业出口提供帮助，还促进了金融机构与国会对文化创意产业的了解，为文化创意产业提供了海外发展的必要援助，同时还帮助签订文化创意产业出口协议，促进共同基金的使用。

美国利用其政治经济优势占领国际文化创意产业市场，在向世界推销其文化创意产品的同时，也向世界输出了美国的价值观。美国通过意识形态领域的不断渗透，影响越来越大，提高了文化创意产业国际贸易的经济效益。美国还建立了许多文化创意产业跨国公司，通过资金、技术、信息等要素的全球流动不断扩大海外销售市场，从而占据有利的国际竞争地位。

日本在多个国家层面的政策规划中提出文化创意产业要积极开展国际业务，广泛集聚世界各地人才，扩大融资渠道并实施融资国际化，加强技术革新与合作，积极应对知识产权的全球化，充分利用IT技术扩大市场规模。设立专项资金援助动漫产品出口是日本文化创意产业对外贸易政策的典型做法，在政府年度总预算中编列“文化无偿资金”，大量购买动漫版权，让外务省无偿提供给其他国家的电视台播放，此举不仅让日本动漫成功走入欧美人士生活，同时也鼓励产业不断创新、勇敢突破，在国际市场取得了成功，日本的动画风格逐渐成为国际时尚，日本成为全球首屈一指的动漫王国。

韩国在开拓文化创意产业国际市场时，以中国、日本等东亚地区作为踏板，通过驻外文化院、文化机构和企业办事处，以及网络等多种手段，加强调研；鼓励开展跨国生产合作，积极举办并鼓励参加国际性展销洽谈活动，集中资金支持重点出口项目，设立奖励制度。

我国政府也采取了积极措施，为中国文化创意产业贸易和文化“走出去”创造良好环境。《文化产业振兴规划》专门指出要落实国家鼓励和支持文化产品和服务出口的优惠政策，在市场开拓、技术创新、海关通关等方面给予支持。相关部门也编制了国家文化出口重点企业和项目目录，重点扶持具有民族特色的文化艺术、展览、电影、电视剧、动画片、网络游戏、出版物、民族音乐舞蹈和杂技等产品和服务的出口，基本形成了鼓励、支持文化产品和服务出口的长效机制。在一些具体政策中还提到要对文化创意产业中的软件业开辟进出境通关的“绿色通道”，并且还对中餐、文化、体育等属于文化贸易、文化创意产业领域的企业和专业人才提供帮助，使其尽快“走出去”，简化其出入境手续，将这些企业纳入国家有关专项资金扶持的范围。

## 第三节　财税金融政策比较

### 一 财政资金支持政策

发展文化创意产业一方面依靠市场的自然成长，另一方面也离不开切实可行的政府政策支持，而这其中，财政资金支持政策是非常重要的政策之一。

英国政府对文化创意产业的财政支持力度较大，在中央政府和地方政府分别设立专门机构，对文化创意产业进行管理和扶持。英国艺术委员会是英国最大的艺术拨款机构，经费来源于英国文化、媒体和体育部，代表政府促进艺术发展和艺术人才培养，通过财政拨款的形式支持了众多非营利性的公共文化项目。为了保证政府拨款资助得到良好的效果，英国艺术委员会对享受政府长期资助的文艺团体进行有效监督，其做法是签订资助协议、年度审核、持续评审。同时，政府对文化艺术的支持也不是大包大揽，而是鼓励文艺团体和事业单位积极自创收入和争取社会赞助。

美国政府对文化创意产业发展坚持自由主义，美国政府内甚至没有设立文化部。美国对文化创意产业的财政支持主要表现在对某些非营利机构和文化基础设施提供必要的资金投入，以及采取间接的财税支持政策，主要是提供优惠的政策环境，引导和鼓励私人企业对文化创意产业的投资。美国政府一般不会干预营利性文化创意企业的市场化运作，而是任由市场自身发展。

韩国政府对文化创意产业给予强大的政策保证和资金支持，不仅设立文化管理机构，而且明确提出发展规划，起到了宏观政策引导的作用，还采取一系列措施多渠道筹措文化创意产业发展资金，按照“集中与选择”的原则，有目的、有重点地实施资金支持，在经费上确保文化创意产业的发展。在财政资金支持力度上，韩国不惜巨额拨款，专门列支文化创意产业预算，并不断增加。1997 年前，韩国政府对文化创意产业投入的资金不过 1000 多万美元，占当年政府总预算的 0.02%，此后逐年增长。2003 年，此项投入已达到 1.58 亿美元，占当年政府总预算的 0.17%。根据韩国政府的中长期规划，此项投入的目标是该比例达到 1%，从而大幅提高文化创意产业领域的投资能力（刘润生等，2007）。

在我国大力发展文化创意产业的国家战略导向下，我国利用财政资金支持文化创意产业发展的力度不亚于其他国家。按照国务院《文化产业振兴规划》的要求，中央财政和 31 个省级行政区设立了文化创意产业或文化产业发展专项资金，重点支持转制文化企业发展和骨干文化企业培育等。“十一五”期间，中央财政共安排文化产业发展专项资金 42 亿元。《文化部“十二五”时期文化产业倍增计划》中又明确要求增加公共财政对文化创意产业的投入力度，提高文化创意产业支出占财政支出比例，扩大文化创意产业发展专项资金和文化创意产业投资基金规模，充分发挥财政资金杠杆作用，还专门提出要创新政府投入方式，通过政府购买服务、项目补贴、以奖代补等方式，鼓励和引导社会力量提供公共文化产品和服务。

## 二 税收优惠政策

英国政府对营利性文化创意产业部门，主要运用税收优惠、贷款优惠等间接手段促进其发展。英国政府从未对图书、期刊、报纸征收过任何增值税，使图书与其他出版物始终处于零税状态，这种税收激励政策使英国跻身于世界出版大国之列。实行差别税率是英国政府扶持文化创意产业的另一个重要做法，为了调节文化领域里不同行业的收入差距，对一些大学出版社全部免税以资助学术出版，书报刊还享有免征进口税的优惠，差别税率在某种意义上避免了税率优惠的弊端。英国政府十分支持游戏企业在海外发展，如果英国游戏企业能和某些国家展开海外合作，该企业将在英国获得最高50%的退税优惠，减税优惠和资源投资增强了英国游戏产业在全球的竞争力。此外，英国的法律和政策对私人投资文化创意产业实行特殊优惠，并注重文化协会的作用，政府有很多鼓励公私合作的计划，对企业的税收和关税实行减免优惠。

韩国实行以税收优惠为主的间接财税支持政策，多管齐下，促进文化创意产业的跨越式发展。韩国对创新企业实行资金援助，通过税制上的优惠，吸引机构、法人和个人的资金流向创新企业，利用税收信贷等经济杠杆，实行多种优惠政策。为重点发展游戏、动画等风险企业，韩国对进驻文化创意产业园区的企业提供长期低息贷款，减少甚至免除这些企业的税务负担。

一般说来，公益性文化事业靠政府投入，经营性文化产业由市场调节。但由于我国文化创意产业组织还较弱小，需要国家在经济政策上，尤其是税收优惠政策上的支持。特别是我国文化创意产业机构大多数是由事业管理转变为产业经营，其转变过程更离不开税收政策的支持。自2002年开始，国家多项针对文化创意产业的税收优惠政策以通知的方式下发。2005年，财政部、海关总署、国家税务总局联合发布的《关于文化体制改革试点中支持文化产业发展若干税收政策问题的通知》是文化体制改革以来的首个针对文化创意产业的税收优惠政策。2009年，财政部、海关总署、国家税务总局发布加强版的《关于支持文化企业发展若干税收政策问题的通知》等文件，对文化企业的税收政策做出进一步完善和修订；同年，财税部门还出台了专门扶持动漫产业发展的税收优惠政策。党的十七届六中全会之后，多部委纷纷出台支持文化创意产业发展的政策，并且强化和完善了此前已有的财税政策，特别是2011年12月国家税务总局出台了促进文化创意产业发展的一系列税收政策。此外，商务部明确表示税收优惠政策将进一步助力文化创意企业走出去。

## 三 投融资服务政策

对比中外文化创意产业投融资服务，尽管我国投融资实践方面仍有所滞后，目前投融资体系尚不健全，但是仅就政策本身而言，我国关于投融资服务的政策已经相对完善，特别是近几年，投融资政策密集出台，政策内容十分具体明确。未来，我国文化创意产业的投融资服务将得到更大改善。

英国政府在融资支持文化创意产业发展方面采取了一系列有效措施。首先是多元化的融资渠道，英国政府为给有创新能力的个人或业者的发展提供资金，出版了《融资一点通》手册和《创意产业资金地图》等，以指导相关企业尤其是中小企业从政府部门或金融机构获得资金支持，同时提供多元化融资渠道，如政府拨款、准政府组织资助、基金会资助等，建立起政府、银行、行业基金与文化创意产业之间紧密联系的融资网络，奠定资金基础；其次是采取国家彩票基金投资文化创意产业的新模式，立法规定将国家彩票的部分收入投资于文化设施建设，支持优秀艺术门类发展和人才培养，仅彩票收入一项，一年就可为文化创意产业筹集到赞助费 6 亿多英镑，极大地弥补了政府投资不足；最后是实行“政府配套资助”这一英国特有的文化创意产业融资模式，即如果企业决定投资某一文化创意产业，政府将配套企业一起资助，为这项活动上“双保险”，当企业首次投资时，政府“配套”资助资金比例是 1∶1，当企业再次投资时，政府将对企业超出前次出资额的部分实行 1∶2 比例资助（张龙安，2011），这种激励方式提高了企业从事文化创意产业的积极性，同时政府的介入也带来了广告效应。

在投融资方面，日本与韩国的政策与我国较为相近。日本政府采用多元化投资机制，即政府推动并大力鼓励民间资本和境外资金资助文化创意产业发展，如可以通过税收的相关措施鼓励民间资本进入文化创意产业，当前日本大型文化活动的举办多依赖于企业的投资和资金赞助。日本还建立了基于知识产权的融资机构和体系，企业界同商业银行合作展开了基于知识产权的融资实践，推出了以知识产权为担保抵押品的融资工具。韩国通过设立多种专项基金来扶持文化创意产业的发展，如文艺振兴基金、文化产业振兴基金、信息化促进基金、广播发展基金、电影振兴基金、出版基金等。韩国还运作“文化产业专门投资组合”，这是以动员社会资金为主、官民共同合作的投融资运作方式。

我国已经进入文化创意产业发展的高峰期，资金需求巨大，国家政策对此给予了高度关注。十七大以来，文化部参与制定出台的文化产业政策文件达到 20 余个，涉及文化创意产业投融资、文化产权交易等若干方面，关于银行、保险等金融机构支持文化创意产业发展的指导意见就数量高达七条。中央和一些省份还设立了文化创意产业投资基金，有效搭建起文化创意产业融资平台，对创新财政支持文化方式进行了有益探索。同时，文化创意企业的上市数量也不断增加。《文化部“十二五”时期文化产业倍增计划》再次明确要健全多元化、多层次、多渠道的文化创意产业投融资体系，促进文化创意产业与金融业全面对接，鼓励各类金融机构创新金融产品，改善提升文化创意产业金融服务，引导和鼓励社会资本投入文化创意产业，并从推进银行业全面支持文化创意产业、发挥资本市场作用、完善文化创意产业投融资配套服务等方面提出了具体要求。

## 第四节　制度保障比较

### 一 组织保障政策

许多国家和地区都设有专门负责制定文化创意产业发展规划、依据各地经济发展状况有针对性地提出发展战略的权威机构，为文化创意产业的发展提供行动纲领和指南，这些机构或是政府部门，或是民间机构，发挥各自职能，形成了文化创意产业发展的组织保障。

英国先后成立了文化、媒体和体育部，创意产业特别工作组，创意产业输出推广顾问团，创意产业策略联盟等。其中，创意产业特别工作组由首相亲任主席，具有很强的组织协调作用；创意产业输出推广顾问团负责调查政策对文化创意产品出口效益的影响，并提出改善建议。这些机构符合英国行政特点，各司其职，有效地保证了英国文化创意产业的飞速发展。

日本在内阁中设立了知识产权战略本部，专门负责包括文化创意产业在内的知识产权服务战略，制定并发布“知识产权推进计划”，为日本文化创意产业的知识产权保护工作提供了服务平台，有力地推动着日本文化创意产业的发展。

韩国政府为推动文化创意产业发展，设立了文化产业局，下设12个附属机构，文化产业振兴院是其中之一，主要负责协助将创意文化内容衍生成文化产品，该院参与的产业项目有动画、音乐、卡通、电玩等，致力于提供设备租借、投资、技术教育训练、协助发展国际行销策略、进行产业中长期计划研究、与其他国家和地区相应机构形成发展策略联盟的伙伴关系。除文化产业振兴院之外，韩国还设立了游戏综合支援中心、游戏技术开发支援中心等。

上述国家所设立的机构不尽相同，但在推动本国文化创意产业发展过程中，各自发挥了不可或缺的作用。由此可见，根据本国国情设立适宜的文化创意产业专门机构是必要的。当前，我国文化创意产业基本与文化产业及创意产业混为同一概念，具体的产业政策制定和产业指导统摄在国家文化产业政策体系之下，与之对应的部门设置较为复杂。在国家层面，与文化创意产业关系最为密切的是文化部，但是中共中央宣传部、国家发展和改革委员会也有部分与文化产业相关的职能，具体到产业分项政策，则涉及商务部、财政部等诸多部门，没有任何一个部门具备统筹协调的职能。我国条块分割比较严重的行政体制极不利于文化创意产业的发展。在地方层面，文化创意产业的管理体制在一定程度上得到了改善，各地普遍设有文化创意产业领导小组或文化产业领导小组等，具备一定的统筹协调职能，但是具体的业务指导部门大多是宣传部门，这与文化创意产业的产业属性并不十分相符。

## 二 人才保障政策

创意是人的智力成果，创意人才是文化创意产业发展的核心竞争力。因而，人才保障政策是文化创意产业政策的根本。

英国文化、媒体和体育部与多所大学合作，设立了文化创意产业高等教育论坛，邀请政府部门、产业界和学术界的有关人员，就英国文化创意产业的教育和理论研究等问题展开讨论，其目的是在各方达成共识的前提下，为社会奠定文化创意产业的知识基础。政府还创造多种条件以支持和鼓励年轻人从事创意方面的事业，通过各种计划积极探索、寻找、发现更多适于从事文化创意产业工作的创新型人才。在英国艺术委员会的常规资助机构中，有 90%以上的机构都有艺术教育的功能，33 万年轻人被纳入创意合作伙伴计划中，他们有机会与艺术家和其他专业创意人员一起工作。该计划能够帮助年轻人更快更好地掌握文化创意产业的知识和技能。①英国还重视利用培训企业、培训协会等社会组织的力量，培育和发展有资质的培训机构，保证在职的专业技术人员和技能人员急需掌握本领的需求。

美国政府非常重视文化创意人才的培养。除了在教育投资数量上的增长之外，美国政府还特别重视高等教育专业的结构，往往根据不同类型人才的市场需求状况，引导大学调整专业的设置。另外，美国还注重从世界各地网罗大量优秀的文化创意人才，为了吸引其他国家优秀的人才，美国政府不断放宽对技术移民的限制，大量移民丰富了美国文化的内涵，增加了美国文化的多元性，在某些领域成为主要推动力量。

韩国创意人才政策具有更强的可操作性。第一，加强院校培养。近年来，韩国政府新建了汉城游戏学院、全州文化产业大学、清江文化产业大学、大邱文化开发中心、网络信息学院、传统文化学校等，培养文化创意人才。第二，利用网络及其他教育机构进行培养。韩国政府自 2003 年开始开展文化创意产业网络教学，由文化创意产业研究开发中心负责，通过产学研联合办学，培养特殊专业的教授级人才。第三，加强与外国的人才交流与合作。韩国政府出资选派相关人员到美国、中国、日本等国家进行实地学习和交流。第四，对学生的文化创意活动给予资金支持。韩国信息产业部投资 3.9 亿韩元开展“支持大学

① 参见中国经济网．2007．英国文化部总结 10 年创意产业发展成果．http：//www.ce.cn/cysc/cy-cy/cydt/200706/07/t20070607_［2007-06-07］．

游戏爱好者社团工程”，向 33 所大学的 41 个优秀游戏爱好者社团提供资金支持和技术指导（陈远，2003）。

与外国相比，我国文化创意人才的保障政策不甚乐观，特别是在教学培养环节，尽管多数工科大学都设置了艺术、设计等文化创意产业相关学科，但是实践能力的培养不足，难以培养出复合型人才。中央和各地纷纷出台了一些培养文化创意人才的政策措施，如文化部先后认定北京大学、上海交通大学等九所高校为国家文化产业创新与发展研究基地、国家文化产业研究中心和国家文化产业人才培训中心，但是其培养成效并不明显。目前，我国文化创意产业人才政策开始转向培养与引进并重，着力加强领军人物和各类专门人才的培养；举办经营管理人才培训班，培养一批熟悉市场经济规律、懂经营、善管理的人才；吸引财经、金融、科技等领域的优秀人才进入文化创意产业领域；注重海外文化创意、研发、管理等高端人才的引进。这些人才政策将为我国文化创意产业的发展提供强有力的人才保障。

## 三 知识产权保护政策

知识产权是文化创意产业的基础，文化创意产品的信息无形性和易于传播性决定了知识产权保护在文化创意产业发展中的重要地位，为保护知识产权而专门制定或完善法律政策体系是发展文化创意产业的重要前提。

在知识产权保护方面，美国无疑是最具代表性的国家。美国文化创意产业的“自由竞争”建立在完善的知识产权保护基础之上。美国是第一个进行文化立法的国家。进入 20 世纪以后，美国相继颁布的诸多知识产权保护法构成了全球最完备的知识产权法律保护体系，为美国的文化发展提供了有力保障。美国实施的知识产权战略，在国内，为文化创意产业的发展开辟了肥沃的“法治土壤”；在国外，为其文化创意产业的发展开辟了广阔的空间。除了根据文化创意产业发展需要及时制定和修订相关法规外，美国还积极推动知识产权保护国际化进程，以促进其文化创意产业占领国际市场。

除美国之外，其他各国在知识产权保护政策方面也都采取了必要的行动。英国已形成了较为完备并具有英国特色的知识产权法律适用体系，并且参加了众多保护知识产权的国际公约，对所参加的国际公约，英国先后通过相应的国内法予以实施。澳大利亚将文化遗产纳入文化创意产业范畴，根据《可移动文化遗产保护法》和《可移动文化遗产保护执行规定》，成立了国家文化遗产委员会，设立了文化遗产专项基金，为博物馆等文化收藏机构购买文物提供部分资助。日本将《著作权法》改为《著作权管理法》，还制定了《知识产权基本法》，并设立了知识产权高级法院，提高了审理知识产权侵权案件的权威性和速度。

韩国在知识产权保护方面已经形成了一套严密的法律制度体系，积极向公众宣传知识产权保护的重要性，并注重知识产权保护的联合执法和协调一致行动。

为保护知识产权，我国相继制定了一批知识产权保护法律法规，已经形成了以《专利法》、《商标法》、《著作权法》、《反不正当竞争法》为主干，以《专利法实施细则》等行政法规为支撑的，比较完善的知识产权法律体系。这些法律法规的制定、颁布和与时俱进的修订，在一定程度上保护了中国的文化创意产业知识产权，从而为文化创意产业的发展起到了推动作用。近年来，随着知识产权保护宣传工作的加强，我国公民保护知识产权的意识不断增强。国家还不断加大知识产权执法力度，加强相关知识产权行政执法部门之间的工作协调，使知识产权司法保护整体效能不断提高，为我国文化创意产业的发展创造了良好的法制环境。

# 第八章 中国文化创意产业政策存在的问题

## 第一节 缺乏清晰的产业界定与产业分类标准

### 一 文化创意产业的概念理解较为模糊

在我国，文化创意产业的发展具有明显的阶段特征，导致文化产业、文化创意产业和创意产业三个概念同时存在。一方面，在理论研究层面和产业实践层面均没有达成共识，不同观点分歧较大；另一方面，出于统计、交流等客观需要，将三者混为一谈的简单处理方式造成了不同概念间界限的模糊。

首先，由于文化体制改革的渐进性特点，在一段时期内，我国文化事业和文化产业难以准确区分，人们对文化产业的概念认同较晚。在国家层面明确提出文化产业的概念，并取得公众认同之前，北京、上海两地已经先行明确提出了文化创意产业和创意产业的概念，并在政府文件中进行了表述，出于两地政治、经济、社会影响的重要性和广泛性，上述两个概念被各地广泛沿袭。同时，发达国家和地区对文化创意产业的概念描述也不尽相同，在交流日益频繁的今天，上述几个概念被各自保留下来，并在一定范围内广为传播。

事实上，无论从理论角度分析，还是从产业实际判断，文化产业、文化创意产业和创意产业三个概念的内涵、外延各不相同。然而，不同地区之间的统计对比和交流必不可少，在没有统一的明确的概念界定之前，简单混同理解的处理方式被广泛采用，从而使三个概念之间的界限变得更加模糊不清。

### 二 缺乏国家层面对文化创意产业的准确界定

当前，除理论界有意将文化产业、文化创意产业和创意产业三个产业概念加以区分外，在实践层面似乎已经接受了三者可以近似理解的观念。这一现象的出现，不利于深刻理解三者在产业发展路径方面的差异，可能造成发展方式上的偏差。

值得注意的是，在我国由文化部主导的第一部文化产业专项规划——《文化产业振兴规划》中，除了明确提出文化产业的称谓外，还将文化创意产业单独列出，并置于其他几个产业门类之首，表明在国家层面，对文化产业与文化创意产业概念的理解是有明确界定的，尽管该规划未专门提到创意产业，但可以肯定的是在国家层面对三者的理解并不相同。

国家层面颁布的各项政策至今仍未将三者加以区分并准确界定。北京、杭州等地一直在沿用文化创意产业的概念，上海在2011年前使用创意产业概念，2011年后使用文化创意产业概念，深圳、重庆等地则在沿用创意产业的概念。同时，包括北京和上海在内，全国又在普遍使用文化产业的概念。从表面来看，产业称谓似乎无关紧要，但称谓背后对应的是具体的产业统计分类，不加区分会造成统计混乱，导致各地数据无法对比。因此，可以确认，当前我国文化创意产业行业分类标准的混乱，其根源恰恰在于未能准确界定产业概念。因而，从产业长远发展来看，必须从内涵和外延分别给予三个概念准确的界定，以便统一认识，解决统计和对比中存在的问题，进而制定与三个深层含义不同的产业相呼应的针对性政策。

## 三　文化创意产业行业分类标准纷繁混乱

我国第一个系统的文化产业分类标准，是2004年4月国家统计局印发的《文化及相关产业分类》。所谓文化及相关产业，系指为社会公众提供文化、娱乐产品和服务的活动，以及与这些活动有关联的活动，主要包括文化产品制作和销售活动、文化传播服务、文化休闲娱乐服务、文化用品生产和销售活动、文化设备生产和销售活动、相关文化产品制作和销售活动六类，具体分为9个大类24个中类80个小类。为了反映“文化建设和文化体制改革的要求”，9个大类还被组合出文化产业核心层、外围层和相关层等三个层面。

《文化及相关产业分类》最大的问题是以传统的文化条块管理为潜在的参照，没有建立在动态的产业发展实际的基础之上。因此，不对公益性和经营性作区分，既包括公益性的文化单位，又包括经营性的文化单位，把博物馆、烈士陵园、纪念馆、图书馆、档案馆、群众文化活动、群众文化馆、社会人文科学研究等都归入最主要的第一层“文化服务”。新的媒体产业在分类中得不到反映——知识产权服务小类的延伸层特别明示：不包括“软件服务”。教育、体育和自然科学研究等行业的文化产业部分也没有被纳入。原因仅仅是，这些行业各自已经形成了完整的科学体系和分类标准，如果将它们纳入文化产业，有可能削弱整体分类的文化特征（张泉，2010）。首次对文化产业概念和范围进行界定的《文化及相关产业分类》，看似层次繁复、包罗万象，但问题很多，没有可操作性。于是，各地纷纷制定了具有本地特色的文化创意产业分类标准。

2006年12月发布的《北京市文化创意产业分类标准》，把《国民经济行业分类》中的82个行业小类和6个行业中类纳入"北京市文化创意产业表"，又依据分类原则，将文化创意产业划分为三层，细分为9个大类27个中类88个小类。9个大类包括文化艺术，新闻出版，广播、电视、电影，软件、网络及计算机服务，广告会展，艺术品交易，设计服务，旅游、休闲娱乐和其他辅助服务。该分类标准囊括行业众多，但限于国家统计局的国民经济行业分类标准代码，并没有列入已颇具规模的新兴文化创意产业，如动漫、网游产业，而IT行业及文化用品生产、文化设备制造和相关文化生产和销售等均被纳入。目前所公布的北京文化创意产业年度增加值中，有超过40%来自软件、网络和计算机服务等。根据这个分类标准统计出来的北京文化创意产业增加值数据，有可能是虚浮的，与其他地区不具备横向可比性。

2008年发布的《杭州市文化创意产业八大重点行业统计分类》与《文化及相关产业分类》相比变化较大，分为信息服务业、动漫游戏业、设计服务业、现代传媒业、艺术品业、教育培训业、文化休闲旅游业和文化会展业，有意贴近文化创意产业格局的新变动。例如，动漫游戏业上升为大类，它的三个子类分别是动画和漫画业、网络游戏业、其他计算机服务。

2011年之前，上海的"创意产业"没有被列入文化相关产品和服务的后续工业化生产行业，而且所囊括的行业比北京的"文化创意产业"少，包括五大行业及38个中类行业55个小类行业。原因是上海的分类标准没有以文化创意为主体，而是侧重产业分类，文化创意只是上海重点发展的研发设计创意、建筑设计创意、文化艺术创意、时尚消费创意和咨询策划创意这五大类创意产业中的一类。

此外，重庆、吉林、广西、云南等地也制定过各自不同的分类标准。不少地区因缺少明确的或统一的文化创意产业统计体系而感到无所适从。由于产业的相关统计数据不足，且口径不统一，致使文化创意产业的评价更为随意和混乱。

## 四 行业分类统一标准的缺失影响产业评价和发展

统计分类标准由统计主管部门根据事物的内在特点，按照一定标志将重复出现的社会经济现象体区分为不同的类型，并做出统一规定，以国家标准或统计标准形式发布。统计分类标准是统计数据的基本依据，直接关系到统计数据的处理和挖掘使用，关系到对经济社会运行状况的分析、预测与指导，是制定行业政策的基础。

文化创意产业分类标准则是对文化创意产业的统一界定，是获取文化创意产业统计数据的基本依据，是观察和分析文化创意产业运行情况的基础，是分析文化创意产业部门对全社会产出、就业、贸易和经济增长的贡献的基础，是制定一系列文化创意产业政策和规划的基础，也是产业进一步发展和增强国际竞争力的必要条件。

目前国家层面没有制定文化创意产业统计指标体系，致使全国文化创意产业数据难以统计，这一基础性统计资料的缺失直接影响到文化创意产业的监测和研究，致使文化创意产业发展中的一些重要问题难以及时被发现和纠正，国家文化创意产业发展规律难以被总结，不利于文化创意产业整体的科学发展。基础数据的缺失及由此导致的产业分析偏差将造成产业政策的偏颇无效，进一步影响产业发展。

在缺少全国统一、规范的文化创意产业统计标准的情况下，各地纷纷自行制定文化创意产业统计办法，在分类原则和方法上随意性较大，导致地区内、地区间数据缺乏可比性，发展水平不可测度，对产业规划和产业政策的制定难以发挥积极有效的作用。因此，亟待研究制定全国统一的文化创意产业行业分类标准。

需要说明的是，《中国创意产业发展报告2007》基于“创意产业”概念给出的分类体系是一个相对广义的创意产业分类，突出了“有创意的活动”，去除了纯粹简单复制的部分内容。基于这个分类，利用国家统计局两次全国经济普查的数据对若干城市进行测评，其排序结果基本上与相关城市创意产业发展实际相吻合（详见本书第一章）。

## 第二节　政策导向问题影响产业良性发展

### 一　优惠政策把握不当导致企业患上“政策依赖症”

我国文化创意产业领域的市场主体有很大一部分由文化体制改革产生，经历了从事业到企业的转变，市场经济的意识还不强烈，把希望寄托在“等机会、靠政府、要政策”上，希望在项目、政策、投资、资金等方面享受倾斜。同时，一些地区发展文化创意产业时，包办思想比较严重，存在政企不分、事企不分、管办不分的问题，在一定程度上加剧了上述现象，走入了依靠政策发展文化创意产业的误区。

“等靠要”现象不只存在于转制企业，一些市场竞争能力不强的企业往往也将目光聚焦到文化创意产业优惠政策上，想方设法利用政策维持生计。例如，最近几年从中央到地方普遍出台了鼓励动漫发展的政策，由于没有对动漫产品的市场检验机制和衡量标准，大部分地区发展动漫产业采取按分钟数或按播放次数进行补贴的粗放管理模式，导致很多动漫企业不以市场为导向而以补贴为目标，将生产的动力寄托在政府补贴上，浪费大量资源却没有产生有效产值，更没有形成文化影响力。《中国文化品牌发展报告（2012）》指出，目前国内动漫企业有85％处于亏损状态，这些企业大部分靠政策套利艰难维系，“政策依赖症”对动漫产业的良性发展产生了极大危害。

## 二 政策在执行过程中被歪曲理解和错误利用

近年来，我国各级政府制定了大量文化创意产业政策，有效促进了文化创意产业的发展。在这些政策措施中，有很大一部分具有政府规制特点和资金扶持特点，由于牵涉一些利益，所以在实际执行过程中，往往被有意无意歪曲理解或错误利用。特别是在一些文化创意产业发展热情较高的地区，文化创意产业发展落入了依靠资金投入和项目审批的高度“计划型”政策中。不论是系列工程、重点企业和项目的审批，还是专项基金的资助，主要思路都是通过政府行政力量和资金补贴给予企业外在的推动力。因为不是企业的内在动力，所以很容易成为政府的形象工程，甚至沦为某些人的牟利工具。

例如，在文化创意产业集聚区或基地的建设和认定方面，围绕园区资质和土地，出现了不少钻政策漏洞的现象。通常各地政府规划建设的集聚区，都有着明确的产业特色定位，为了吸引企业入驻，大都出台了各种优惠政策。而从现实情况来看，一些不具有集聚区产业特色的企业，为了获得政策上的优惠和扶持，也纷纷入驻集聚区，利用文化创意产业的优惠政策从事加工业、制造业、批发业、房地产业等，政策优惠“搭车”现象十分严重。政府方面又缺乏严格、规范的准入机制，导致集聚区内企业鱼龙混杂，特色不明显，使集聚区空有企业之名，而无集聚创意之实，集聚的群体竞争优势和规模效益难以被发挥出来（刘利永等，2008）。

## 三 政策实施效果与制定初衷存在较大偏差

在我国文化创意产业仍处于发展初期，并且市场体系尚不完善的情况下，完全依靠市场有效地配置资源难以实现。同时，在信息不对称、权力不对等的情况下，所进行的“优胜劣汰”也往往缺乏公正性与合理性。因此，必须由政府制定政策来进行必要的修正、引导和调节，尤其是对新兴业态和中小企业给予必要的扶持，为其营造有利发展、公平竞争的环境。

任何一项政策，都是经过慎重讨论制定的，其初衷无非是为了引导文化创意产业的发展方向、优化文化创意产业发展环境、规范文化市场秩序、促进文化资源的有效保护与合理开发等，但是文化创意产业有不同于其他产业的复杂性，政策需要面对各种各样的实际问题，若在执行过程中小有走样，实施效果不仅会大打折扣，严重的还会背离政策制定的初衷。

仍以动漫产业为例，十部委联合发布的《关于推动我国动漫产业发展的若干意见》中提出，“鼓励动漫出版和播映机构增加国产动漫产品的出版、刊载和播出比例，采取有效措施增加对出版、刊载、播出和演出的国产动漫产品的成本补偿”，其出发点是刺激动漫创作，推出优秀国产原创动漫产品。这一政策有其十分重要而积极的意义，推动了我国国产动漫的繁荣，但也被变相利用，产生了并不让人乐观的结果。2011 年全国制作完成的国产电视动画片共 261 224 分钟，是 8 年前的 10 余倍，但是动漫精品的数量似乎并没有达到社会的期望值，“量”重“质”轻问题突出。国内动漫作品在人物形象、故事情节等方面出现了“仿日”、“崇美”、“哈韩”的现象，有很多所谓的原创实际只是一种简单模仿。更严重的是每年 20 多万分钟的动画片连播出都是个问题，许多动画片制作完成的时刻也是其“生命”结束的时刻，中央电视台及地方台的少儿频道及卡通卫视频道只能消化其中的 1/3，动画片大量积压。

文化产权交易所也是一个重要的例子，2010 年 3 月文化部等九部门联合签发《关于金融支持文化产业振兴和发展繁荣的指导意见》，明确指出鼓励国内文化创意企业积极借助资本市场平台，拓宽企业融资渠道，尝试文化产权交易，促进文化创意产业做大做强。该指导意见下发后，资本大量涌入文化创意产业领域进行投资，各地文化艺术品交易平台便应运而生，全国正式注册成立的文化产权交易所一度增加到 30 多家，在艺术品市场繁荣发展的同时，市场投资出现过热现象，尤其是艺术品份额化交易的火爆和疯狂炒作令人担忧，造成文化产权市场空前混乱。为此，2011 年年底，国务院不得不签发《关于清理整顿各类交易场所切实防范金融风险的决定》，不仅暂停审批新的文化产权交易所，也对交易制度做出了明确规定。文化产权交易所乱象同样违背了当初盘活文化资源存量，促进区域文化创意与各类资本的有效对接，实现区域文化资源更优化的配置的本意。除了监管不力外，政策制定和实施的偏差和由此造成的潜在影响同样令人深思。

## 第三节　文化创意产业投融资政策落实困难重重

### 一　文化创意产业自身特点导致投融资瓶颈较难突破

从宏观来看，目前我国文化创意产业的融资体制相对滞后，投资主体单一，并未形成多元化、多渠道的投融资体系。产业发展需要多层次的资金供给支撑，文化创意产业亦是如此。资本市场是企业直接融资的理想场所，但我国资本市场面临市场结构不合理、层次性不够、市场化程度与实体经济不协调的问题，文化创意产业和资本市场实际对接程度低。

文化创意产业的大企业在融资方面相对于中小企业具有明显优势，但是大企业在行业中占比极小，市场中的主体是融资条件先天不足的中小企业。这些中小企业有形资产多采取租借形式、固定资产比重很小，无法以有效的有形资产作抵押向银行申请贷款。

从2006年11月北京发布《北京市促进文化创意产业发展的若干政策》起，北京市政府就决定每年安排5亿元文化创意产业发展专项资金，用于扶持符合重点支持方向的产品、服务、项目；同时设立文化创意产业集聚区基础设施专项资金，资金规模为5亿元，分三年投入。但是，多数的文化创意产业发展资金投向了国有企业，这使得更缺乏资金但又有发展前景的中小企业或民营企业错失良机，失去做大产业、发展成为大型文化创意企业的最佳机会。

文化创意产业除了存在中小企业融资困境的共性问题外，还具有文化领域自身的特点：核心生产要素和市场价值是商标、著作权、核心技术等无形资产。而我国目前还没有建立一个科学完善的评价机制，价值评估较难，无法对文化创意企业或项目进行客观公正的评估（李海珊和李海娣，2010），致使投融资难一直以来都是阻碍文化创意产业快速发展的瓶颈。

## 二 现行文化创意产业扶持政策不利于投融资的发展

尽管国家和地区都出台了文化创意产业的资金扶持政策和优惠税收政策，但是对文化创意产业内部结构认识不清，导致我国财税支持政策缺乏行业针对性。对不同特点的文化创意企业的财税支持政策区分度不够，特别是对数字技术、动漫、会展及新媒体等高端文化创意企业，尚缺乏具有针对性的税收优惠政策，且大多文化创意企业还不能像高科技企业那样享受相关的优惠政策。文化创意产业在很大程度上依靠知识和创意，其资产大多体现为知识产权、品牌价值、人力资源等无形资产，但企业在纳税时，这类智力投入，如出版业中的作者稿费和版权购买支出成本、影视业的剧本创作和制作成本等都不能抵扣。

在实践中，我国文化创意产业政策在税收优惠和政府专项资金的支持方面弊端较多，文化创意产业并未成为具有政策比较优势的产业。首先，税收优惠作用有限。现行文化创意产业税收优惠存在以下弊端。主体受限：主要为改制后的国有文化单位及其他少数主体；税收优惠力度有限：只针对极少数税种，并设置了严格的条件，而且税收优惠期限较短等。其次，政府给予文化创意产业的专项资金也未能促进投融资。现行的文化创意产业专项资金制度存在数目极小及受惠主体极其有限等问题。

风险大是阻碍社会资本进入文化创意产业领域的最大原因，如果没有有力的文化创意产业扶持政策，使文化创意产业在产业门类中处于比较优势，文化创意产业将很难获得投融资。文化创意产业扶持政策的无力，直接影响了我国文化创意产业的投融资。

## 三 银行融资机制缺乏创新，难以适应文化创意产业发展实际需求

现行银行借贷机制不适合文化创意产业。文化创意产业很难获得银行借贷资金，现有金融产品基本上服务于传统产业，重视有形资产，大多数文化创意企业达不到银行贷款对抵押和风险控制的要求。文化创意产业主要以知识产权和品牌价值等无形资产作为资产存在的表现形式，没有足够可供担保或抵押的固定资产，获得银行信贷的可能性非常小。

缺乏成熟的文化创意产业金融品种。首先，文化创意产业项目融资极其有限。中国民生银行首创“电视剧导演融资新模式”，张国立、赵宝刚、胡玫等23名大牌导演享有该行提供的无抵押个人贷款资格，用于导演创意、立项或合作电视剧项目投资，授信额度高达拟拍摄电视剧总投资的50%。然而，上述有利于文化创意产业融资的创新机制仅发生于极少数银行十分有限的项目中。其次，文化创意证券化制度尚未建立。文化创意证券化制度的形成需要完善的证券化法规、成熟的证券化服务体系、健全的社会信用机制、发达的金融体系和金融服务业。我国无形资产证券化工作尚未启动，文化创意产业无法利用这一有效途径进行投融资。

当前我国银行经营导向和监督导向都是以稳健经营为基础的，这与商业银行现阶段的发展特征是相匹配的，其行业政策、管理系统、机构和人员配备都是根据现有产品和传统的行业设计的，但是文化创意产业却是高风险、高成长性的，其风险容忍度如何设定、定价系统如何设计、员工的责任追究机制如何明确都是问题。这些问题不解决，在银行统一经营体制和考核机制下，必然会因文化创意产业高风险、收益低而导致银行员工的积极性不高、执行不力等，文化创意贷款最终会难以发展（孙斌华和孙清华，2009）。

同时，面对文化创意产业融资新特点和新需求，银行的经验仍不够丰富。目前，银行的信贷系统、人才配备有利于传统行业和企业，并且对行业、企业授信时，金融机构注重的是有形资产，以抵押品为基础，而对文化创意产业的无形资产缺乏基础性认识，没有深入的研究，缺乏相应的历史数据作为评级基础，难以把握风险。仅以行业信贷政策来看，文化创意产业所涵盖的子行业也非常宽泛。例如，北京文化创意产业既有文化用品、设备及相关文化产品的生

产制造业，又有服务业；既有垄断的广播、电视传输行业，又有民营资本活跃的电视内容生产行业；既有传统出版发行行业，又有新兴的软件、网络及计算机服务业；既有上市公司，也有规模非常小的工作室。这些门类众多的子行业的融资状况千差万别，需要进一步细分行业并了解其特性，深入研究其赢利模式等内在特征，制定相应的行业政策。

## 四 金融推动文化创意产业发展的执行力度不够

在国家高度重视下，社会各界对文化创意产业发展的重要性已有高度认同，但有些部门和地区对文化创意产业投融资的相关工作仍缺乏了解，或停留在概念层面，没有纳入具体的工作序列。特别是一些部门和地区对金融推动文化创意产业成为国民经济支柱性产业的重要意义认识不足，缺乏推进文化创意产业投融资工作的自觉性和主动性。

目前，全国已有31个省份设立了文化创意产业或文化产业发展专项资金，但在资金使用的方式上仍以项目补助为主，引导效应发挥不明显，鼓励社会资本进入文化创意产业的力度不够。2010年，财政部在《文化产业发展专项资金暂行管理办法》中明确了贷款贴息和保险费补助等资金支持方式。而在2011年专项资金评审中，全国上报的22个符合贷款贴息条件和5个符合保险费补助条件的文化艺术类项目，只有8个贷款贴息项目和1个保险费补助项目成功落实，其中新增贷款贴息项目仅1个。

政策执行长效机制的不健全，不利于培养金融机构持续支持文化创意产业发展的信心，制约了文化创意产业投融资工作的稳步推进。同时，在政策落地的过程中缺少明确的牵头部门和联动协同的工作部署，各部门根据自身需要推进相关政策措施落实，全局意识和沟通协调不足，行政资源未能有效整合，政策措施的制定不系统、不全面，政策推进缓慢。

## 五 缺乏为文化创意企业投融资提供服务的各种金融中介机构

在文化创意产业寻求投融资的过程中，保险、咨询、管理等中介服务机构必不可少。但事实是大多数文化创意企业由于规模问题或者财务问题被银行拒之门外。如果文化创意企业的贷款能附之以信用保险、担保或再保险，实现风险分散或共担，其融资能力和融资规模都将得到有效提高。这种在国外已经非常成熟的机制，在我国目前仍处于起步阶段，信用保险、担保、再保险的作用在文化创意产业领域尚未得到有效发挥。

2010年12月29日，中国保险监督管理委员会与文化部发布了《关于保险业支持文化产业发展有关工作的通知》，对支持保险业和服务文化创意产业发展的工作进行部署，并确定 11 个险种和 3 家保险公司作为第一批文化创意产业保险试点，有重点地推动文化创意产业保险市场的发展，但是保险业对文化创意产业的全面支持仍有待时日。

文化创意企业大多采用知识产权、版权、未来收益等无形资产进行质押贷款，而我国多数银行对知识产权、创意产品等无形资产的价值评估缺乏经验，我国此类评估机构又缺乏或者实力较弱，出于规避风险的考虑，很多银行都直接规避此类贷款。

虽然产权交易平台在文化创意产业发展中具有价值发现、信息聚集、助力融资、中介服务等多项功能，而且我国目前已经设立了上海文化产权交易所、深圳文化产权交易所等综合性产权交易所，以及各类专门性的文化产权交易平台，但是整体而言，文化产权市场建设还处于起步阶段，产权市场的功能尚未充分发挥，产权市场自身还存在诸多问题。

## 第四节　现行知识产权保护政策相对滞后

### 一 知识产权保护的法律法规体系不够完善

近年来，我国在加强知识产权保护方面采取了诸多措施，建立了一套比较完善的知识产权保护服务体系，取得了较好的成效。但是，我国知识产权体系的法律法规还存在不完善的地方。我国《著作权法》规定，著作权随产品的产生自动取得，但如果要保全著作权产生的证据，作者就必须申请著作权登记，这就意味着作者要作多次著作权登记，给文化创意企业的资金和人力都造成了不小的压力；对表演者、录音录像制作者的保护不充分，保护范围过窄，只有“复制权、发行权、出租权和通过信息网络向公众传播权”等四项经济权利。对文化创意成果的法律保护仍然存在真空地带，特别是广告、建筑、时尚设计等行业由于设计作品同质性强，对剽窃、抄袭较难定义，相关法律法规在专利权、版权保护的内容与范围，以及如何界定侵权等方面还留有空白（陈静，2010）。

互联网的发展给知识产权保护带来新的挑战。在信息经济时代，互联网成为信息传递和增值的主要工具，同时也给知识产权保护，尤其是与文化创意息息相关的著作权保护带来了不小的挑战。由于数字作品易复制、侵权较隐蔽等特点，著作权人很难发现作品被侵权，即使发现也难以追究责任。数字环境下的使用取证困难，损失常常难以估量，维权成本很高，成效很低，著作权人、使用者难以保护自己的合法权益。由此可见，数字技术的发展把作品创作、传播及使用带入了两难的困境，也对知识产权保护提出了更高要求。随着互联网普及率的不断提高，软件、计算机和网络行业的知识产权问题将更加突出，急需形成一套与时俱进的知识产权保护法律法规体系。

## 二 创意尚未被纳入当前知识产权保护体系

创意本身属于一种智力成果，具备“无形资产”的种种特征。同专利、商标等知识产权类型一样，创意还具有某种财产权的性质，创意一旦被利用，就会体现在产品、作品或其他物品的生产、销售等市场化活动中，相应地会产生巨大的经济利益。尽管创意被窃取或复制不会导致智力成果本身产生损耗，也不会影响其原始拥有者继续持有该智力成果，但会因共享造成原始创意者的利益损失。

然而，创意本身的抽象性、模糊性又导致它与传统知识产权的保护客体（如发明、商标、作品、软件、外观设计等）存在较大差异。因此，创意并不能完全适用传统的知识产权保护制度，在很多情形下无法被纳入传统知识产权保护的客体范畴。尤其是在现实生活中，创意的可操作性及创意的价值等问题缺乏普遍接受的可行判断评估方法和依据，这就意味着一旦出现创意侵权纠纷，借助现行知识产权模式进行保护，往往无法获得令人满意的效果。

从创意的劳动价值属性来看，创意保护符合创意的本质需求，有利于维护创意人的合法权益。创意保护集中体现了社会对创意人合法权益的尊重。任何一个好的创意，客观上都凝聚了创意人的智力劳动成果。同时，创意的形成具有高风险、高投入等特征，然而创意本身的复制成本较低，导致创意及创意产品很容易被复制。从当前我国各级文化创意产业政策来看，现有政策更多从财政、税收、融资等方面对文化创意产业的发展予以扶持，缺乏从知识产权等法律角度对文化创意产业创意成果的明确界定和全面保护，结果导致创意法律保护远远落后于文化创意产业发展的客观需求。在我国现行法律及制度安排下，无法确认创意人对其创造性劳动成果的合法权益，如果不采取必要的方式对形形色色的创意侵权行为予以严厉制裁，听由创意侵权行为肆意泛滥，就无法体现对创意人合法权益的尊重和保护，势必影响创意人的积极性。

## 三 文化创意产业各行业普遍面临知识产权侵权行为

与传统意义上的专利、商标等较为成熟的知识产权相比，由于文化创意企业行业特征不同，其遭受的知识产权侵权形式也有所差异。例如，计算机软件、电影电视音乐行业中侵权形式最多的是“盗版与非法下载”，时尚设计领域普遍存在的是“商标侵权和仿冒”，广告、建筑设计行业中则存在严重的“剽窃、抄袭”和“强占作品”等现象。总体而言，“剽窃、抄袭”、“擅自复制”、“擅自使用”及“盗版与非法下载”等侵权行为是我国文化创意产业领域最常见的侵权形式，在时尚设计、建筑设计、音乐、出版、计算机软件等行业表现尤为突出。

文化创意产业的产品消费具有一次性的特点，这使得侵权行为造成的损失无可挽回，对文化创意产业的发展是一个致命的伤害。例如，对影视录像、表演艺术等文化创意产品，人们常常以欣赏的态度进行消费，不会重复很多次，这与传统产品的“不断重复消费进而不断重复生产”有着不同的经济含义。对该产品进行盗版侵权对创意者的打击是致命的，将会严重影响其再创意的积极性。

### 四 知识产权服务水平及市场监管能力尚待提高

文化创意产业走向产业化需要专业化的中介服务组织和政府提供相关的公共服务。知识产权保护意识的增强、能力的提高，除了需要政府相关部门的努力外，也需要借助社会中介的力量。我国文化创意产业尽管已经呈现出一浪高过一浪的发展热潮，但是基本上还处在起步阶段，需要各种中介服务机构提供支持。与此相对应的是，我国文化中介服务机构并不成熟，既缺乏专门的中介服务人才，也很难提供中小企业需要的规范全面的服务。

文化创意产业的知识产权工作涉及众多行业，参与管理的部门比较多。国家知识产权局、国家工商行政管理总局、新闻出版总署、工业和信息化部、海关总署、国家知识产权局工作组等行政执法部门，行使着文化创意产业中专利、商标、版权、互联网域名权等方面的行政管理职能，而且各行政部门之间的管理体制条块分割，缺乏有效的沟通和协调，职责交叉，难以合作，这已经成为全面、系统推进知识产权战略实施的主要瓶颈。面对复杂多样的市场环境和市场主体，文化创意产业领域知识产权的有效监管难以实现。随着知识产权保护工作国际化趋势的发展，这些问题更不利于未来全球范围内文化创意产业相关知识产权保护和监管工作的开展。

## 第五节　文化创意产业对外贸易政策实效不强

### 一 文化贸易政策渐成体系，但可操作性不强

经过近年来的发展总结，我国文化创意产业对外贸易政策的方向和目标都逐渐明确，政策内容也是点面结合、互为补充，初步形成了政策体系，但同时也存在政策多数以引导性、方向性为主，可操作性和可执行性不强的问题，导

致政策初衷虽好，却难以达到既定目标。例如，在《关于进一步加强和改进文化产品和服务出口工作的意见》等多个政策文件中提到“鼓励非公有制文化企业扩大产品和服务出口”，但是除了原则性的表述之外，没有其他的“可执行性”政策内容出台，配套措施的不足导致政策的具体落实存在很大问题。

另外，文化创意产业对外贸易涉及的管理部门众多，关系纷繁复杂，在事实上阻碍了政策“落地”。例如，在《关于进一步加强和改进文化产品和服务出口工作的意见》中，关于“加强组织领导”的叙述，就牵涉中共中央宣传部、中共中央对外宣传办公室、文化部、外交部、商务部、海关总署、国家广播电影电视总局等11个党政部门，尽管表面上看似分工明确，但如何“切实加强指导和协调，各负其责，相互配合”显然不是一个简单的问题。文化创意产业对外贸易如果不能实现统筹管理，政策落实将面临巨大困难。

## 二 大批文化“走出去”工程演变为政府形象工程

近年来我国为推动文化“走出去”，实施了一大批文化工程。例如，以“中国文化节”、“文化周”、“文化日”等文化交流活动和“让中国走进课堂”、“春节在国外”等品牌项目为主体内容的“中华文化推广战略计划”；以资助翻译费用的方式，鼓励各国出版机构翻译出版中国图书，从而将中国文化介绍到海外主流社会的“中国图书对外推广计划”；以重点资助学术经典和文学经典著作对外出版发行的“经典中国”国际出版工程；以及中国出版物国际营销渠道拓展工程、重点新闻出版企业海外发展扶持工程、两岸出版交流合作工程和中国国际图书展销中心建设项目等多个文化“走出去”工程。

文化“走出去”政策在推动文化企业建设和文化产品出口方面呈现出强烈的计划性。2007年，商务部、外交部、文化部、国家广播电影电视总局、新闻出版总署、国务院新闻办公室等六部门共同制定了《文化产品和服务出口指导目录》，该目录指定了重要的文化产品和服务项目的类别，并规定了重点企业标准。按照该目录，六部门还评选并发布了《国家文化出口重点企业目录》和《国家文化出口重点项目目录》。根据《关于进一步推进国家文化出口重点企业和项目目录相关工作的指导意见》，这些遴选出来的重点企业和重点项目能够获得一系列优惠政策支持。

此外，我国政府近年来大力推进孔子学院建设，截至2010年10月，已在各国建立322所孔子学院和369个孔子课堂，共计691所，分布在96个国家或地区（彭翔，2012）。中共十七届六中全会《中共中央关于深化文化体制改革 推动社会主义文化大发展大繁荣若干重大问题的决定》明确指出要继续加强孔子学院建设。孔子学院已经成为政府政策框架下中国文化走向世界的重要载体。

这些文化“走出去”的工程、项目和学院建设，共同点是由政府主导方向、由政府投资或资助，甚至由政府委派工作人员经营或直接经营，带有强烈的政府意志，缺乏经济效益的考量。文化“走出去”政策按照既定的规划、方式方法和路径向前“推进”，政府导向强于市场导向，从而建构了一种典型的以特殊工程推进、项目审批为主的管理体制。这种计划经济时代下的文化“走出去”体制，不能从实际情况出发，只能按照臆想的目标来组织文化供给和输出，必然导致资源配置效率低下，虽然会有一定的文化宣传效果，但投入与产出极其不成比例，难以实现可持续发展。

## 三 政府对文化创意产业对外贸易缺少必要引导和扶持

我国的国情与发达国家不同。文化创意产业对外贸易不是在国内资本过剩的背景下，而恰恰是在国内文化投资非常缺乏的背景下；不是在本土文化企业非常强悍的背景下，而是在本土文化企业相对弱小的背景下。因此政府的引导和扶持就更为重要。

目前，我国在文化创意产业走出去的管理体制方面，既未建立统一、权威的专门管理机构，也未制定系统、稳定的促进海外出口和海外投资的法律法规体系，在总体上缺乏统一规划和合理布局，政策上也没有形成成熟的导向机制。

由于宏观信息系统不完备，现有文化创意产业的海外投资项目多数是根据多种渠道得到的非系统化信息而确定的，无论在行业还是地区布局上都没有统筹安排的主攻方向和目标，显得零散且效益不高，投资行为上也表现出无序性和随机性。

## 四 文化创意产业对外贸易缺乏过程管理和效果监督

文化创意产业是我国文化走出去的重要载体。推动文化创意产业走出去的基本思路是通过推动文化创意产品和服务走出去，推动文化企业走出去。我国政府推动产品、服务和企业走出去的思路是通过一系列规划和工程，遴选出符合条件的企业和产品项目，然后给其资金、资源、优惠政策，从而把这些企业和产品“推出去”。仅 2010 年文化出口中央奖励资金和文化出口重点企业境外投资项目补助资金的投入就分别为 6100 万元和 10 200 万元（鞠宏磊，2011）。

在文化创意产业对外贸易的实施过程中，项目审批是核心，而项目审批的关键环节是前置审批。每一项工程都会公开发布其评审要求，企业需要填报申报书，评审过程极为严格，往往要经过报送、推荐、初审、初评、终审、答辩等多个环节，评审出来的最终结果也决定了资源的最终流向。但是，政策设计者还应该考量的是，在这个过程之后，是否就能达到原来设想的文化“走出去”目标。除了注重资源严格有效的分配之外，还要考察和评估效果。尽管目前有关部门注意到了“项目验收”和“绩效挂钩”的问题，但是还没有关于如何进行过程管理和项目监督的详细规定，在这方面需要补充一定的政策细则。

# 第九章 中国文化创意产业政策的完善思路

## 第一节 着力营造产业发展的良好政策环境

### 一 推动政策制定思路从行政干预向环境营造转变

从国际经验来看，美国非常强调文化创意产品生产、销售的高度市场化和政府干预的最小化，而其他西方国家和日本、韩国都比较认同文化创意产品不同于一般商品的“文化”属性，强调政府干预与市场调控并举。对于多数国家来说，政府通过政策、法律、法规调控文化创意产业及文化市场，规划和管理文化创意产业发展方向和市场秩序，与市场主导和市场配置、市场调控的思路是完全兼容的，不仅不矛盾，还可以互相促进、相得益彰。

我国对文化创意产业一直采取政府政策调控、规范、规划和市场机制下的市场配置与调控相结合的管理模式。但是，在这一管理模式下，政府的规制意识和行政干预色彩明显高于市场调控。文化创意产业能够在中国传播并以无与伦比的热度烘烤到城市的各个角落，政府的强势作用功不可没。从文化创意产业理念的树立到各种交流活动的举办，从媒体的大力宣传到资金的倾注投入，无不体现着强烈的政府倾向，政府实际上充当了一个产业号召者和领路人的角色。在产业发展初期，政府领路，扶企业上马是应该的；但是，企业一旦上路，就应该让市场来解决问题了。这时候政府应该及时转变自身功能和角色，将文化创意产业的发展思路由“政府经营”转向“政府服务”，把规范文化创意产业市场，创造良好的产业发展环境，为文化创意企业提供各种公共服务作为当前的主要任务，这才符合产业发展的一般规律（刘利永等，2008）。

因而，现阶段我国文化创意产业政策的制定思路必须转变，从以往的政府规制和行政干预，转向营造有效率的文化市场环境，用政策、法律、法规来调整、规范和建立合理的政府与市场的关系，进一步发挥市场在资源配置中的主导作用。这并非是让政府对文化创意产业和文化市场无所作为和完全放任，而是强调政府要在宏观方面通过法律法规和政策杠杆管理文化创意产业，扶持文化创意产业发展。

## 二 构建有益产业发展的协调机制和专责机构

文化创意产业具有很强的跨界特征，从发达国家和地区的实践来看，制定文化创意产业政策的相关部门越来越广泛，在制定政策时互相配合、互相协调显得越来越重要。2008 年 1 月，日内瓦召开联合国贸易与发展会议，创意经济与产业带动发展问题秘书长高级别小组会议讨论认为，以文化创意产业为核心的创意经济显示出经济、文化和技术相结合的多学科特征，要求各国主管文化、贸易、外交、科技、劳动、旅游和教育的相关部门都来参与制定新的公共政策。这一建议事实上已经被英国等文化创意产业先行国家证实是必要的，英国不仅建立了协调机制，还成立了专门的高级别机构来推动实施。

我国目前还没有统一领导、协调文化创意产业发展的综合性组织管理机构，文化创意产业分属于文化、新闻出版、广播电视、旅游、体育等多个部门管理；同时，文化创意产业政策的制定和实施离不开财政、税务、海关、金融、工商、公安等部门的参与和支持。因而，经常出现几大部委联合发文推动文化创意产业发展的现象，表明国家层面在产业发展方面既认可部门协调的重要性，也有意加强部门协调机制的建立。然而，我国行政体制上条块分隔的问题比较严重，仅靠联合发文实现不了实际操作层面的真正协作，有必要在组织机构上进行必要的调整。

从长远看，按照决策、执行和监督既相互制约又相互协调的原则，我国应当建立一种适合文化传承创新与市场经济发展的政府治理模式，逐渐扩大文化管理部门的职能范围，实现职能有机统一的文化大部制。可以分为三个步骤来进行：第一步，整合现有的文化部、国家广播电影电视总局、新闻出版总署，成立一个统一的文化部；第二步，在第一步成立文化部的基础上，再整合中国文学艺术界联合会、国家旅游局、国家体育总局，成立一个更大的文化、体育与旅游部；第三步，设立各种办事灵活的行政法人与执行机构，加强各种委员会（如国家艺术委员会、国家艺术基金委员会）的执行、调节和监督作用（向勇，2012）。近年来，这一宏伟设想在文化领域逐步成为共识。然而，机构改革是一项事关全局的大事，受制于经济发展和实际国情，很难一蹴而就，只能寄希望于未来力度更大的国务院机构改革。

为了尽快实现部门间的有效协调，当前的权宜之计是成立国家层面的文化创意产业专责机构，并调整地方文化创意产业推进机构的设置。在国家层面，应当推动成立统一的文化创意产业领导机构，由相关部委组成议事机构，具体协调全国范围内文化创意产业的发展大计。在地方层面，许多省市都已建立了文化创意产业推进机构，但是管理部门设置比较混乱，有的归属经济贸易委员会，有的归属宣传部，有的归属科学技术委员会，还有一些归其他单位负责，在地区协同和发展重点上，存在较大障碍。调整势在必行，首先，推进文化创意产业的专门机构应由地方主要领导人兼管，其次，有必要逐步将管理职责转移到具体的产业管理部门，这样既能有效协调各职能部门落实相关政策，又便于按照产业发展规律更好地管理和指导产业发展。

## 三 制定针对性更强的产业发展中长期战略规划

无论是成立国家层面的文化创意产业专责机构，还是调整地方文化创意产业管理部门的设置，目标都是建立有效的协调机制，进而统一发展思路和行动步伐，制定产业发展的中长期战略规划。从国务院《文化产业振兴规划》到《文化部“十二五”时期文化改革发展规划》，再到《文化部“十二五”时期文化产业倍增计划》，加之一些产业分项规划，我国国家层面的文化产业中长期战略规划已经趋于完备，但是文化产业与文化创意产业有一定差别，当前专门针对文化创意产业的规划仍然有待加强。

就英国、美国、日本、韩国等发达国家文化创意产业发展的经验来看，各国都将文化创意产业放到国家战略性产业的地位来发展，在制定战略规划时，根据文化创意产业不同的发展阶段制定相应的计划和目标。我国也应当强调文化创意对传统文化元素的重要性，把文化创意产业作为有别于文化产业及其细分产业的产业，在国家战略层面予以区别对待，突出其在国民经济和社会发展中的作用。

一是制定国家文化创意产业中长期规划。国家产业发展规划和促进政策是各地方政府制定规划和政策的重要指导，会影响到地方文化创意产业发展的重点和方向。在研究制定国家文化创意产业发展规划和相关政策时，要根据产业的发展基础和发展环境，制定合理的发展目标，依据产业自身优势和国家未来发展需要，合理确定发展重点。例如，可以将动漫网游、软件设计和计算机服务等技术特征明显的行业，以及广播影视、旅游、休闲等关乎精神体验的行业作为未来一段时期的发展重点。此外，要强调自主创新在文化创意产业中的战略中心地位，从提高竞争力着手引导产业由小到大、由大转强地发展。

二是制定文化创意产业各行业的中长期规划。文化创意产业各行业的发展是提升文化创意产业整体水平的突破口，与产业规划宏观指导相区别的是，具体的行业规划更加注重中观层面的具体发展目标和微观层面的具体措施，更为务实，可操作性更强。有关部门在制定具体的行业规划时，要正确认识行业发展的环境，深入了解行业发展的挑战和面临的机遇，在此基础上理清发展思路，分阶段制定发展目标，确立具体、合理的发展内容和发展重点，并为落实这些政策规划制定有力的保障措施。

三是制定地方文化创意产业中长期规划。与文化创意产业及其细分行业的国家中长期规划相对应，地方各省、市也要根据本地发展基础、资源条件、发展环境等因素，依据国家政策方向，制定本地文化创意产业中长期规划，明确重点行业，设定产业发展的中观目标，具体指导本地文化创意产业的发展。相对而言，地方中长期规划是在充分把握本地实际情况的基础上制定的，必须突出针对性和可操作性，强化对产业发展的现实指导作用。

## 四 建立健全促进产业发展的法律法规

除了战略规划指导外，要减弱行政干预对产业发展的影响，必须加强法制建设，建立健全促进文化创意产业发展的法律规范，这是发达国家和地区营造良性产业发展环境的重要方式。美国采取的是全面立法模式，从文化创意产业链各个环节入手，针对网络环境下的版权产业、盗版和假冒等问题，通过“法律＋政策”的模式，对文化创意产业加以保护。日本和韩国则采用专门制定促进文化创意产业发展法律的立法模式，分别制定了《文化艺术振兴基本法》和《文化产业促进法》。我国台湾历时八年推出了“文化创意产业发展法”，并计划完成 13 项配套规定，以保证其顺利施行。

我国现有的文化创意产业法律都是以规范和管理为目的的法律，近年来国务院和文化行政主管部门出台的大量旨在促进文化创意产业发展的政策，又因缺乏强力的法律支撑而未能得到有效执行。以促进文化创意产业发展为目的的法律的缺失，已经成为制约我国文化创意产业发展的一大障碍。文化创意产业重要的战略地位与我国文化创意产业尚不足以担当如此重要战略角色的现实，迫切呼唤尽快出台以促进发展为目的法律。

由于我国文化创意产业刚刚起步，虽发展迅猛，但仍有很多不完善、不成熟之处，为了维护法律的稳定性，适宜以宏观性的法律来促进其发展，确立文化创意产业的长期发展目标及远景，为文化创意产业营造适宜快速发展的法律环境，鼓励扶持与宏观管理并行，将政府所扮演的角色定位为低度管理与高度辅导，从宏观上为我国文化创意产业发展提供指引（谭乃文和来小鹏，2011）。文化创意产业的整体协调发展，除了需要文化创意产业基本法的立法外，也离不开完整的文化创意产业链及相应的产业配套立法、政策的补充规定。因此，从多个法律、法规及规范性文件的制定角度来说，应尽快制定完善多层级多层次的法律文件，对文化创意产业进行规范和保护，从而形成一个完整的相关立法体系。通过制定文化创意产业法及其配套法规可协助建构良好的文化创意产业发展环境，培养文化消费人口，扩大文化创意市场，让文化创意产业从业者获得实质性的帮助和利益。

## 第二节　建立产业基础统计与监测评估体系

### 一　从国家层面明确文化创意产业的界定

在我国，文化创意产业这一概念是北京等地通用的标准用法，但同时还有几个竞争性的概念并存，如国家层面以文化产业的用法为主，同时还存在创意产业、版权产业、内容产业和数字内容产业等不同的产业称谓。这是国际上文化创意产业概念不统一状况在国内的表现和反映。这几个概念都是关于文化作为一个产业的不同用语，具有边界模糊和不确定性的特点，主要区别在于所强调的产业性质的不同：文化产业强调的是文化产品的社会功能；创意产业强调的是个人的创造性和以此为基础的生产要素的性质；版权产业强调的是产业产出品作为商品其财产权的性质；内容产业强调的是产业产出品本身的性质；数字内容产业强调的是数字技术和内容的融合性质（中国社科院文化研究中心文化产业促进法立法研究课题组，2008）。

文化创意产业官方权威界定的缺失，直接导致了产业分类标准和统计体系的缺失，也为理论研究、产业发展、规划编制和政策制定带来了困惑，加剧了产业概念理解上的混乱。因而，迫切需要从国家层面明确文化创意产业的界定。在2006年的《国家“十一五”时期文化发展纲要》中，文化创意产业这一概念首次出现。2009年的国务院《文化产业振兴规划》迈出了关键一步，首次在国家层面将文化创意作为与影视制作、出版发行、印刷复制等《国家“十一五”文化发展规划纲要》当中提及的九大文化产业并列的一个概念，可以说在概念上明确了文化创意产业隶属于文化产业的关系，但是该规划纲要并未明确解释两者的内涵外延，产业边界依然不够清晰。未来，无论是以立法形式，还是以政策条文形式，都有必要尽快在国家层面明确文化创意产业的基本概念，并对其内涵外延做出界定。

### 二　确立全国统一的产业分类标准和统计体系

产业分类标准是统计数据的基本依据，直接关系到统计数据的处理和挖掘使用，关系到对经济社会运行状况的分析、预测与指导。文化创意产业分类标准在全国层面的统一界定，有助于规范国家和地方的统计依据，是观察和分析文化创意产业运行情况的基础，是分析文化创意产业部门对全社会产出、就业、贸易和经济增长的贡献的基础，是制定一系列文化创意产业政策和规划的基础，也是产业进一步发展和增强国际竞争力的必要条件。

文化创意产业是由多个不同行业组成的一组产业或一群产业。如果将其中的每个细分行业抽出来孤立地看，其本身都构成一个相对完整的产业链，包含着产业链上中下游不同环节。如果将这些细分行业还原回去组成完整的文化创意产业组或群时，各个细分行业间又会呈现出这样那样的联系和不同的产业关联度。这种细分行业之间的高度关联性为产业分类标准的制定增添了难度，但是不应成为分类标准迟迟不能出台的理由。文化创意产业分类标准是基础性政策，对建立具有可比性的文化创意产业评价体系至关重要，应当在现有文化产业分类标准的基础上重新制定或修订。

为适应我国构建现代文化产业体系和改革发展的需要，科学反映文化创意产业对经济发展的贡献，引导宏观经济政策制定和政府决策，需要站在文化强国的战略高度作好文化创意产业统计分类的顶层设计，借鉴国际上的有关经验，结合我国国情，进一步完善具有中国特色的文化创意产业统计分类。新的分类标准不应墨守2002年的《国民经济行业分类》(GB/T4754—2002)，而应反映不断变化着的产业结构，及时剔除现有分类标准中的落伍行业，添加新生行业。

一要结合传承性和创新性。按照中共十七届六中全会提出的现代文化产业体系规划，不仅要统计出版发行、影视制作、印刷、广告、演艺、娱乐、会展等传统文化创意产业，还要统计数字出版、移动多媒体、动漫游戏等新兴文化创意产业；同时，可以吸纳新兴业态中的网络增值服务内容、数字媒体内容、移动互联网信息服务和有线电视增值服务等。

二要兼顾全国统一性与地方差异性。从全国文化创意产业统计的整体性、规范性看，需要坚持“一盘棋”的原则，明确统一的分类标准和范围，规定共同比较指标，增强全国统计口径的一致性，反映国家文化创意产业竞争力的整体水平；同时，考虑区域发展阶段不同和文化资源差异等因素，地方可以根据自己的特色，补充一些特色指标，兼顾全国统一性与地方差异性，形成文化创意产业统计国家基本分类和地方特色分类相结合的统计体系（张泉，2010）。

三要考虑文化创意产业与相关产业的融合。统计分类应考虑文化创意与相关产业的融合，将相关产业适度纳入统计范围，如旅游产业中的文化旅游、红色旅游等人文旅游，体育产业中的休闲体育，信息产业中的创意内容，建筑产业中的建筑设计等，延伸文化创意产业链，提高附加值；同时，进一步加强对文化创意产业链上游和创意价值链高端内容的统计，反映出文化创意产业发展中总量和结构上的新变化、新特点。

## 三 加强文化创意产业的运行监测和统计评估

在确定产业分类标准和统计体系之后，还应当加强对文化创意产业的运行监测，深入开展数据分析和研判，定期发布权威的产业发展评估报告。

首先，着力加强统计工作的规范化建设。应当在国家统计局的指导下，进一步加强文化管理部门间的沟通、联系，借助部门的管理优势和信息资源，条块结合、形成合力，规范统一全国各地区的文化创意产业统计工作，力争使文化创意产业统计尽快覆盖到全社会、全行业；建立定期报送制度，增强统计时效，提高工作效率，建立全国文化创意产业统计监测报表制度；规范数据来源渠道，运用科学的统计方法，严格遵循法定的统计程序，实现统计工作的科学化、规范化、制度化，对各地区的数据开展质量评估和审定，以提高准确性和可比性。

其次，着力加强基础数据的采集和统计。基础数据是第一手资料，是文化创意产业发展情况最真实的反映，应当利用当前国家统计局正在实施的统计“四大工程”建设，建立和完善文化创意企业名录库，将文化创意产业的相关数据纳入“企业一套表”的联网直报系统中，规范文化创意产业统计调查对象，拓展重点抽样单位覆盖面，使各项统计数据更加真实可靠；防范重复填报、打捆上报等做法造成的不同层级数据不一致的问题；加强网上直报、信息共享等平台建设，注重运用现代技术手段，提高统计工作的采集报送能力；重点抓好文化创意产业项目投资、开工建设、生产经营、质量效益等方面的数据统计，及时反映发展动态，让决策层更好地掌握文化创意产业发展情况。

最后，着力加强综合性的统计评估分析。分析水平是统计工作能力的重要体现，好的统计评估报告可以对文化创意产业的健康发展产生积极影响。在做好基础性统计的同时，还须加强对统计数据的研究，积极调动各类智力资源的积极性，加强地区间的横向对比分析及时间维度的纵向对比分析，并与其他产业运行状况进行关联分析，将文化创意产业的运行情况置于国民经济和社会发展的总体视角下，进行系统深入的评估分析，查找问题，提出对策，为决策层提供更多有深度、有观点、有针对性的分析报告。

## 四 构建文化创意产业标准化体系

尽管当前文化创意产业发展受到全国各大城市的普遍重视，并在政策、资金、项目、人才等方面得到了大力支持，在全国范围内形成了一大批文化创意产业集聚区。但是，目前我国文化创意产业发展在创意保护、企业认定、项目扶持、园区建设等方面仍然显得比较盲目，缺少科学的理论依据，导致产业支持对象不明确、发展路径不清晰、集聚效应难以充分体现等一系列问题，归根结底是由于文化创意产业仍然缺少一套科学、系统的标准，包括创意产品认定标准、创意人才认定标准、创意企业认定标准，以及创意园区认定标准等在内的整个标准化体系。

文化创意产业的标准化工作并不是将创意标准化，创意本身是无法标准化的，但是作为产业来讲，要规范发展，其中就涉及产业规范和技术标准问题。具体到标准化体系的构建，应当通过调研文化创意产业对各种标准的实际需求，建立文化创意产品、人才、企业和集聚区的认定制度，最终形成文化创意产业标准化体系，这是规范产业发展的基础性工作。通过创意产品标准化，满足产业发展中对创意保护、创意融资的需求；通过创意人才标准化，促进文化创意人才的培育和集聚；通过文化创意企业标准化，明确和规范政策的实施对象，划定资金、项目等的支持范围，提升政策效果；通过建立文化创意产业聚集区评价标准，构建评价信息系统，监测和揭示文化创意产业聚集区发展过程中的社会经济问题和环境问题，指导集聚区产业发展规划。

## 第三节　强化政策间的系统集成与统一协调

### 一　通过部际会商推动政策的有效集成和落实

一个产业的发展问题不是靠几个单项的政策和几个单项的文件就能解决的，需要有综合的、各个方面的政策做支撑，而且政策之间必须进行有效集成，形成完善的政策体系，文化创意产业也是如此。然而，目前我国文化创意产业领域的跨部门协作不足，政策的系统集成不足，影响了单个政策的实施效果，也不利于各部门集成政策的有力推行。

导致各部门政策缺乏统一协调性的首要原因是我国文化行政管理具有条块分割、多头管理、多头执法的特点。从横向看，我国文化行政管理机构有文化部、国家广播电影电视总局、新闻出版总署等单位；从纵向看，又有中央、省市、地、县四级行政区划。这种行政管理体制的优点是分工明确、职责清楚，缺点是互不相属、缺乏协调性。不同地区有不同政策，各行业管理部门各有各的政策，使政策难以统一。

以网络游戏等数字内容产业为例，主管网络游戏的工业和信息化部、文化部和新闻出版总署，都希望利用各自对专门领域的管辖权，获得在网络游戏市场的主导权和话语权。新闻出版总署管理游戏出版，文化部管理网络文化经营，国家体育总局管理电子竞技，工业和信息化部管理网络游戏产品技术。网络游戏管理权力的分化，造成几大部门在具体操作过程中的相互冲突。新闻出版总署从一开始便强调自己是网游审批的唯一归口，文化部则强调网游必须经过文化部审查才能正式上市，否则将被算做违规而受到处罚。由于各方相互没有隶属关系，行政权相对独立，因此在具体的决策中意见很难统一，暴露出我国文化创意产业政策缺乏协调性。

解决政策集成、协调问题的首要任务是实现部门间管理职能的协同。为推动文化与科技融合，文化部与科学技术部尝试建立了部际会商制度，并就会商制度的主题、任务、目标和机制达成了共识，集成科技与文化的优势资源，共同组织实施专项行动计划，构建有利于文化与科技融合发展的文化创新体系，研究和探索有效推进文化与科技融合的体制和政策机制。这一探索具有积极意义，将会对文化的繁荣和科技的发展起到极大的推动作用。未来，我国还需要更多的部际会商制度的建立，从而减少部门联合发布政策却难以协同落实的尴尬，促成文化创意产业单项政策在内容上的集成及各项政策间的系统集成，这不仅有利于构建完善的文化创意产业政策体系，而且将通过部门间的合力增强政策的执行力。

## 二 通过广泛协调保持政策的连续性和稳定性

从普遍意义上讲，与产业结构调整和产业发展相关的文化创意产业政策法规是政府对经济发展的长期性、系统性、广泛性的干预和规划，不同于短期的调节经济稳定运行的宏观经济政策，其制定和执行并不是独立的，每个政策的指向和作用方式都可能会影响其他政策的制定和实施，也会影响各级管理主体和市场参与主体的经济预期、参与积极性和具体发展规划与策略。因而，政策变化不能过于频繁，必须保持必要的稳定性和连续性。

文化创意产业政策既有针对文化创意产业所有行业领域的总体性政策，又有针对不同行业的具体行业政策，体现行业发展的规律和要求，反映行业特点；既有中央相关部门出台的一系列全国性政策，又有不同省市制定的区域性文化创意产业政策。由于我国幅员辽阔，各地文化资源和文化创意产业发展实际情况不同，绝大多数省市根据各自的省情、市情、域情制定了相应的文化创意产业发展政策。如何协调文化创意产业的总体政策和具体行业政策之间、行业政策与行业政策之间、全国性文化创意产业政策与区域性文化创意产业政策之间的关系，保持文化创意产业政策的系统性、统一性、协调性，是当前政策制定和管理实施需要正确处理的问题。

文化创意产业属性构成的多重性决定了其政策的系统性、综合性和复杂性。

就内容而言，文化创意产业政策是一个完整的政策系统，包含多层次、多方面的内容，涉及国家利益、政治、经济、文化、社会、意识形态甚至生态环境和可持续发展等方方面面的内容。产业和产业之间存在着各种投入产出关系，某一文化创意产业政策有若干项子政策，各种不同的文化创意产业之间也会有各不相同的政策，甚至在同一个行业里，不同的市场主体还可能享受不同的产业政策。子政策和各文化创意产业的政策是相互关联的，不是相互促进关系，就是相互制约关系，而一个科学有效的文化创意产业政策体系应该是协调的（江陵，2010）。

然而，一方面，我国目前还没有统一领导、协调文化创意产业发展的综合性组织管理机构，文化创意产业分属于文化部、新闻出版总署、国家广播电影电视总局、工业和信息化部等几个部门管理，因此，政策的制定、协调、统一和系统化，需要这些行政主管部门的合作与配合；另一方面，文化创意产业政策，尤其是经济政策的制定和实施离不开财政、税务、海关、金融、工商、公安等部门的合作、参与与支持，文化部门制定的文化政策如果得不到相关部门的理解和配合，就难以付诸实施。此外，在当今产业融合趋势日益明显和跨行业、跨区域、国际化趋势加快的新形势下，文化创意产业政策的综合性和系统性特点更趋明显。制定文化创意产业政策的相关部门越来越广泛，在制定文化创意产业政策时互相配合、互相协调显得越来越重要。在这种情况下，十分有必要就政策制定建立跨部门经常性协调机制，逐步对文化发展总体政策及各具体文化门类或项目的政策边界达成共识，或者提高文化政策、规章的适用等级，以保证政策的实施。

## 三 通过财政、金融、税收等政策组合扩大政策影响

近年来，中央财政不断加大支持力度，为文化创意产业发展提供了强有力保障。但是，财政“缺位”的现象依然存在，投入效率不高的问题仍在持续，原因是多方面的。其中，现行财政管理体制、财政投入模式与现行文化管理体制、文化发展形势、文化特殊属性没有很好的对接是最主要的原因。面对新形势、新目标、新任务和新要求，财政支持文化创意产业发展必须更新观念，创新方式，形成财政、金融、税收等政策的组合拳，合力扩大政策的影响力。

我国现行促进文化创意产业发展的税收政策没有形成一个完整的体系，虽然已经出台了相当多的税收优惠，但是这些税收优惠大多散见于各个税种，优惠范围、手段缺乏协调配合，存在导向不突出、方式单一、缺乏激励等问题。而且现行税法中涉及文化创意产业的具体税收政策比较少，以国家税务总局和相关部委颁布的临时通知为主。财政资金杠杆作用的发挥，必须与其他领域的

政策安排密切配合，找到引导带动金融资本及其他社会资本投入文化创意产业的路径、方法与机制。

加快促进我国文化创意产业发展的立法工作，以及包括各种税收扶持政策在内的文化创意产业法规体系建设，以法律形式确定国家发展文化创意产业的基本税收扶持政策，落实已出台的各项扶持中小企业财税、金融政策，出台包括减税在内的一揽子中小文化创意企业扶持政策，是新时期推动我国文化创意产业发展的财税政策方向。一方面，应当专门针对中小文化创意企业技术升级改造，给予政策、资金支持；另一方面，应当在融资方面给予中小文化创意企业所得税抵扣、减免等优惠，或给予其税收担保等。

随着我国经济规模的日益扩大，社会和民间资本积累较快，资本市场初步形成，涌现出一大批有能力投资文化创意产业的企业和机构，但缺乏相应的引导机制。财政资金是有限的，要想放大资金的效果就要发挥财政资金的杠杆效应，促进投资主体和渠道的多元化，构建完善的文化创意产业投融资体制。由此，财政支持文化创意产业发展应当更多地考虑采取贷款贴息、保险费补贴等方式，带动银行、金融机构、社会资本投入。

针对当前我国文化创意产业与金融资源的结合仍处在初级阶段，金融资源进入文化创意产业的程度与文化创意产业在国民经济中的地位还不匹配的情况，当前应着力深化国有文化企业产权制度改革，加快建立现代企业制度，推动企业成为自主经营、自负盈亏的市场主体；完善贷款贴息和风险补偿机制，健全信用担保体系，引导金融机构加大文化企业信贷支持；建立上市扶持机制，加大专项资金支持，加快推进优质文化创意企业上市直接融资；探索股权投资引导机制，通过财政资金引导、税收减免，推动股权投资机构加大对文化创意企业直接投资（郭彧，2012）。总之，要充分发挥财政资金的杠杆效应和税收政策的调节作用，构建起差异化的投融资政策支持体系。

## 第四节　进一步细化产业分项政策的支持措施

### 一　采用多元化投融资机制拓宽投融资渠道

积极探索文化创意产业间接融资机制。借贷资金是文化创意产业融资的主渠道，我国社会资金的90%集中于银行，建立适合文化创意产业的银行借贷机制对文化创意产业融资至关重要。为此，有必要建立文化创意产业无形资产评估体系，为金融机构处置文化类无形资产提供保障；鼓励银行创新金融信贷，引入欧美成熟的项目融资和文化创意产品资产证券化等新方式，进一步鼓励银行探索信用贷款、联保联贷等方式，并从制度上进行规范；考虑适度放宽对文化创意企业发行债券的准入条件，适度扩大文化创意企业发行债券的规模，促使文化创意企业获得更多社会流动资金；鉴于现有中小文化创意企业绝大多数通过民间借贷融资的事实，鼓励并规范文化创意产业民间借贷，构建有利于文化创意产业健康发展的民间借贷管理制度。

建立适当的文化创意产业直接融资机制。上市融资是文化创意产业低成本融资的捷径，向资本市场融资是直接融资，具有不同于借贷融资的优点。但目前绝大多数处于发展初期的文化创意企业离上市尚有一定的距离，无论主板市场还是中小板、创业板市场，对企业上市均设置了较高要求。为鼓励文化创意企业加速利用资本市场，应适度放宽对文化创意企业的上市条件要求，并在上市后的增发、配股等方面予以倾斜。此外，我国风险投资尚处于起步阶段，文化创意产业领域的风险投资更是少之又少，政府在广播、电视、平面媒体、有线网络和内容制作等领域管制比较严格，政策层面上存在诸多限制，风险投资很难进入，政府应当从制度上对风险资本进入的阻碍予以清除，鼓励和引导风险投资进入文化创意产业领域。

完善的文化创意产业投融资应是以政府资金为引导、以企业投入为基础、以银行信贷和民间资金为主体、以股市融资和境外资金为补充的多元化体系。创新型企业无形资产比重大，收益不稳定，流动性风险通常高于银行警戒线，迫使其不得不向融资成本较高的非金融企业融资。为此，政府应加大力鼓励更多的民间资本、外来资本及国家资金进入文化创意产业，修改传媒等文化创意产业领域的准入制度，允许在各相关产业中引入民间资本；进一步放宽对文化创意产业国际资本的准入限制，对外商投资的文化创意企业实施与内资企业同样优惠的产业和经济政策；同时，现阶段还应强调国家在文化创意产业投融资领域的主体地位，投入更多财政资金建立国家文化创意产业投融资基金，直接参与文化创意产业投融资活动。

优惠的产业政策是吸引投融资的基础，要支持文化创意产业投融资，必须从政策上对文化创意产业予以倾斜照顾。文化创意产业投融资的特殊风险也决定了如果没有有力的扶持机制，文化创意产业是不可能获得较快发展的。政府应当在税收上对文化创意产业进行扶持，对文化创意企业实施税收优惠，使其享受到其他产业不具有的税收待遇，从而为社会资本快速集聚于文化创意产业提供诱因，刺激更多资金流向文化创意产业（李华成，2012）。

## 二 强化知识产权保护的有效性和针对性

文化创意产业的本质在于创新，必须通过知识产权的生成和利用，才能使文化创意产业发挥创造经济效益和就业成效。大力加强知识产权保护，解决知识产权管理部门分散、管理水平和效率低、诉讼程序烦琐导致知识产权保护法律成本过高等问题，充分保障文化创意主体的合法权益，不断激励其创意活动，才能有效促进我国文化创意产业的持续发展（刘利永等，2008）。

首先，要完善我国知识产权管理体制。目前，我国设有国家知识产权局、国家工商行政管理总局商标局、国家版权局负责专利、商标、版权等方面的管理事务。这种各职能部门条块分割的管理体制，难以形成有效的沟通和协调，不利于知识产权工作的开展。为此，各级政府要加强对知识产权工作的组织领导，把知识产权工作纳入政府工作目标，进一步理顺知识产权工作的管理机制，协调知识产权管理部门及与知识产权工作紧密相关的部门之间的关系，将专利、商标、版权等知识产权工作合为一体，提高我国知识产权管理工作的效能。

其次，要加强重点领域的知识产权保护。要进一步明确需要重点加强知识产权保护的行业，并针对不同行业的特点确定不同的知识产权保护策略和行动。针对出版业持续增长的发展势头，加大打击盗版和非法出版的力度，保护网络时代的内容传播，保护著作权人的合法权益，为出版产业发展提供良好的市场环境。针对游戏、动漫产品需求市场的不断扩大，规范行业发展秩序，激励网络游戏、动漫产品的自主开发，提高国产游戏、动漫产品的市场占有率。针对影视创作活动的日益活跃，制定更完善的影视相关知识产权保护法规，加强打击侵权行为的执行力度，鼓励影视制作业的发展。针对工业设计领域的创新特点，鼓励设计产品及时申请专利，以保障企业获得充分的利润，进而激励工业领域的自主创新活动，提升工业技术竞争力和市场竞争力。

再次，要加大对知识产权保护的宣传力度。我国广大的中小企业及个人的知识产权保护意识还不强，不懂得如何利用法律武器来保护知识产权，知识产权保护现状不容乐观。应鼓励更多知识产权方面的专家、律师，深入各大高校和科研机构，深入各大中小文化创意企业开展知识产权保护宣传活动，为广大人民群众提供有关知识产权保护问题的指导和咨询服务，营造一个重视知识产权、发展知识产权的社会氛围，增强全社会的知识产权保护意识，促使文化创意主体自觉地将知识产权保护工作纳入企业发展战略中，对知识产权进行有效的保护，及时制止、制裁侵权行为，从而不断激励人们的创意活动，促进我国文化创意产业的发展和我国自主创新战略的实施，提升我国的国际竞争力。

## 三 建立人才培养与引进的有效体制和机制

创意人才需要教育体制、教育思想的保障。着眼社会现代化进程，发展文化创意产业应该采用新的教育体制：一是创新教育，创意需要有创新意识和创新本领；二是个性教育，创意是个性的、求异求新的；三是复合式人才教育，文化创意产业人才知识思维结构要跨越艺术、文学、经济学、哲学等多个学科；四是实务性教育，文化创意产业教育一定要强调实务教学，突出教学内容的可操作性和现实针对性，切忌理论空谈。要深入剖析文化创意产业的各个层面，致力于向学生传授文化创意产品生产的特殊规律、运作过程、生产技艺，讲解创意产品经营、管理及文化组织的具体操作方式与规则等。

形成多渠道人才培育开发机制。经验表明，在人才集中的地区，特别是大学周围，容易形成各种创意工作室乃至创意群落，政府可以顺势推动，依托各大城市高等教育资源和人力资源相对集中的特点，使已经建好和正在建设的大学城或园区为文化创意产业的跨越式发展提供智力支持和人才支撑。要加强岗位的职业培训，发挥政府与市场各自的优势，利用网络及其他教育机构进行专业资格培训，构建多层次、多渠道、系统规范的社会培训体系，为文化创意产业的发展提供强大的人力支撑（陈旺，2010）。此外，还可以通过举办专业竞赛、行业评比、资格认证、公开招聘等方式，打破学历、资历和身份限制，发现和集聚人才，选拔优秀文化创意人才到国外进修、观摩、学习深造，拓展文化创意人才的开发途径，培养和造就高层次的文化创意专业人才、管理人才和经营人才。

制定切实的人才引进机制。借鉴伦敦、纽约等创意城市吸引创意人才的经验，营造宽松和谐的环境。只有制定出切实可行的政策才能真正引进优秀人才并留住人才。对引进的国内外优秀的创意人才和创意团队，要给予其在子女入托入学、医疗保险、落户、住房等方面的优惠政策。允许和鼓励一批拥有特殊才能和自主知识产权的人才，以知识产权、无形资产、技术要素等占有企业股份，参与利润分配。建立人才引进绿色通道，破除对文化创意产业高端人才的学历、户籍、性别等传统限制，加快研究制定高层次人才引进的配套政策，打造文化创意高端人才的聚集高地。

此外，在注重人才培养与引进的基础上，还应当完善人才管理机制。企业的管理者应不以学历高低、职称高低来作为评价标准，不以职位高低论奖罚，营造“人才资本是企业核心竞争力”的企业文化，充分尊重创意人才的性格特征和工作特征，宽容失败，鼓励冒险，适当减少控制，统筹协调，充分发挥文化创意人才的主观能动性。

## 四 培育大型文化创意骨干企业和国际知名品牌

鼓励本土企业通过并购重组等方式成立大型文化创意骨干企业，从政策制定上着眼如何鼓励和扶持文化创意企业做大做强，使大型文化创意企业成为创意经济和文化市场的支柱。选择一批成长性好、竞争力强的文化创意企业，研究制定文化创意企业兼并、联合、重组政策，鼓励其做大做强，形成一批跨地区、跨行业经营、有较强市场竞争力、产值超百亿元的骨干文化创意企业，使之成为真正代表中国文化特色的跨国文化创意企业，成为带动中国文化创意产业长足发展的中坚力量。

在鼓励并购重组时，一方面鼓励本地企业的联合，另一方面鼓励本地企业与外企合资合作，利用国际知名的文化创意企业拥有的先进技术、产品和经营管理理念，帮助企业快速响应国际市场的变化，顺利与国际接轨，提高本地企业的创新能力，提升企业国际知名度，带动本国文化创意产业国际化；同时本地企业可以与国外企业共享其全球的创意资源，共享外企在技术创新、企业管理、市场开拓、人才培养等方面的经验，打通国际市场。

从当前文化创意产业发展国际趋势看，文化创意产业国际品牌在一定程度上代表了国家文化创意产业的成就和魅力，是文化创意企业发展的最终目标。因此，国家要制定文化创意产业国际品牌的扶持政策，培育中国的“迪斯尼”和“好莱坞”。品牌的长足发展，需要有强大的研发原创能力，鼓励文化创意企业自主创新是提高企业研发原创能力的有效途径。只有鼓励自主创新，提高研发能力才能提高我国文化创意产业在国际分工中的地位，增加文化创意产品的附加价值，提高文化创意品牌的国际影响力与竞争力。因此，设立支持文化创意企业自主创新的专项资金和文化创意企业技术交流平台，对支持文化创意企业的创新行为也十分必要。

## 第五节　通过监督、评价和调整增强政策效应

### 一　及时纠正政策执行过程中出现的偏差

要关注文化创意产业政策执行过程中的动态性，及时发现并纠正政策执行出现的偏差，避免政策产生的负效应。一方面，政策方案无论怎样设计，都不可能与客观实际情况完全一致，也不可能预料到所有可能出现的问题；另一方面，任何文化政策制定的科学性都是有限的和相对的，我国文化体制改革、文化创意产业起步较晚，仍处于不断探索和创新的过程之中，政策需求的阶段性、变动性较为明显，这需要我们不断依据变化的情况和对象，创造性地开展工作，灵活、适时、正确地应对和处理新情况、新问题，确保政策被忠实、有效的加以实施。

具体来说，在我国已出台的诸多文化创意产业政策中，不少政策在实施过

程中却出现了较大偏差。例如，在各地发展文化创意产业的政策驱动下，过分看重硬件建设和短期利益，导致文化创意产业地产化的趋势正在加剧，“以文化之名行地产之实”的文化创意产业园区建设之风盛行，形成了所谓的“文化地产开发”，地产或物业收入成为主要的收入来源，这种情况在全国被不断复制，带来大量的重复建设和资源浪费。又如，在鼓励艺术品交易和文化金融的政策推动下，近几年我国艺术品市场迅速发展，规模不断增长，各门类艺术品交投活跃，但同时，艺术品炒作、假拍、做局、欺诈等乱象丛生，资产泡沫越吹越大，严重困扰着我国艺术品市场的健康发展。

任何一项政策的制定都是审慎的，之所以出现政策执行偏差，除了政策本身以及行政体制的原因外，还有如下原因：一是执行主体仅做表面文章或只做政策宣传而不务实际，致使政策最终成了一纸空文；二是政策在执行过程中被附加了不恰当的内容，使政策的调整对象、范围、力度、目标超越了政策原定的要求，加剧了政策执行的复杂性，影响政策目标的实现；三是完整的政策在执行中只有部分被贯彻落实，使政策内容残损不全，不能有效、全面实现既定的政策目标；四是在政策执行过程中被换上与现行政策表面上一致而事实上背离的内容，这是一种极为严重的执行偏差，其政策内容、目标、性质已发生了根本的改变，这种情况往往发生在政策与执行主体之间出现极为激烈的利益差异和冲突的时候，形成了“上有政策，下有对策”的现象，严重损害了政策的严肃性、权威性，伤及公共利益。加强文化创意产业政策的监督就是要杜绝上述四种情形，并在已经出现部分问题时，及时予以纠正，保证政策的公平有效，实现政策的预期效果。

## 二 加强对政策实施效果的监督和评估

在推进文化创意产业发展的过程中，政策的制定是前提条件，但执行是否到位，效应是否到位，才是真正衡量公共管理与服务水平的标准。英国政府一贯奉行“一臂之距”原则，对政策的绩效评估架构清晰，形成了“英国文化、媒体和体育部—63 个管理机构—下属专业委员会”自上而下的绩效评估体系，而且绩效评估内容方式明晰。其对创意产业政策的绩效评估内容主要包括文化机构的业绩评价、机构负责人的工作评估、财政拨款和文化政策的调整等，还引入了外部监督机制，政府部门不仅对下一级机构进行绩效评估，议会中对应的委员会也从外部对政府部门的业绩进行监管和质疑。英国在政府行为和政策效应方面的绩效评估正是我国文化创意产业政策方面缺失的，只有加大对政策实施效果的动态监测和评估，才能确保政策发挥应有的效用，为政策调整提供依据。

首先，要明确监督和评估的责任主体。根据我国文化创意产业管理体制，可分为三个方面：一是政策评估主体。需要全面梳理并评估国家、省、市、县等四级政府部门所出台的现行产业政策。二是产业资金的监管和评估主体。目前用于发展文化创意产业的资金相对分散，中央和地方存在多种支持经费及相关的专项发展资金，应当对资金使用进行整体评价，为今后制定政策和资金预算提供依据。三是建立外部监督主体。从外部实现对上述两个主体的监督和评估，委托专门机构出具整体效果评估报告和专项资金使用效率报告，及时对外公布并主动自觉接受群众监督。

其次，明确绩效评估的内容和方式。评估的内容应关注两个重点。一是产业政策执行前后的效果对比，特别是规划性政策、文化体制改革、财政税收优惠、融资贷款担保、园区运营管理、文化市场管理、公共文化服务、人才引进、资金扶持等方面。二是产业资金所产生的效用。评估主体应从目标标准、投入标准、公平与公正标准、效率标准、经济效益、社会效益及受资助企业的发展创新能力等方面着手，既有业务评价指标，如项目管理、项目完成程度、所取得的经济社会效率等，也有财务评价指标，如资金落实、支出情况及财务管理状况等，以确保资金使用效率和效用，防止资金使用浪费、效率低下。文化创意产业中的部分项目属于导向型项目，应更看重社会效益和社会影响，以发挥带头示范的作用。具体评估方式可由政府部门组织相关部门负责人、专家、中介机构、人大、政协等多方参与的第三方评价体系进行绩效评估。

再次，设立相应的奖惩与资源分配机制。缺乏与评估结果挂钩的奖惩机制和资源分配机制等配套措施，就难以获得被评估对象的认同、配合和支持，评估效果会大大削弱。建议尽快开展相关配套措施的研究，早日制定相应的奖惩机制与资源分配机制，在机制构建中要重视结果运用，对存在的重大问题特别是资金使用中的违法违规行为，应从严处罚，实行“一票否决”。加快绩效评价结果应用研究，将资金支出绩效评价结果与预算安排、资金分配相结合，建立评价结果应用机制。

最后，保障绩效评估信息的透明和公开。现阶段，要做到评估结果信息的公开透明，可探索以下三个途径。一是注重相关部门的结果反馈，专项资金拨付并经评估后，应及时将评估结果反馈给上级部门、被评估单位，以及相关联的横向业务部门。二是建立绩效评估信息数据库，内容包括政府文化创意产业相关政策、服务机构数据库、文化事业法人数据库、文化社团法人数据库、文化企业数据库、评估报告数据库等，并注意与文化创意产业统计指标体系对应衔接。三是增强评估信息的公开性、透明度，接受群众监督。公众参与是确保政策符合民意的根本途径，加强公众参与有利于获取受众真实的评价，改进服务内容和服务质量。在绩效评价中引入公众满意度评价，有助于拓宽公众的信息获取渠道，也有利于检验这些政策是否真正落实到位。

## 三 针对政策不足之处及时进行修订和完善

从目前一些地方制定的文化创意产业政策看，政府在政策导向上对“文化事业”与“文化产业”之间的政策界限仍比较模糊，缺乏有前瞻性、指导性、针对性、可操作性的文化创意产业发展规划，尤其是对文化创意产业的结构、布局、重点项目缺乏研究，对文化的投入不同程度地存在着随意性大、运作过程缺乏必要的监督与保证的现象。从政策文本看，基本上是按照财政政策、投融资政策、税收政策、土地政策、资产管理和经营政策、人才政策的顺序排列条款。严格地讲，这只能是一个优惠政策的总汇，或者是国家发展文化产业和文化事业的经济政策的翻版。同时，各地制定的文化创意产业政策大同小异，无法体现出本地区的比较优势和竞争优势。

一个好的产业政策应该既有政策目标，又有具体的政策措施，而且政策措施应当是具体的、明确的、可操作性强的。我国中央和地方的文化创意产业政策最大的问题之一是一些规定过于原则，政策停留在口号上，政策粗线条，缺乏可操作性。许多政策都没有配套措施，更没有实施细则，落实起来非常困难，尤其是限制性、禁止性政策。国务院多次强调，必须打破地区封锁和条块分割，实行文化企业跨地区、跨媒体、跨行业经营，优化文化创意产业结构。但是，行政性垄断的沉疴难以消除，地方保护主义、部门保护主义我行我素，重复建设屡禁不止，重要原因就是政策过于空泛，缺乏明确具体的实施机制和奖惩措施。

针对上述文化创意产业政策方面的不足之处，应当及时进行政策调整。对不适应客观需要的应及时废止；对存在管理真空、配套政策不到位的应根据客观形势的发展及时修订、补充；对政策之间相互矛盾的应及时征求部门意见进行修改；对现行政策的空白盲点必须尽快启动政策编制程序，进一步完善文化创意产业政策体系。

# 参考文献


埃德娜·多斯桑托斯．2011. 创意经济报告2010. 张晓明、周建刚、意娜等，译．北京：三辰影库音像出版社：26，53，123－151，212－256.

毕佳，龙志超．2007. 英国文化产业．北京：外语教学与研究出版社：1－5.

曹普．2007. 20世纪70年代末以来的中国文化体制改革．http：//theory. people. com. cn/GB/49157/49163/6456313. html［2007－10－30］.

陈静．2010. 北京市文化创意产业知识产权保护的问题与对策．新闻界，（5）：177－179.

陈磊．2011－02－18. “十一五”中央财政科技投入保持20%以上年均增速．科技日报，第01版．

陈旺．2010. 文化创意产业发展扶持政策体系研究．商场现代化，（10）：23－25，123－126.

陈远．2003. 韩国游戏产业蓬勃发展海外市场赚大钱．http：//games. sina. com. cn/newgames/2003/10/10247234. shtml［2003－10－24］.

崔静．2007. 美国文化创意产业发展的启示．商情（教育经济研究），（03）：186.

龚劲．2009. 浅析公共政策制定机制——兼论中国公共政策制定机制的特征及其发展．牡丹江大学学报，18（9）：38－40.

郭彧．2012. 构建文化产业全方位投融资体系．青年记者，（16）：47－52.

国家统计局．2012. 中华人民共和国2011年国民经济和社会发展统计公报．http：//www. stats. gov. cn/tjgb/ndtjgb/qgndtjgb/t20120222_402786440. htm［2012－02－22］.

韩顺法．2010. 文化创意产业对国民经济发展的影响及实证研究．南京：南京航空航天大学博士学位论文．

何畅．2010. 文学之都：爱丁堡．http：//www. sznews. com/zhuanti/content/2010－11/30/content_5128051. htm［2010－11－30］

黄彬彬．2003－07－01. 日本科技策略的启示与借鉴．中国纺织报，第04版．

江凌．2010. 中外文化产业政策基本特征比较．福建论坛（人文社会科学版），（12）：125－132.

姜锡一，赵五星．2009. 韩国文化产业．北京：外语教学与研究出版社：1－24.

姜毅然，张婉茹，王海澜．2009. 以市场为导向的日本文化创意产业．北京：人民出版社：22－80.

鞠宏磊．2011. 我国文化“走出去”动力机制研究．编辑之友，（11）：30－32.

李海珊，李海娣．2010. 文化创意产业融资的困局与路径分析．黑龙江金融，（5）：72－74.

李华成．2012. 欧美文化产业投融资制度及其对我国的启示．科技进步与对策，29（7）：107－112.

李建中．1988. 论社会主义的文化产业．人文杂志，（3）：38－44.

李庆本，吴慧勇．2008. 欧盟各国文化产业政策咨询报告．郑州：大象出版社：319－330.

李兴伟，张京成．2007. 请给我一个支点——关于创意产业发展动力机制的探讨．科技智囊，（09）：54－64.

林乃森．2011. 日本创意产业发展政策及其启示．中南大学学报（社会科学版），17（1）：89－93.
刘锦宏，闫翔．2007. 透析美国文化产业发展战略．经济导刊，（9）：55－59.
刘利成．2011. 支持文化创意产业发展的财政政策研究．北京：财政部财政科学研究所博士学位论文．
刘利永，黄琳，张京成．2008. 中国创意产业发展的关键性问题及新思路．中国科技论坛，（10）：41－45，175－179.
刘平．2009. 英国、日本、韩国创意产业发展举措与启示．社会科学，（7）：53－60.
刘润生，佟贺丰，李薇，等．2007. 韩国文化创意产业发展．http：//www. zhongman. com/Article/Class25/Industry/20070710/12125528396. html［2007－07－10］.
刘永涛．2001. 文化与外交：战后美国对外文化战略透视．复旦学报（社会科学版），（03）：62－67.
刘悦笛．2008.“英国文化创意十年”对文化产业的启示．现代传播，（4）：107－109.
柳絮青．2009. 欧美视角下的创意产业研究．杭州：浙江大学硕士学位论文．
迈克尔・波特．2002. 国家竞争优势．李明轩，邱如美，译．北京：华夏出版社：601－658.
潘嘉玮．2006. 加入世界贸易组织后中国文化产业政策与立法研究．北京：人民出版社：99－113.
彭翔．2012. 论“孔子学院”的国家身份与文化推广. 青年文学家，（3）：21－26.
上海工业设计协会．2010. 上海市创意产业“十一五”规划．http：//www. sida. org. cn/policy/policy/2010－08－17/407. html［2010－08－17］.
沈望舒．1988. 关于中国文化产业现状的思考与建议．北京社会科学，（2）：4－10.
史小岩．2010. 神游布拉德福德——“电影之都”布拉德福德．http：//wb. sznews. com/html/2010－11/29/content_1335222. htm［2010－11－29］.
孙斌华，孙清华．2009，拓展文化创意产业融资正当其时——对商业银行拓展文化创意产业融资的几点思考．银行家，（12）：58－60.
孙久文．2005. 区域经济规划．北京：商务印书馆：76－111.
孙有中．2007. 美国文化产业．北京：外语教学与研究出版社：252－269.
谭红梅，柯妍．2009. 韩国文化产业发展经验及对我国的启示．经济纵横，（6）：113－115.
谭乃文，来小鹏．2011. 我国文化创意产业立法刍议——兼论我国台湾地区“文化创意产业发展法”．中国版权，（2）：29－31.
王佃利，王爱国．2001. 市场化背景下公共政策功能的发挥．江南学院学报，16（3）：92－96.
王洪生．2000. 政策作用产业技术发展的动因．创造，（3）：16，17.
香港统计局．2012. 香港统计月刊专题文章：香港六项优势产业在2010年的情况．http：//www. statistics. gov. hk/publication/feature_article/B71203FB2012XXXXB0100. pdf［2012－03－01］. 向勇，李天昀. 2011. 国外文化产业发展经验与启示(一). http：//xcb. wuxi. gov. cn/web111/wxxc/Y2011M10/xxck/5342553. shtml［2011－10－31］.
向勇．2012. 我国文化产业政策的现状与趋势．http：//tech. hexun. com/2012－06－04/142071792. html［2012－06－04］.

熊建．2012，中国动漫，八年“抗战”．中国经济周刊，(21)：50，51.
许玉龙．1987. 重视产业政策研究　发挥产业政策作用．农村金融研究，(11)：9－15.
许政国．2008. 提高我国文化产业竞争力措施研究．华商，(07)：142，143.
杨公仆，夏大慰，龚仰军．2008. 产业经济学教程．上海：上海财经大学出版社：40－86.
杨文利．2011. 我国“十一五”科技发展取得累累硕果．http：//www. cinic. org. cn/site951/tjsj/2011－02－23/455133. shtml［2011－02－23］.
张丹．2008. 美国文化产业发展战略研究．济南：山东大学硕士学位论文．
张京成，王国华．2011. 北京文化创意产业发展报告 2011. 北京：社会科学文献出版社：105－180.
张京成．2006. 中国创意产业发展报告 2006. 北京：中国经济出版社：347，349，360－363.
张京成．2007. 中国创意产业发展报告 2007. 北京：中国经济出版社：115－120.
张京成．2011. 中国创意产业发展报告 2011（下册）．北京：中国经济出版社：415－442.
张可云．2005. 区域经济政策．北京：商务印书馆：103－200，257－299，368－432.
张龙安．2011. 英国发展文化创意产业的融资经验及启示．贵州农村金融，(12)：14.
张泉．2010. 文化创意产业的“标准瓶颈”．瞭望，(5)：60，61.
张泽一．2009. 产业政策与产业竞争力研究．北京：冶金工业出版社：51－70
郑百灵，周荫祖．2002. 关于我国文化产业发展的若干思考．当代财经，(9)：51－55.
中国社科院文化研究中心文化产业促进法立法研究课题组．2008－05－08. “促进法”视角中的文化产业概念．中国社会科学院院报，第 07 版．
周淑莲，裴叔平，陈树勋．1990. 中国产业政策研究．北京：经济管理出版社：200－250.
周游．2009. 中国动漫产业正在崛起，必须“引进来，走出去”．http：//www. chinanews. com/cul/news/2009/08－31/1841786. shtml［2009－08－31］.
朱锦成．2010. 历史制度主义视角下的澳大利亚文化政策研究．东南亚纵横，(7)：81－86.